How Did We Cross the Ocean?
Challenging Pacific Archaeology from Japan

ヒトはなぜ海を越えたのか

～オセアニア考古学の挑戦～

編著
秋道智彌　印東道子
Tomoya Akimichi　*Michiko Intoh*

雄山閣

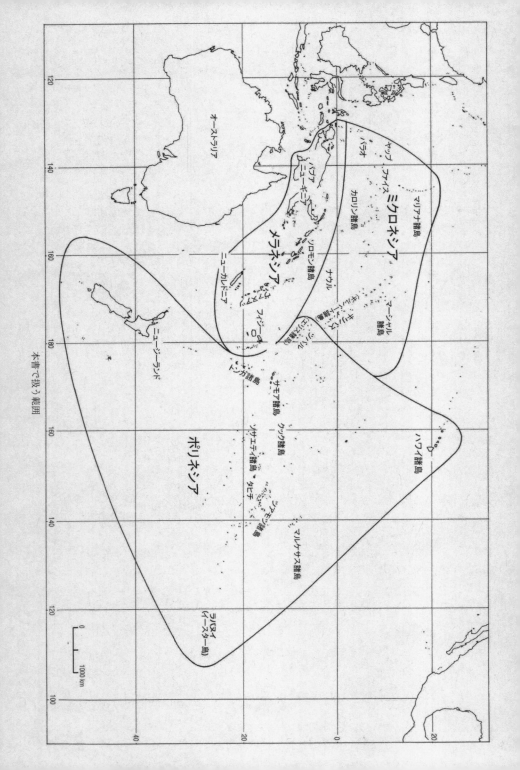

ヒトはなぜ海を越えたのか —オセアニア考古学の挑戦—　目次

はじめに—海の道をたどる—

印東道子・秋道智彌

　人はなぜ海を越えたのか。この命題を探る一大実験場がオセアニアである。大陸から遠く離れたポリネシアのほとんどの島に人が住んでいたことをヨーロッパ人が知ったのは、今からほんの500年ほど前のことである。しかも、そこには統率のとれた王国まで築かれており、住民たちがいつごろどこからやってきたのか、どうやって海をわたったのか、などの謎を呼んだ。よく知られたT・ヘイエルダールによる南米起源説など、ポリネシア人の起源をテーマにするさまざまな分野の研究者がポリネシアで研究を展開してきた。

　その中にあって、実証的なオセアニア考古学の重要性は増してきた。その歴史は篠遠喜彦（1924～2017）という一人の日本人考古学者の貢献を抜いては語れない。1950年代のポリネシアでは層位発掘はまだ行なわれておらず、日本で精緻に行なわれていた縄文土器の紋様変化を目安とするような編年研究も、土器のないポリネシアでは不可能だった。

　そんな状況の1954年にハワイに渡ってポリネシア考古学の虜になったのが篠遠であった。土器がないなら釣り針の型式変化で時期区分をできないだろうか、と着眼して層位発掘を導入し、ハワイ大学とビショップ博物館で研究をスタートさせた。この辺のワクワクするようないきさつは本人と荒俣宏との対談で語られている（篠遠・荒俣 1994）。

　本書は、2017年に他界された篠遠喜彦氏を追悼する意味を込め、氏が長年調査を行なってきたハワイ、ソサエティ諸島、ラパヌイ（イースター島）などでの考古学研究を学術的に俯瞰する。とくに、ポリネシアへの人の移動を釣り針や物質文化の型式分類を元に提唱した「オーソドックスシナリオ」は長くオセアニア研究者によって参考にされてきた。また、ソサエティ諸島のフアヒネ島で発見された水没遺跡から、かつてポリネシア人が使っていた大型のダブル・カヌー（双胴船）や石斧が装着された手斧など、大量の木製遺物を発掘した調査は、考古学の持つ実証的な力を示す重要なものとして世界に大きなイン

I

パクトをあたえた。

　他方、篠遠が力を入れてきた遺跡の復興と保存は、今でこそ日本でも各地で行なわれているが、篠遠がタヒチなどで保存活動を行なった当時は、現地の人びとへの説明から始まる苦労の多いものであった。そのような篠遠の先見性は大きくたたえるべきものであり、一緒に活動した研究者も本書の執筆を担っている。

　本書はしかし、篠遠の業績を俯瞰するにとどまらない。近年のオセアニア考古学は、発掘調査の増加と新事実、年代測定値の批判的整理、新たな関連分野との共同研究など、その進展はめざましく、厚みのあるものになりつつある。その中において篠遠の研究がどのように位置づけられるのかを紹介しながら、本書全体では人類の海洋地域への進出という壮大な謎を解きあかそうとする。アジア大陸をあとにし、オセアニアへと人類が移動した「海の道」にこそ、この謎解きの鍵を見つけることができるからである。

海を越える

　いまから5万年前ごろの更新世に、旧石器文化段階にあった人びとがアジア方面からオーストラリア大陸へと海を越えた（Allen el al. 2008）。当時は現在より海面が100〜150m低く、アジア大陸から続く島しょ部は陸続きでスンダと呼ばれる大陸棚を形成していた。一方でニューギニアとオーストラリアも陸続きで、大きなサフル大陸を形成していた。しかし、スンダ大陸棚とサフル大陸の間には依然として海があり、ヒトが泳いで渡れる距離（最短でも80〜90km）ではなかった。後述するが、この海域はウォーレシアと呼ばれる。東南アジアで現在も多用される竹などを利用した海上移動具を用いてこの海を渡ったと一般に考えられている（沖縄では、台湾から丸木舟で与那国島まで漕ぎ渡ることが可能だったことが、2019年6〜7月に行なわれた実験航海で示された）。

　完新世に入ると海水面は上昇し、今から8,000年前にはほぼ現在と同じ海岸線が形成された。そして、5〜6,000年前にはアジア大陸から押し出されるように海を渡り、台湾からフィリピン、ウォーレシア東部を通ってメラネシアへと移動した人たちがいた。すでに土器文化をもち、根栽類をはじめとする栽培文化を携えた新石器文化人である。

メラネシアから西部ポリネシアのトンガ・サモアまで一気に移動したあと
は2,500年ほど停滞し、石斧の形態変化や土器作りの放棄などの文化変化を経
てポリネシア文化が育まれていった。今から1,000年ほど前に、ふたたび東へ
大移動を開始したポリネシア人は、数千キロの海を越えてハワイ、イースター
島、ニュージーランドなどポリネシアの主な島々に移動していった。わずか数
百年のうちに広大なポリネシア海域内のほとんどの島を見つけ出して住み着い
たのである。その一部は南米大陸にまで到達し、サツマイモを持ち帰ったこと
もわかっている。自在に海洋上を移動する大きな双胴船の建造技術や航海に必
要な天文や海流などの知識も蓄積していたのである。

　この大移動がなぜ一斉に行なわれたのか、その植民の実体はどのようなもの
であったのかについては謎が多い（本書第2章第2節）。もっとも有力な説は、
エルニーニョ・南方振動（南太平洋東部で海面の気圧がシーソーのように連動して
変化し、赤道太平洋の海面水温や海流などが変動する現象）などの気象変化による
風向きの変化が移動を誘発したとするものである（Anderson et al. 2006）。

ウォーレシアの海

　人類が最初に渡海したのは、スンダ大陸棚とサフル大陸を隔てる海で、のち
にウォーレシア（Walacea）と呼ばれた。ウォーレシアの西端には生物地理学
の父とされるA・R・ウォーレスが1868年に提唱したウォーレス線がマカッ
サル海峡を縦断し、ウォーレシア東端のサフル大陸に隣接する海域にはライ
デッカー線がある。これはR・ライデッカー（Richard Lydekker）が1895年に
提唱したもので、両線とも陸上の植物、爬虫類、鳥類の分布を元に決められた
ものである。

　海域としてのウォーレシアには12の海の生態区がある。北からスラウェシ
海・マカッサル海峡、ハルマヘラ、北東スラウェシ・トミニ湾、バンダ海、小
スンダ列島の5つである（図1）。ここはコーラル・トライアングル（サンゴ礁
の三角形）の核心部分でもあり、生物多様性がとくに顕著な海域である（Veron
1995）。

　いわゆる多島海ともよばれるウォーレシアの特徴は、海域であるとともに大
小の島が比較的近くに散在していることである。旧石器人類が陸域からこの海

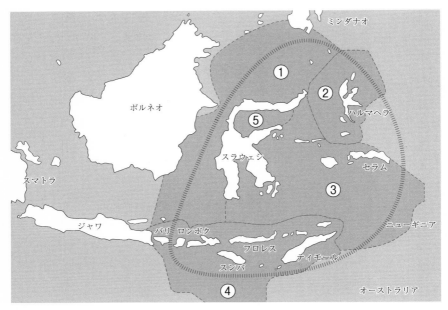

図1　ウォーレシアにおける海洋生態区
①サンギル・タラウド諸島、マカッサル海峡、②ハルマヘラ島、③スラウェシ島・セラム島、
④小スンダ列島・ティモール島、⑤トミニ湾

域へと進出したのは、海洋資源利用と切り離しては考えられないであろう。東
ティモールの42,000年〜16,000年前の旧石器遺跡から出土した魚骨類や貝製
釣り針はそれを裏付け（O'Connor et al. 2011）、他の遺跡からも貝類が多く出土
している（小野 2011）。

　数万年後に新石器集団が移動してくるまでのあいだに渡海技術を発達させ、
多様性に富んだ島しょ環境への進出や限られた資源環境での継続居住の工夫が
行なわれたと考えられる。たとえば、サフル大陸に渡った人びとの一部はオー
ストラリアの内陸へ向かった人びとと違って海域を離れずに、さらにニューギ
ニア北部のビスマーク諸島からソロモン諸島にまで海を越えて進出していっ
た。しかも、島しょ間では黒曜石や小動物（クスクス）などの資源移動が人為
的に行なわれたこともわかっており、単なる移動航海から植民航海への萌芽が
あったとも考えられる（印東 2017）。

「海の道」と渡海の持続

　航海は海流や風、島の位置などに影響を受ける。そのほか、季節やエルニーニョ・南方振動（ENSO）などの海洋学的な現象の変動に応じて変わる。それにもよらず、「海の道」は時代を超えて持続して使われてきたのではないか。もちろん、事故やそれに続く漂流など不測の事態で正規のルートをたどることができなかったことも数限りなくあっただろう。

　なぜ、ヒトは海を越えたのか。動機は別として、果敢に海を越えることは大冒険であったのか、必然の行為であったのか。渡海の謎と興味は深まるばかりだ。数万年前にウォーレシアを越えた旧石器文化の人びとと、数千年前にポリネシアまでの長距離を移動した新石器文化の人びと、そして17世紀にインドネシアからオーストラリアのアーネムランドに至ったマカッサーンの移動の動機や航海術、船などは著しく異なっていたはずだ。みながおなじ動機と技術、文化的な背景によって実現したと考えないほうがよいし、航海は一方向にのみ行なわれたのでもけっしてない。

　最初は、出発地から未知の海への一方向の航海であったが、元の島との往復や交易を通じた島しょ間の航海がその後、頻繁に行なわれた。言語や栽培植物、家畜、物質文化などを元にしてヒトの移動を探ると、きわめて複雑な航海が行なわれたことが浮かび上がる。学際的な観点から「海の道」を探る意義はこのあたりにある。編者の秋道は、近著でサツマイモ、芭蕉布、魚毒植物、タカセガイ、凧揚げ漁、トビウオ漁の事例から、東南アジア・オセアニアに展開した「海の道」について議論した（秋道 2018）。

　本書は、「海の道」の人類史を明らかにする第一歩として、比較的資料が豊富なポリネシアへの「海の道」と、それをたどった人びとに焦点をあてる。ポリネシア考古学の歴史はそれほど長くないが、それでもすでに60年を越える研究の蓄積がある。それに加えて他分野の研究成果を融合した人類史研究が積極的に展開された歴史をもつことから、人類拡散と「海の道」、そして島しょ居住と「海の道」を明らかにするのに最適な地域である。

　第1章では、ポリネシア人の拡散の歴史を解明するため、考古学者はどの

ように研究を展開したのか、篠遠の研究を中心に紹介する（後藤明）。とくに、土器のないポリネシアでどのように釣り針を使って編年研究を行なったのか（丸山清志）、広いポリネシアの隅々まで拡散したルートを解明する拡散モデル（野嶋洋子）など、ポリネシア考古学のダイナミックな歴史を紹介する。

第2章では、ポリネシア以外のオセアニアへの人類の広がりや新資料を紹介する。3,300年前ごろにメラネシアから西ポリネシアへ移動してきたラピタ土器文化の特徴とポリネシア文化との関係（石村智）、新資料の増加や年代測定値の精緻な見直しによって提唱されたオセアニア内の新拡散モデル（印東道子）に加え、日本でも一時報道されたヴァヌアツと縄文土器との関係は結局どう結論づけられたかを紹介する（藍野博之）。

第3章では、海を越えるために必要なカヌーや航海術に焦点を当てる。復元されたダブル・カヌー「ホクレア」によるハワイからタヒチへの復元航海（後藤明）、オセアニアで広く使われていた伝統的なアウトリガー・カヌーの構造や特徴（須藤健一）、星や海流などを使った航海術の特徴（秋道智彌）、東南アジアからオセアニアへの海域移動はどのように行なわれ、どのように維持されてきたのか（小野林太郎）。加えて、ウォーレシアから見つかった数万年前の釣り針（小野林太郎）や近年の復元ダブル・カヌーを使った親善航海の動き（内田正洋）なども紹介する。

第4章では、ポリネシア人がアジアにルーツを持つことを多角的に検討する。ポリネシア人の頭骨の特徴がとくに縄文人と類似することとその背景（片山一道）、島しょ環境における長期居住戦略の重要な構成要素であるアジア起源の家畜と栽培植物（印東道子）、多機能な石斧とシャコガイなどから作られた貝斧（山極海嗣）、言語からみえる人の移動史（菊澤律子）などを取り上げる。とくに火山島やサンゴ島など、島ごとに異なる環境にあわせて発達したイモ類の栽培技術（風間計博）には「海の道」を選んだ人びとの覚悟や知性が感じられる。

第5章では、オセアニアの文化遺産に関して考古学が果たした役割や現状をみてゆく。モアイでよく知られるイースター島やタヒチのマラエ（集会場）などの遺跡復元活動（林徹）、ハワイのビショップ博物館にみられる展示と先住民運動（大林純子）、ユネスコ世界文化遺産に指定されたオセアニアの遺跡（石

村智)、東ポリネシアの祭祀遺跡の分析(山口徹)と篠遠によるタヒチのマラエの復元作業(飯田裕子)を取り上げる。

本書においてもっとも提起したいのは、「海の道」をたどった人びとの生きざまについて時代を超えて探ることである。「海の道」を考古学資料のみで復元するのは簡単ではないが、異分野の研究を融合して移動の背景も理解することで、「海の道」への複合的なアプローチが可能になることを示したい。

本書の刊行前年の2019年7月、雑誌『季刊民族学』169号に、「オセアニア考古学の挑戦—篠遠喜彦の足跡」と題する特集が掲載された。内容は、篠遠考古学の面白さと氏の人柄に光を当てた構成となっている。特集の編集に尽力された藍野裕之氏をはじめ、本書執筆者の若干名も寄稿している。本書と合わせて参照していただければ編者として存外の喜びである。

【参考・引用文献】

秋道智彌 2018「海のエスノネットワーク論と海民—異文化交流の担い手は誰か」小野林太郎・長津一史・印東道子編『海民の移動誌』昭和堂、38-65頁。

印東道子 2017『島に住む人類:オセアニアの楽園創世記』臨川書店。

小野林太郎 2011『海域世界の地域研究』京都大学学術出版会。

篠遠喜彦・荒俣宏 1994『楽園考古学』平凡社。

ALLEN, J. and J.F. O'CONNELL 2008 Getting from Sunda to Sahul. In Clark, J., F. Leach and S. O'Connor eds., *Islands of Inquiry: Colonisation, Seafaring and the Archaeology of Maritime Landscapes*. Terra Australis. vol. 29. The Australian National University, pp. 31-46.

ANDERSON, A., J. CHAPPELL, M. GAGAN and R. GROVE 2006 Prehistoric maritime migration in the Pacific islands: An hypothesis of ENSO forcing. *The Holocene* 16 (1): 1-6.

O'CONNOR, S., R. ONO and C. CLARKSON 2011 Pelagic fishing at 42,000 years before the present and the maritime skills of modern humans. *Science* 334: 1117-1121.

VERON, J.E.N. 1995 *Corals in Space and Time: Biogeography and Evolution of the Scleractinia*. University of New South Wales Press.

第1章

ポリネシア人拡散のはじまり

第1節　ポリネシア考古学のパイオニア・篠遠喜彦

後藤明

1. ポリネシア人の起源を巡る憶測と学説

　日本人の誰もが知っているポリネシアの島はハワイであろう。さらにモアイ像で有名なラパヌイ島、通称イースター島もポリネシアに属する。またニュージーランドにもポリネシア系の先住民、マオリがおり、近年はアオテアロア（長い雲がたなびく土地、の意味。最初の先住民が海の上にかかる長い雲をみて、大きな島があることを察知したという神話に由来）というポリネシア名が併記されることが多い。このハワイ、ラパヌイ、アオテアロアの3点によって囲まれた広大な海域が、ポリネシアの三角形、ポリネシアン・トライアングルである。

　日本ではかつては相撲、近年では格闘技やラグビーの選手として知られているポリネシア人。彼らを生み出した島々の全体像がわかってきたのは18世紀後半、イギリスのキャプテン・クックによる三度にわたる航海によってである。クックは言語の類似性などからポリネシア人がマレー半島方面のアジア人と共通性があると指摘している。

　19世紀初頭にタヒチやハワイを訪れた宣教師のW・エリスはポリネシア語はマレー語、マラガシ語（マダガスカル島）と関係し、さらにアメリカ先住民の言語にも共通性があると述べている。エリスは卓越する風向きから、アジアから来た集団がベーリング海峡を渡り、アメリカ大陸に到達し、そのあと、大陸の西側を南下し、カナダ付近からポリネシアの北端のハワイに至り、そこから拡散したと考えた。

　ポリネシア人が西のマレー系の人びと、東の北米先住民と類似しているというのは、基本的にポリネシア人の起源を考える学説の柱となっていく。さらにエリスはヒンズーないしブラフマン神話とポリネシア神話との類似性から、インド・ヨーロッパ語系の神話の影響がある可能性を考えた。ハワイに住み込んだスウェーデン人の判事A・フォルナンダーはハワイ語を理解し、ハワイ語と英語対訳の伝説集を出したことで有名だが、彼もポリネシアの神話の

高尚性がバビロニアやヘブライなど古代文明の神話に由来すると信じていた（Fornander 1878）。

2. 学問的な議論

　ポリネシア人起源論のレビューを書いた A・ハワードによると、航海者や宣教師による憶測的な議論を超えた学問的な起源論は 20 世紀初頭になってから登場する（Howard 1967）。その嚆矢がニュージーランドでポリネシア協会を創立し『ハワイキ』を著した P・スミスらである（Smith 1921）。ハワイキは東部ポリネシアの神話で語られる始祖の国であり、「ハワイ」の語源ともなった言葉である。彼はマオリやクック諸島のハワイキの伝承を辿り、ポリネシア人の祖先はインドにおり、インドネシアのスラウェシ島付近に進出したあと、3度の波となってポリネシア各地に到来したと主張した。このような「波状説」は数々の研究者によって唱えられている（Howard 1967）。

　そしてポリネシア人起源論で忘れてはならないのが、P・バックである。彼はマオリの母とイギリス人の父を持つ学者であり、マオリ名はテ・ランギ・ヒロア［Te Rangi Hiroa］であり、彼の本は日本でも『偉大なる航海者たち』として翻訳されている（Buck 1938）。バックはスミスの学説に影響されていたが、ミクロネシア経由を考えた。インドを発した人びとがインドネシア方面でマラヨ・ポリネシア系統の言語を持つに至り、キリバス付近から一派はハワイ、一派はサモア方面に進出し、そこからさらにポリネシアの三角形の隅々に渡って行ったとするものである。最初の移住者はインドネシアでアジア系に圧迫されて追放されたため、ポリネシア各地で見られるメネフネ伝説（先住の小人のような集団）となって語られたとした。このように、ポリネシアないしオセアニアには何度か移住の波があったと考える立場が強かった。ホノルルのビショップ博物館で活躍した G・ハンディも、ポリネシアへは二つの移住の波があり、それはタヒチの平民階層あるいはハワイではメネフネと呼ばれる小人集団の伝説として残った最初の波、そしてこれに続き、インドのバラモン教文明の影響をうけた人びとが到来して首長階層を形成したとする（Howard 1967）。

3. ヘイエルダールの登場

　その後、ポリネシア人の起源についてもっとも華々しい論争を巻き起こしてきたのはノルウェーのT・ヘイエルダールの学説である。彼の本は『アク・アク』をはじめとして翻訳が多い。

　彼はメラネシア人とポリネシア人の形質上の違いを重く見て、ポリネシア人は新大陸の系統であると一貫して主張した。まず白色コーカソイドが北アフリカからアメリカ大陸に渡り、アンデス文明の基礎であるティワナコ文明を築いた。彼らは創世神コン・ティキ・ビラコチャに導かれて南米大陸の海岸から太平洋に乗り出し、南米に近いラパヌイにたどり着き、モアイ像を彫った。一方、カナダ太平洋岸から北米先住民の一族がハワイに到達し、ポリネシアの島々に渡って行った。彼らはラパヌイの伝説に登場する「短耳族」であり、マルケサス諸島を通ってラパヌイに至り、先住の「長耳族」と争ってそれを滅ぼした。

　彼は新大陸起源説の証拠としてサツマイモと野生綿（確かに南米起源）などをあげた。そして彼は1947年に筏・コンチキ号の実験を成功させ、その冒険を描いた本はベストセラーになった。現実的には、彼はコンチキ号の実験のために借金を抱え、印税を稼ぐ必要があった。さらに1952年には学説を補強する大著を書いている（Heyerdahl 1952）。

　ヘイエルダール説は大きな批判を巻き起こした。たとえば1950年代にはメリカ自然史博物館の考古学者R・C・サッグス（Suggs 1960）である。彼はマルケサス諸島において先駆的な層位学的発掘を行ない、その成果をもとに、夏・商文明の台頭で圧迫されて南中国から南下した集団がその後マレー半島、フィリピンを経て、メラネシアを通り、フィジーからトンガやサモアへ、さらに東部ポリネシアへ移動したと考えた。その頃はラピタ式土器が認識されつつあり、その後のラピタ文化の同定によってポリネシア人の起源論争は新たな段階に入っていった。

　このように謎に満ちると同時に魅力あふれるポリネシア民族のルーツや島々への移動経路に関して、今日までなお評価の高い仮説を提唱したのが日本人考古学者、篠遠喜彦であった（後藤 2019）。

4. 篠遠喜彦とハワイ・ビショップ博物館

　篠遠がハワイに腰を落ち着けて考古学に取り組むことになった事情は『楽園考古学』において荒俣宏との対談で語り尽くされているので繰り返さないが、篠遠をハワイに引き止めたのはK・エモリーであった。

　エモリーもまた篠遠に負けず劣らず魅力的な人物であった。篠遠がハワイに行った1954年当時、エモリーはビショップ博物館人類学部門の部長であったが、彼こそポリネシア考古学のパイオニアであったことはビショップ博物館の紀要（*Bulletin of B.P. Bishop Museum*）に書いた数多くの報告書を見れば一目瞭然である。さらにポリネシア語にも堪能だったエモリーの考古学の報告書は、同時に民族誌的な記述に溢れ、今や貴重な人類学的な記録となっている。

　エモリーの生涯については『ケネティ』という人物伝が書かれている（Krauss 1988）。ケネティとはポリネシア人が彼のファースト・ネームのKennethをそう呼んで親しみを込めたことから来る。エモリーについてひとつエピソードを紹介しよう。

　エモリーは考古学調査にさいして人びとと生活をともにした。このような彼の姿勢が太平洋戦争中に日本軍と戦うアメリカ軍に知られたため、彼は戦時中に *South Sea Lore* という小冊子を軍に依頼されて書いている（Emory 1944）。その内容であるが、たとえばサンゴ礁を歩くと足に怪我をするので、ココヤシの実を半裁してサンダルを作る方法、かごや縄を綯る方法、さらに食べられる植物や危険な動物のリストなどである。つまりこれは、太平洋の熱帯の島に趣き日本軍と戦う米軍兵士のサバイバル術マニュアルだったのである。

　この本に序文を寄せた米軍の将軍は「これで南の島で日本人と戦える」と賞賛しているが、戦後わずか9年の1954年に、エモリーは日本人の篠遠と出会い、発掘現場でその発掘技術に驚嘆して篠遠をハワイに止めおき、生涯の研究パートナーとした。カリフォルニア大学で旧石器の研究をするために偶然途中下船したハワイで、篠遠がエモリーから誘われて発掘を行なったのがハワイ島南端のサウスポイントであった。当時の考古学の学生は測量の技術が乏しく、それができた篠遠はすぐにエモリーにとって必須の存在となった。また彼は遺跡を見つける鋭いカンを示した。「シノトオは探偵だ。彼は古い文化層のある

遺跡をみつける才能がある」とはエモリーの有名な言葉である。

　サウス・ポイント付近には異なった釣り針組成を出す2つの遺跡、通称 H1 と H2 遺跡がある。そして岬から北西に行ったところに溶岩海岸が切れたスポットがある。そこに営まれていたのがワイアフキニ（Wai'ahuikini）集落である。その中でもハワイの人類居住年代を考えるさいにかならず言及される通称 H8 遺跡がある。この遺跡は初期居住からおそらく原史期まで続く長い層序が存在した。そしてその古い層序では H1 遺跡、新しい層序には H2 遺跡の組成と類似した釣り針組成が発見された。その中間の層序には新旧の混在があったために、釣り針の型式が徐々に変化したことが読み取れたわけである。考古学の教科書のような遺跡である（Emory, Bonk and Sinoto 1959）。

　ただし当時、アメリカの発掘は日本のように文化層ごとに掘っていくのではなく、決まった深さで掘り下げる方式であったので、資料の層序的問題が残ってしまったことは篠遠自身も自覚していた。

　しかし篠遠は単式釣り針の軸頭の形態や全体の形（曲がり具合）、および2部結合釣り針の基部（軸部と先端部を結縛するためのしくみ）に時間変化があり、ハワイの文化層序は最低二つの時代に区別されることをつきとめた（本章第2節参照）。ただしこのようなポリネシア文化の古層を含むハワイの文化層でも土器は発見されなかった。

5. エモリー・篠遠仮説

　1959年に日本で出版された『世界考古学体系』では、篠遠が担当したポリネシアの章ではハワイ、アオテアロアそしてラパヌイの、当時の最新成果が披露されている（篠遠 1959）。この当時のポリネシア考古学は上記の島々で近代的な研究が開始されてはいたものの、まだ「点」の状態で島しょ間の関係は十分解明されていなかった。まして最大の謎、ポリネシア人の起源を論ずるには時期尚早であり、ヘイエルダールの新大陸起源説もそれなりの重さをもっていた。

　やがて転機が訪れた。それは篠遠の偉業とされるマルケサス諸島での発掘であった。マルケサスではすでにサッグスの発掘によって、当時導入間もない放射性炭素により古い文化層が存在することが示唆されていた（Suggs 1961）。し

かし篠遠は 1964 年に発掘されたハネ［Hane］遺跡と、さらに調査されたハア
トゥアトゥア［Ha'atuatua］遺跡の層序によってサッグスの編年を修正・再解
釈することとなった。

　さらにマルケサスの早期文化層に含まれる遺物がハワイやアオテアロアの初
期文化に類似していることより、マルケサスを移動拠点とする古東ポリネシア
文化の提唱に至るのであった（本章第 3 節参照）。1967 年に出版された、恩師
エモリーの 70 歳記念論集に篠遠はその成果を発表している（Sinoto 1967）。

　さらに 1968 年に東京で開催された汎太平洋学術会議では、日本のミクロネ
シア考古学のパイオニアであった八幡一郎と篠遠は共同で太平洋の移住に関す
るシンポジウムを企画した。エモリーと篠遠が提唱したポリネシア人の移住経
路、いわゆる「オーソドックス・シナリオ」の図は初出がビショップ博物館の
報告書のようだが、この会議論集によって一般に入手できる形で明らかにされ
た（本章第 3 節図 2）。

　この図式にはその後、アメリカ大陸との関係を意味する矢印も加筆された
が、その関係とはヘイエルダールが主張したようなものではなく、サツマイモ
など新大陸起源の要素がポリネシアに入ってきた経緯、おそらくポリネシア人
が優れた航海技術をもって南米に行って、持ち帰ったというものである。さら
に北米カリフォルニアに住む海洋性志向の強いチュマッシュ族の釣り針や神話
に指摘されているポリネシアとの類縁性への含蓄も含まれている。

　さらに 1970 年に日本で出版された『沈黙の世界史』シリーズ第 10 巻で篠遠
はポリネシアの章を担当したが、マルケサス諸島やソサエティ諸島のマウピ
ティ島の発掘成果に基づき、東部ポリネシアの移動経路についての仮説を補
強することに加えて、当時、発見の始まったラピタ文化に言及している（篠遠
1970）。この著作の段階ではラピタ式土器はまだサモアでは発見されていなかっ
たようだが、フィジーやトンガでの発見を見て、篠遠はポリネシア人の起源が
このあたりにあることを示唆した。

　ここは重要な点である。すなわちポリネシア人がどこか遠くの地ですでに形
成されてから移動してきたのではないということである。「ポリネシア人の故
郷はフィジーと西部ポリネシア付近」というのがエモリー・篠遠コンビの到達
した結論なのである。ポリネシア人の故郷はポリネシアなのである。

このようにあくまで篠遠は考古学の資料に依拠しながらポリネシア人の移住仮説を確立していった（Sinoto 1979）。彼の研究人生の後半では遺跡の保存や航海カヌーの発掘などが有名となっていくが、遺物の型式編年論によってポリネシア人の移住を論じた最後の論文のひとつは、フランスの考古学者P・ガランジェの記念論集に掲載されている（Sinoto 1996）。

6.　篠遠との出会い

　筆者が篠遠先生と初めてお会いしたのは、1981年の8月のことである。修士課程で北太平洋の釣り針の論文を書いていた筆者は、博士課程では南太平洋の釣り針の研究をしたいと考えていた。そのためビショップ博物館の人類学部部長であり、釣り針の研究で名高い篠遠の元で学びたいと思っていた。

　ハワイに行くにあたって紹介状を書いて頂いたのは、前述した八幡先生であった。八幡先生は古くからの知人である篠遠先生への紹介状を「お安いご用」と快諾してくださった。筆者は自己紹介のために、修論をもとにした北太平洋の釣り針の論文抜き刷りを持参した。それをみて「縄文時代の釣り針によく似てるじゃないですか!」と篠遠はうれしそうに語った。篠遠は釣り針と日本考古学へ常に愛着をもち、それは生涯変わらなかった（Sinoto 1995）。

　篠遠の釣り針研究はハワイ先史時代の編年、あるいは東部ポリネシアの移住関係を論ずる文化編年のためであったように見えるが、篠遠は釣り針の機能や生態的意義についても同様に興味をもっていた。筆者が最初に篠遠の研究室を訪ねたおり、篠遠は紙にハワイ島の地図を書いて、サウスポイントと北西部のサンゴ礁地帯で出る釣り針の大きさや形が違うのは、環境条件や対象となる魚が異なるのではないか、そんなことに興味はないか?　と尋ねた。筆者はすでにP・カーチ（当時ビショップ博物館）の論考でそのことに興味をもっていたので（Kirch 1979）、二つ返事でそれを博士論文のテーマにすることを決めた。

　筆者はその後、博士論文のために篠遠が発掘した釣り針約5,000点と、同時に出土した魚骨の魚種同定に2、3年を費やした。その仕事はすべてビショップ博物館の収蔵庫で行なったが、篠遠は筆者が資料を見ることに関してはまったくのフリーパスを与えてくれた。サウスポイントで出土する魚骨には見たこともない、鋸歯状の歯のついた顎の骨があった。標本と比べて同定してみる

とそれはバラクーダ（オニカマス）であることがわかった。サウスポイントでバラクーダが多いことを篠遠に報告に行くと、さもありなん、という顔をし、「サウスポイント沖でトローリングすると、海流が強いので釣り針がくるくる回っちゃってねー、スプールを三つくらいつけてもだめなんだよ」と楽しそうに釣り談義を始めた。

　篠遠の釣り針へのこだわりはその後も続き、ハワイの釣り針の分類案の改訂（Sinoto 1991）、さらにミクロネシアから日本の縄文時代の資料に言及した論文（Sinoto 1995）などに結実している。現在、ビショップ博物館では、篠遠らの発掘した釣り針資料をコード化して統計分析した私の博士論文などをたたき台にして（Goto 1986）、資料のコード化・データベース化の作業が進んでいる（2017 年 9 月の観察）。

　そして筆者は自分の人生を決めたといっても過言でない「篠遠／釣り針」というアクターネットワークを記録するために、2013 年にリニューアル・オープンした沖縄海洋博公園の海洋文化館では篠遠研究室コーナーを作り、篠遠が釣り針の型式を語るシーンを放映すること強く希望した。それはスタジオ海工房の長時間にわたる撮影映像を編集することで実現し、海洋文化館内では釣り針を語る篠遠の姿が繰り返し流れている。

7.　シノトー・スピリットの生きる島：フアヒネ島とカヌーの発掘

　調査や遺跡修復など篠遠の仕事はオセアニア中に及ぶが、篠遠がもっとも長く調査してきたのがソサエティ諸島のフアヒネ島である。とくに 1972 年にフアヒネ島のマエバ地区で、当時建設中のホテルの池から鯨骨製の遺物やカヌー材を含む木製品が大量に見つかってからは、この地区を集中的に調査していった。筆者が留学を始めた 1981 年以降も毎年、お弟子さんやアースウォッチ・グループの退役者などと一緒に発掘を続けていた。

　ポリネシア人がカヌー、とくに双胴のダブル・カヌーを使ってポリネシアの島々に移住したことは神話において語られている。またクック船長をはじめ多くの西洋人航海者の記録からポリネシア人が大型で帆走する航海カヌーを使っていたことは知られている。

　しかし西洋人が来た頃にはハワイ・タヒチ間のような数千キロに及ぶ長距離

航海はすでに行なわれなくなっていた。また航海カヌーは西洋人到来以降、急速に失われていった。パドリング用の小型カヌーは素材が変わりつつも今日まで使われている島々がある（後藤 2013）。しかし航海カヌーは100年以上その伝統が絶えてしまっていた。本書で別途論ずる、ハワイのホクレア号の航海実験（1970年代）のさい、ダブル・カヌーを作る伝統、さらにそれを指揮する航海士の存在はハワイ・ポリネシアでは失われていたのである。

　金属をもたないポリネシア人の場合、カヌーはすべて植物素材で作られているので、通常の考古学の遺跡からは発見されることはまれなのである。ポリネシアに限らず世界の他の地域でも植物素材の遺物は、泥炭地や海底など有機質の分解が遅い状況でしか発見されない。しかし篠遠は長年、調査を継続してきたソサエティ諸島のフアヒネ島において、そのような遺跡に奇跡的に遭遇したのであった。

　この遺跡の発見はファアヒア［Fa'ahia］とファアファイテ［Va'afaite］の2カ所で行なわれた。この遺跡からは、木柄の着いた手斧、木椀などポリネシア特有の型式をもった道具類の他に、カヌーの舷側板やステアリング・パドルが発見された。ポリネシア式カヌーの特徴は、舵は西洋や日本で使われるような型式ではなく、カヌーの船尾近くにおいて、水中で上下して方向を制御する梶櫂（ステアリング・パドル）の使用である。梶櫂の大きさはカヌー船体の大きさに比例するので、発掘された梶櫂の長さからカヌーの全長は7〜9m程度と推測された。

　ポリネシアのカヌーは丸木舟が基本である。しかし外洋にでる航海カヌーは積載量を増し、浸水を防ぐために丸木舟の船底の上に舷側板を足していく。フアヒネ島から篠遠が発見した舷側板の大きさからも、使われていたカヌーの全長が推測された。

　さてカヌーが発掘されたマエバ地区は、口頭伝承によるとフアヒネ島の各地区を治める首長たちが集まって住んでいたというきわめて特殊な地区である。それを示すようにマラエ（神殿）が異常に集中する集落景観を形成している。

　篠遠はこの地で放棄されていたマラエ（神殿）遺跡の復元を行なってきた。そして同時に放棄されて使えなくなった石組の漁撈用トラップ（石干見）の復元、また集会場の復元などを行なった。篠遠はラパヌイのモアイの復元などを

初めとして、遺跡の復元・修復でも大きな業績を成し遂げているが、彼はそのためには単に目玉となる遺跡の復元だけではなく、文化的景観のトータルな復元と再生が重要であるという信念をもっていた。

　そして人びとに再生された文化景観の中で遺跡を守りながら観光客を迎え、自ら解説や案内をすることで自分たちの文化に誇りを保ち、持続的に生活できるようにさせたい、これが篠遠が目指してきた考古学なのである。近年、公共考古学あるいは実践人類学などの必要性が叫ばれるが、篠遠は1980年代にすでにその必要性に気づき、実践していたのである。

　2919年9月にはフアヒネ島で篠遠の偉業を讃える式典が開催された。そして2019年10月に筆者がビショップ博物館の篠遠研究室を訪ねると、篠遠が主導して長年蓄積してきた膨大なデータをようやく出版できる見通しができたと、弟子の一人E・コモリ氏は語った。

おわりに

　エモリー・篠遠が1960年代に提唱した「オーソドックス・シナリオ」はさまざまな修正が加えられつつも、学史的な意義を失っていない。この研究を可能にしたのはハワイの釣り針研究から始まった篠遠の発掘と遺物の型式編年学であった。しかし実際にどのようなルートでポリネシア人が海を渡ったかを決めるのは移動手段、すなわちカヌーであったが、篠遠はフアヒネ島の発掘でそれも成し遂げたのである。ただし篠遠は西部ポリネシアから一気にマルケサス諸島へ移住が行なわれたかどうかについては生前、中間にあるクック諸島の調査が重要であると繰り返し語っていた。

　篠遠によるカヌーの発掘は別章で論ずる今日のカヌー・ルネサンスの基盤となったのであるが、そのような文化活動に携わるポリネシアの先住民の人びとの理論的支柱は、エモリー・篠遠の地道な調査であった。今日に至ってエモリー・篠遠の業績は考古学者だけではなく、多くのポリネシア先住民の共通の財産となっている（第3章1節参照）。

【参考・引用文献】
　後藤明 2013「オセアニアのカヌー研究再考─学史の批判的検討と新たな課題」『人

類学研究所・研究論集』1: 217-264.

後藤明 2019「ポリネシア人移住論に挑む：オーソドックス・シナリオの成立」『季刊民族学』169: 20-27.

篠遠喜彦　1959「ポリネシア：ハワイ諸島、ニュージーランド、イースター島」石田英一郎・泉靖一編『世界考古学大系　15：アメリカ・オセアニア』平凡社、119-127頁。

篠遠喜彦 1970「楽園の住民の祖先を求めて（南太平洋）」『沈黙の世界史10：半島と大洋の遺跡』新潮社、199-271頁。

BUCK, Peter H. 1938 *Vikings of the Sunrise*. Stokes.

EMORY, Kenneth P., William J. BONK and Yosihiko H. SINOTO 1959 *Fishhooks*. B.P. Bishop Museum, Special Publication 47.

FORNANDER, Abraham 1878 *An Account of Polynesian Race*. Vol.1. Trubner.

GOTO, Akira　1986　Prehistoric ecology and economy of fishing in Hawaii: An ethno‑archaeological approach. Ph.D. dissertation. University of Hawai‘i.

HEYERDAHL, Thor 1952 *American Indians in the Pacific*. George Allen & Unwin.

HOWARD, Alan 1967 Polynesian origins and migrations: A review of two centuries of speculation and theory. In Highland, G.A., R.W. Force, A. Howard, M. Kelly and Y.H. Sinoto eds., *Polynesian Culture History: Essays in Honor of Kenneth P. Emory*, B.P. Bishop Museum, Special Publication 56, pp. 45‑101.

KIRCH, Patrick 1979 Subsistence and ecology. In Jennings, J.D. ed., *The Prehistory of Polynesia*. Harvard Univesity Press, pp. 286‑307

SINOTO, Yosihiko H. 1967 Artifacts from excavated sites in the Hawaiian, Marquesas, and Society Islands. In Highland, G.A., R.W. Force, A. Howard, M.Kelly and Y.H. Sinoto, eds., *Polynesian Culture History: Essays in Honor of Kenneth P. Emory*. B.P. Bishop Museum, Special Publication 56, pp. 341‑361.

SINOTO, Yosihiko H. 1968 Position of the Marquesas Islands in East Polynesian prehistory. In Yawata, I. and Y.H. Sinoto, eds., *Prehistoric Culture in Oceania: A Symposium*. B.P. Bishop Museum, pp. 111‑118.

SINOTO, Yosihiko H. 1979 The Marquesas. In Jennings, J.D. ed., *The Prehistory of Polynesia*. Harvard University Press, pp.110‑134.

SINOTO, Yosihiko H. 1991 A revised system for the classification and coding of Hawaiian fishhooks. *Bishop Museum, Occasional Papers* 31: 85‑195.

SINOTO, Yosihiko H. 1996 Tracing human movement in East Polynesia: A discussion of selected diagnostic artifact types. In Juline, M. and C. Orliac, eds., *Mémoire de Pierre, Mémoire d'Homme: Tradition et Archéologie en Océanie*. pp. 131‑152.

SINOTO, Yosihiko H. 1995 The development and distribution of fishing gear in the Pacific: The typology and distribution of fishhooks in Polynesia. Lin, T. ed., *Proceeding of the International Conference on Anthropology and the Museum*. Taiwan Museum, pp.143 - 164.

SMITH, Percy S. 1921 *Hawaiki: The Original Home of the Maori*. Whitcombe & Tombs.

SUGGS, Robert C. 1960 *The Island Civilization of Polynesia*. Mentor Books.

（R・サッグス〈早津敏彦・服部研二訳〉1973『ポリネシアの島文明』大陸書房）

第2節　釣り針による編年研究

丸山清志

　太平洋の考古学において釣り針は、象徴的あるいは代表的なイメージが与えられているように思える。しかし太平洋全域で遍く出土する遺物かというと、釣り針を大量に出土する遺跡はそれほど多くはなく、漁撈活動では、網漁や仕掛け漁のほうが大きな位置を占めていた。それにも関わらず釣り針が大きくイメージを占める理由は、その研究が太平洋考古学の研究史における画期とみなされているためであろう。

　層位的発掘、年代観、遺物や遺構の型式学的研究は考古学の基礎的な手法であるが、1950年代までは太平洋地域の研究では、島では土壌の堆積が十分な厚みをもっていないと憶測されていた。1950年代にC14年代測定の開発と、層位的変化を示すのに十分な土壌の堆積を持った遺跡が発見されはじめたことによって、個々の遺跡や層の年代を測ることが可能になったのである。

　これら2つの手法にもとづいて調査されたのが、ハワイ島最南端の岬に位置するサウスポイントの遺跡群である。篠遠はこの遺跡調査へ参加したことから太平洋考古学におけるキャリアを始めた。サウスポイントの遺跡群からはのべ3,000点以上の釣り針が採集された。この膨大な数量の遺物が層位的に分けて取り上げられ、帰属する層の年代がC14年代によって測定されることによって、釣り針の形態的変遷を統計的に把握することが可能になったのである。ハワイの先史時代には土器がなく、東ポリネシア全域でも、土器は初期遺跡で数片発見されたのみで、その後、ヨーロッパとの接触に至るまで土器を持たない生活文化であったため、遺跡に残る遺物としては釣り針が型式学的研究の対象となりうる数少ない遺物の1つとなったのである。

1. ハワイ島サウスポイント出土釣り針の分類

　サウスポイントはハワイ島の最南端にあり、遺跡は沿岸部に分布している（図1）。遺跡の発掘成果はビショップ博物館の叢書シリーズの1冊として報告

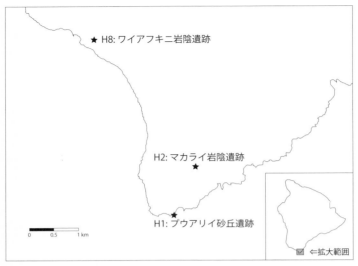

図1 ハワイ島サウスポイントの遺跡位置図

されているが、釣り針の分析は *Hawaiian Archaeology: Fishhooks* と題する別の
モノグラフとして発刊された（Emory, Bonk and Sinoto 1959、以下 *Fishhooks*）。
じつは分析資料はハワイ島以外の遺跡も含むビショップ博物館による調査から
の 3,830 点と、個人コレクターから分析に供与された 329 点の延べ 4,159 点で
あった。しかし、層位別に型式ごとの出土点数の変遷や年代があてはめられ
た名高い成果は H1（プウアリイ Pu Alii 砂丘遺跡）、H2（マカライ Makalai 岩陰遺
跡）、H8（ワイアフキニ Waiahukini 岩陰遺跡）の 3 遺跡からの出土遺物の分析に
基づいている。ポリネシアにおける型式学と年代づけられた層序遺跡の研究の
端緒として位置づけられる研究であり、釣り針の形状、材質、細部の特徴につ
いて詳細に観察され、分類命名された。

　釣り針は大きく単式釣り針、組み合わせ釣り針、複式釣り針の 3 つに類別で
きる。単式釣り針は釣り針の柄から針先までが 1 つの部材でできているもので
ある。組み合わせ釣り針は柄と針先が、別の部材として作られ結合されたもの
である。長い柄をもつものや、柄と針先が一体で針先の先端部分にのみ別に作
られたものなど、特定の魚種や大きさの獲物をねらったものがある（図3）。複
式釣り針にはカツオ用ルアーとタコ用ルアーの 2 タイプがある。構造的な図解

がされているが、数量的な分析は示されていない。

　『Fishhooks』で行なわれた分析は、特定の型式によって時代区分ができるというものではなく、ある形態的特徴や材質などが、比率の変化として消長する推移を示したセリエーションという手法によって、変遷が認められるというものである。時間的変化をみる型式や特徴として『Fishhooks』で行なわれた分類を図2に訳出した。すべての特徴や型式が時期的、地域的傾向を示すものとして有効性を試されたものではないが、それまで日本で縄文土器を研究していた篠遠が、土器のない地域の考古学で型式学的研究をするために、どのような細部まで釣り針を観察したかを示すものだと思う。

　顕著な時期的傾向を示したのは、組み合わせ釣り針のうち、柄と針先の境となる屈曲部で分けて結合するタイプ（ⅡD3）の針先の特徴である。針先の基部装着のために結ぶ糸をひっかける仕組みが、刻み目（A/AA）と突起（B/BB）の2類に分けられ、刻み目のあるタイプ（ⅡD3A/AA）が早い時期に優勢であったのが、時間を下るにつれ突起のあるタイプ（ⅡD3B/BB）が優勢になっていくというものである（図4-1）。

　単式釣り針についても、ロテーティング（ⅠB）からジャビング

Ⅰ．単式釣り針
　A．針先が真っ直ぐか、かすかに内湾する（ジャビングフック：jabbing hooks）
　B．針先か柄が内湾する（ロテーティング：rotating hooks）
　　1．針先先端が急角度で内湾する
　　2．針先が内湾する
　　3．柄が内湾するか急角度で曲がる　　A．急角度で曲がる
　　　　　　　　　　　　　　　　　　　B．内湾する
　　4．柄から針先までが丸い弧を描く
Ⅱ．組み合わせ釣り針
　C．針先と柄が同一の木製部材で、針先のみ骨製の別部材（いわゆる三日月型針先）
　　1．針先先端　　　A．結合部の高い位置に刻み目
　　　　　　　　　　B．結合部の低い位置に刻み目
　　　　　　　　　　C．刻み目なし
　　　　　　　　　　D．末端に刻み目
　　2．先端のない針先、屈曲部と柄
　D．針先と柄が別（半々に作られる）
　　3．真っ直ぐかかすかに内湾する針先
　　4．内湾する針先
　　5．柄
Ⅲ．複式釣り針　　E．カツオ用疑似餌付き釣り針　　3．針先、　5．柄
　　　　　　　　　F．タコ釣用疑似餌付き釣り針　　3．針先、　5．柄

　以上が種別と型式の分類であるが、ほかにすべての種別に通じる観察項目として、アゲ（かえし）の分類として、1.かえしなし、2.針先の内側につくもの、3.外側につくもの、4.低い位置につくもの、5.柄側につくもの、とアラビア数字がふられ、素材の種別には a.哺乳類の骨、b.真珠貝 c.鼈甲、d.金属、e.アイボリー、f.木、g.鳥骨、h.魚骨、i.哺乳類の歯、j.子安貝、k.石、とアルファベットの小文字が付与されている。
　組み合わせ釣り針と複式釣り針は柄に付ける針先の基部について以下の分類がされている。
A：大型で結合部の糸巻き付け部が刻み目、AA：小型で結合部の糸巻き付け部が刻み目
B：大型で結合部の糸巻き付け部が突起、BB：小型で結合部の糸巻き付け部が突起
C：大型で結合部の糸巻き付け部が平坦、CC：小型で結合部の糸巻き付け部が平坦
　針先基部の、柄に接着する面についても観察され、接着面が a；面を作られていない、b；面を作られている（面の仕組みが1.平坦、2.溝状か稜状、3.刃部にように鋭角）；c；末端に刻み目、d；基部に穿孔（1.単孔、2.双孔）

図2　釣り針の分類（Fishhooks より訳出）

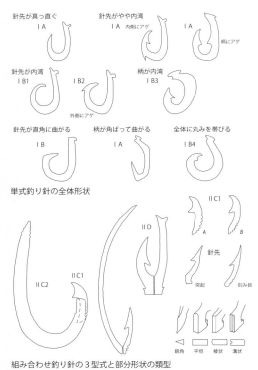

針先が真っ直ぐ
ⅠA

針先がやや内湾
ⅠA 内側にアゲ

ⅠA
柄にアゲ

針先が内湾
ⅠB1

ⅠB2

柄が内湾
ⅠB3

外側にアゲ

針先が直角に曲がる
ⅠB

柄が角ばって曲がる
ⅠA

全体に丸みを帯びる
ⅠB4

単式釣り針の全体形状

ⅡC1

ⅡD

A   B

針先

ⅡC1

突起   刻み目

ⅡC2

鋭角 平坦 稜状 溝状

組み合わせ釣り針の3型式と部分形状の類型

図3　*Fishhooks* での型式模式図（抜粋）

（ⅠA）へという変化、また素材については真珠貝から哺乳類の骨へと優勢なタイプが変化していくことがわかる（図4-2）。ロテーティングは柄か針先が湾曲し、くわえた魚が引っ張ることによって、より顎の内側に食い込む力学が働く形状である。ジャビングはそのような力学が働かないため、魚がくわえたら、すかさず引き上げることが必要になる。そのためロテーティングとジャビングの区分は型式としてのみでなく、獲物や漁場の違いもあらわすとされる。

　Fishhooks では単式釣り針の釣り糸装着部（柄頭のチモト）は階層的な分類がされておらず、ヴァリエーションが図示されていたのみであったが、マンガレヴァ島の釣り針を研究したR・C・グリーンによる、柄頭の形態分類が有効であるという示唆をうけ（Green 1960）、サウスポイントの単式釣り針の柄頭の型式（HT: Head Type）を設定した（Sinoto 1962）。

　柄頭の型式は図5に訳出した。*Fishhooks* と同じ3遺跡の層位に沿ったセリエーションが図示されている（図4-3）。柄頭両側に刻み目を入れたHT1bの減少傾向と、頂部と尖らせて外側に突起を作り出したHT4の増加傾向が明瞭である。外側にのみ刻み目を入れたHT1aは一度増加しながらまた減少に転ずる様子がみられる。柄頭の型式分類ではカウアイ島ヌアロロのK3遺跡で出土した400点の分析も加えており、H8の後半からH2と同じ時期にかけて並行する様相を示している。

1. 組み合わせ釣り針の基部の型式

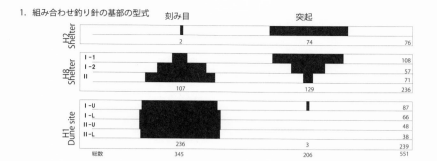

2. 単式釣り針の全体形状の型式

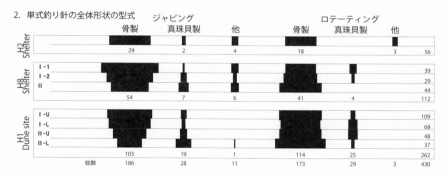

3. 単式釣り針の柄頭の型式

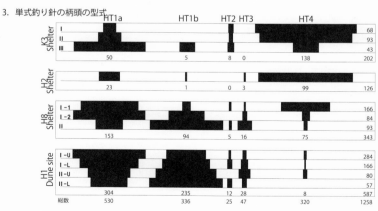

図4　分類型式の層位ごとの出現頻度による対比（*Fishhooks* より抜粋）

2. サウスポイント遺跡群の年代

　上の2例を示すセリエーションの図（図4）でわかるように、優勢な形態・特徴の変遷を示しているのはH8遺跡である。H8の下層と近い様相を示すため、早い時期の組成をもっていると思われるのがH1遺跡であり、H8の上層でみられる遅い時期の様相を示すのがH2遺跡ということになる。C14年代からH1の下層にはAD124、H8の下層にAD957、上層下部にAD1230、H2にはAD1650の年代が与えられた。H1の様相はH8の下部に近いのでH1の上部はH8下層と同じ時期まで続く。同様にH8の上層はH2の年代と同時期になることが組み立てられ、図6のような遺跡の使用年代幅が与えられた。

3. サウスポイント以後の釣り針研究

　発掘調査で出土した釣り針の分類・記載は、その後ハワイ諸島以外のポリネシアでも行なわれている。マルケサス諸島ヌクヒヴァ島のハアトゥアトゥア遺跡を発掘したR・C・サッグスは釣り針を全体形状により、類型化しているが、篠遠のようなロテーティングとジャビングのような大別がなく、点数が少ないため、通時的な傾向が導かれない（Suggs 1961）。1990年代になりマルケサス諸島タフアタ島のハナミアイ遺跡を調査したB・ロレットはサッグスの形状分類を踏襲しながらも、類型化しロテーティングからジャビングへと優勢な型式が変化する傾向を見出している（Rolett 1998）。クック諸島ではM・アレン（Allen 1996）やR・ウォルター（Walter 1998）などの研究者が出土した釣り針の分析を行なっているが、出土点数は少ない。

　篠遠が東ポリネシアへの人類拡散のモデルを築く鍵となった遺跡、ウアフカ島

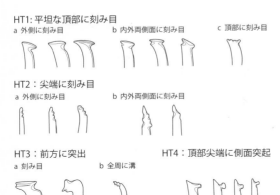

図5　単式釣り針の柄頭の型式模式図（Sinoto 1962）

（マルケサス諸島）のハネ遺跡では583点の単式釣り針が出土している。組み合わせ釣り針はなく、複式釣り針は21点の針先と47点の柄が出土している。型式ごとの数量は掲載されておらず、型式分類した類型と層位別に出土の有無が記載されている。

　ビショップ博物館に保管されている、釣り針の図版だけの分析記録を作り、篠遠はマルケサス諸島、ソサエティ諸島、ツアモツ諸島の出土品やその他のコレクションを網羅して、中央ポリネシアの釣り針の柄頭の型式分類を行なった（Sinoto 1966）。

　上記諸調査の分析においても、早い時期には多様性がみられ、遅い時期には単一の形態に収斂していく様相が認められた。P・カーチはマルケサス諸島の釣り針にみられる、多様な形態ヴァリエーションから画一化されていく傾向を、新しい島・地点の植民直後に環境への適応模索がなされ、徐々に適合した技術へ収斂していく過程として捉えた（Kirch 1980）。

4. 新しい年代観（短期編年）との整合性

　釣り針の通時的変化はC14年代により、遺物の出土した層位に年代が与え

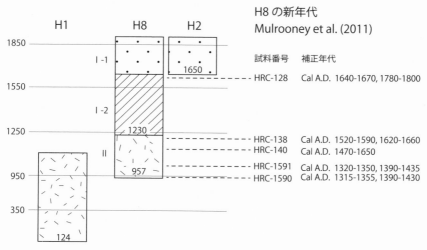

図6　サウスポイント3遺跡の年代と新年代（H8のみ）
（*Fishhooks*, Mulrooney et al. 2011 に基づく）

られることによって組み立てられていた。しかし第2章3節で述べられるように、東ポリネシアへの人類拡散の年代観は、これらの遺跡が調査されたころから随分変わったものとなっている。C14年代測定開始の初期に手掛けられた遺跡の年代の多くが、分析試料の出土状況、材質などについての検証（年代淘汰 Chronometric hygiene）に耐えられなくなっているためである。しかし、与えられる年代が変わっても、層位の順序と遺物の型式およびその数量的な変化傾向は変わらない。では、新しい年代観では変化についての説明がどのようなものになるのか考えたい。

　釣り針の研究事例が豊富な東ポリネシアでは、篠遠による東ポリネシアの拡散モデルでは AD300 年頃にマルケサスなど中央ポリネシアから植民がはじまり、ハワイ諸島には AD500 年頃に植民したとされてきた（Jennings 1979）。この時点で AD124 年という *Fishhook* での H1 年代は棄却されている。現在の年代観では、東ポリネシア中央部への西ポリネシアからの拡散は AD1000 年頃であり、ハワイ諸島も AD1000 年から 1,200 年の間が有力な初期植民の時期とみられている（Carson 2018）。篠遠のモデルで人類の東ポリネシア植民（AD300 年頃）からヨーロッパ人との接触期（AD18 世紀）まで 1,400 年間における変化として説明されてきたものが、近年のモデルでは AD1000 年からはじまる 700 年ほどの時間に圧縮されたなかで説明されなければならない。植民順序においても、ラパヌイ（イースター島）、ニュージーランドなどの辺境部を除き、東ポリネシアの大部分が西ポリネシアからの一斉拡散により植民されたことになる。

　前出した P・カーチによる、釣り針型式の初期組成の多様さの説明では、植民直後の新しい環境への適応戦略として模索的に多様な形態が生み出されたと解釈されていたが、新しい年代観のもとでは伝播論的に説明されうるのである。AD1000 年頃の東ポリネシアへの一斉拡散時期にポリネシアにあった釣り針の形態ヴァリエーションは多様なものであり、その多様性が東ポリネシア全域に拡散し、島嶼ごと、島ごとに形態は収斂していったことになる。しかし、同時期の西ポリネシアに多様な組成の釣り針群が認められていないのは課題として残る。

5. サウスポイントの新年代

　新しい年代観よりも早い年代を出していた遺跡の年代を再測定した研究もある。*Fishhooks* で分析された遺跡では、H8 のワイアフキニ岩陰遺跡から採取され、ビショップ博物館やハワイ大学ヒロ校に保管されていた炭化物試料が測定された（Mulrooney et al. 2011）。10 世紀に位置づけられていた H8 の最下部は新しい測定では 14 世紀に、Ⅰ-2 層への移行は 16 世紀、Ⅰ-1 層への移行は 17 世紀に位置づけられた（図6）。篠遠による釣り針の型式変化では、確実なところでは H8 が概ね 14 世紀から変化している。突出して早い年代である H1 の年代も却下されているが、篠遠が行ったセリエーションの対比を見れば、H1 の様相は H8 の初期の様相に類似するため、H1 の年代は H8 最下部の 14 世紀か、それ以前（ハワイ植民時期とされる 1000〜1200 年以降）に属すると考えられる。

　層位的にコントロールされた発掘で、詳細な観察と統計により導かれた型式の変遷は新しい年代的枠組みの元でも、その文化的内容の解釈に貢献しつづけているのである。

【参考・引用文献】

ALLEN, Mellinda S. 1996 Style and function in East Polynesian fish‑hooks. *Antiquity* 70: 97‑116.

GREEN, Roger C. 1960 Mangarevan fishhooks. Manuscript. The Department of Anthropology, Bishop Museum.

CARSON, Mike T. 2018 *Archaeology of Pacific Oceania*. Routledge.

EMORY, Kenneth P., William J. BONK, and Yosihiko SINOTO 1959 *Hawaiian Archaeology: Fishhooks*. Bishop Museum Special Publication 47.

JENNINGS, Jesse D. ed. 1979 *The Prehistory of Polynesia*. Harvard University Press.

KIRCH, Patrick V. 1980 Archaeological study of adaptation: Theoretical and methodological issues. *Advances in Archaeological Method and Theory* 3, pp.101‑156.

MULROONEY, Mara A., K. S. ESH, M. D. McCOY, S. H. BICKLER, and Y. H. SINOTO 2011 New dates from old samples: A revised radiocarbon chronology for the Wai'ahukini rockshelter site（H8）, Ka'u district, Hawai'i Island. *Hawaiian Archaeology* 14: 17‑26.

ROLETT, Barry V. 1998 *Hanamiai: Prehistoric Colonization and Cultural Change in the*

Marquesas Islands (East Polynesia). Yale University Publications in Anthropology 81.

SINOTO, Y. H. and Marimari J. KELLUM 1965 Preliminary report on excavations in the Marquesas Islands, French Polynesia. Manuscript. Bernice P. Bishop Museum.

SINOTO, Yosihiko H. 1962 Chronology of Hawaiian fishhooks. *Journal of the Polynesian Society* 71: 162‑166.

SINOTO, Yosihiko H. 1966 Central Polynesian fishhook coding system. Manuscript. The Department of Anthropology, Bishop Museum.

SUGGS, Robert C. 1961 *The Archaeology of Nuku Hiva, Marquesas Islands, French Polynesia*. Anthropological Papers of the American Museum of Natural History 49.

WALTER, Richard 1996 The Paraoa site: Fishing anf fishhooks in 16th century Mitiaro, southern Cook Islands. *Man and Culture in Oceania* 12: 47‑60.

第3節　ポリネシア人の拡散モデル
——エモリー・篠遠仮説

野嶋洋子

1. ポリネシア移住論への関心とポリネシア考古学の本格化

　広大な太平洋に転々と散らばる小さな島々に暮らす人びとの祖先がどこから来たのか、どのように拡がっていったのかは、西洋人航海者の時代から大きな関心事であり、さまざまな説や推論が提起されてきた（Howard 1967）。しかし考古学的調査が本格化する以前のポリネシア人の起源や拡散についての仮説は、人びとの形質的な特徴や、口頭伝承に基づいた類推であった。居住開始時期については、たとえばハワイでは首長の系譜を遡って 30～40 世代前の AD900～1200 年頃（Cartwright 1933）、マルケサス諸島でも伝承により最初の居住者の来訪を AD950 年頃と推定していた（Handy 1923）。P・バックは、ポリネシア各地の物質文化の比較や神話、伝承などに基づき、ソサエティ諸島のライアテア島をポリネシア人の故郷「ハヴァイイ」とするポリネシア世界の広がりを描いた（Buck 1964 [1938]）（図1）。

　1950 年代、オセアニア各地で本格的な考古学的発掘調査が行なわれるようになる。ニュージーランドではR・ダフによる先史マオリ遺跡の調査（Duff 1977 [1950]）、マルケサス諸島ではR・C・サッグスによる調査（Suggs 1961）、ラパヌイ（イースター

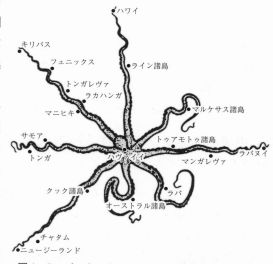

**図1　P・バックによるソサエティ諸島を中心とする
ポリネシア世界（Buck 1964）**

島）ではノルウェーの調査隊による発掘調査（Heyerdahl and Ferdon 1961）が行なわれ、そしてハワイではビショップ博物館のK・エモリーが中心となりハワイ島において発掘調査を推し進めた。1954年当時、バークレー留学のためカリフォルニアに向かっていた学生時代の篠遠喜彦がその旅の途上立ち寄ったハワイでエモリーに出会い、ポリネシア考古学の世界に足を踏み入れることになったのはよく知られている。エモリーのもと、篠遠はハワイの主要な発掘調査に加わり、遺跡から出土した釣り針を詳細に分析してその編年を確立した（Emory, Bonk and Sinoto 1959）。さらに1960年代には中央ポリネシアのソサエティ諸島、マルケサス諸島での発掘調査に乗り出し、次々と新たな発見をもたらしてその後のポリネシア考古学発展の礎を築いていく。

　考古学研究は、発掘調査によって層位的に把握された物質文化的証拠と、放射性炭素（C14）年代測定という新しい手法を得て、直接的かつ科学的な証拠に基づき先史ポリネシア人の拡散やその時期について議論することを可能にした。言語学者でもあったエモリーは、ポリネシア各地の基礎語彙の共通性に着目し、言語年代学的手法を用いてポリネシア拡散モデルを描いたが、ハワイや中央ポリネシアで考古学的調査が進むと、得られたC14年代をもとに言語が分岐した年代を再試算し、物質文化に基づいた移住プロセスも踏まえて修正を行なった（Emory 1963）。考古遺物の型式学的研究に長けた篠遠は、釣り針をはじめ主要な遺物をその形態的特徴から製作技術まで丁寧に観察・分析し、物質文化的証拠を重視してポリネシア人移住論に挑んでいった。本稿で紹介するエモリー・篠遠仮説は、考古学的証拠に基づいた最初のポリネシア人拡散のモデルであり、ポリネシア考古学における篠遠の大きな功績のひとつである。

2. 中央ポリネシアにおける発掘調査と
先史ポリネシア人拡散モデルの提唱

　ポリネシアは、北はハワイ、東はラパヌイ、南はニュージーランドを頂点とする三角形を構成する（ポリネシアン・トライアングルとも呼ばれる）。ビショップ博物館の調査チームは、1960年よりその中央部に位置するソサエティ諸島で発掘調査を開始し、1962、63年に諸島西端のマウピティ島モトゥ・パエアオで埋葬遺跡を発掘した（Emory and Sinoto 1964）。16体の埋葬遺跡からは、鯨

歯製ペンダントや真珠貝製のディスク状装身具、石斧、真珠貝製のトローリング用擬餌針や単式釣り針などが出土した。なかでもとくに注目されたのは、鯨歯加工ペンダント、釣り針や石斧の形態、埋葬様式などにニュージーランド南島の古期マオリ文化の遺跡とされるワイラウ・バーとの共通性が見いだされたことで、ソサエティ諸島を起点とするニュージーランドへの移住が想定された。

　エモリーと篠遠はマウピティ埋葬遺跡出土遺物を詳細に記述するなかで、マルケサス諸島、ハワイ、西ポリネシアとの関連についても言及している。たとえば、東ポリネシアでは新しい段階になると有茎・断面三角形の石斧が主流となるが、古い段階の遺跡では西ポリネシアに典型的に見られる無茎・断面方形石斧が見られることから、サモアやトンガから中央ポリネシアへの移住の根拠としている。ハワイに関しては、釣り針の形態ではマルケサス諸島の資料に近く、タコ釣り用擬餌針のコヤスガイ製の錘がマルケサス諸島のものとは共通するがソサエティ諸島では見られないことから、最初の移住はマルケサス諸島から行なわれたと考え、一方で、マウピティの AD1350 年頃の土層直上から出土した単式釣り針の糸掛け部型式がハワイのほぼ同時期以降の釣り針にも見られること、トローリング用結合式擬餌針の針先部の形態にも共通性が見られること、また伝統的なハワイ首長制の政治組織、宗教的建造物や儀礼はマルケサス諸島のものよりもタヒチにより近いことをあわせ、時期が下った段階でソサエティ諸島からハワイへの移住が行なわれた可能性を指摘している。この論文は以下のように締めくくられている。「これらの発見から、東ポリネシア中央部（つまりソサエティ諸島、マルケサス諸島及び近隣の島々）はサモアまたはトンガ、あるいはその両方から移住され、そして 1500 年前頃から東ポリネシア中央部の文化は東ポリネシア文化圏の周縁部、まず最初にイースター島、次にハワイ、そしてニュージーランドへと拡がったと考えられる」(*op. cit.* : 159)。ポリネシア人拡散モデルのプロトタイプ的なものが構想されつつあったことがうかがえる。

　彼等がポリネシア人拡散モデルを構築する上で、おそらく最も重要な役割を果たしたのはマルケサス諸島ウアフカ島のハネ遺跡の発掘調査成果である。ビショップ博物館によるマルケサス諸島の調査は、1964、65 年にアメリカ国立科学財団の助成を得て実施され、複数の遺跡が発掘されたが、その中心となる

のがハネ遺跡である（Sinoto 1966）。ハネ遺跡はウアフカ島南岸のハネ渓谷河口の海岸砂丘に位置し、2m 近い良好な堆積層に 3 層の居住レベルが確認されている（B 地点主要マウンドの第 I 層・第 III 層・第 V 層）。3,000 点を越える遺物が層位的に出土しており、表採品も含めると 600 点近い点数にのぼる単式釣り針、石斧、鑿、スクレイパー、釣り針製作用のヤスリなどの加工具に加え、鯨歯加工ペンダント、銛頭、トローリング用釣り針、タコ釣り用擬餌針の錘、パウンダーなど、東ポリネシア先史時代の様相を把握するのに役立つ豊富な資料が得られている。さらに B 地点の一部でのみ確認された第 VII 層（最下層）から土器片が見つかり、民族誌的には土器を持たない東ポリネシアにおいて初期居住段階には土器を伴っていたことも、西ポリネシア地域との関連を示す資料として注目された。

　マルケサス諸島においては 1950 年代後半にサッグスがヌクヒヴァ島のハアトゥアトゥア遺跡の調査を行ない、得られた C14 年代をもとに BC150 年にまで遡るマルケサス諸島の文化史編年を提示した（Suggs 1961）。篠遠はハネ遺跡とハアトゥアトゥア遺跡の遺物の様相を比較し、ハネ下層の文化はハアトゥアトゥアよりも古いと結論づけたが、ハネ遺跡の調査で得られた最古の年代は第 V 層の AD850 年頃で、第 VII 層については数百年遡ると想定したとしても矛盾が残ることから、ハアトゥアトゥアの最古の年代を否定してマルケサス文化史編年の見直しを行なった（Sinoto 1968、1970）。その大枠は以下のようなものである。

フェーズ I（定住段階、AD300-600 年頃）：多数の漁撈具を伴う。真珠貝製の単式釣り針が主体だがイルカの骨を利用したもの、またトローリング用擬餌針も見られる。形態的には軸部や針先部が内湾する回転式釣り針が多いが、直線的な軸を持つ刺突式の釣り針（ゴージ）も存在する。釣り針製作具としてはサンゴやウニ棘のヤスリが見られるが、後者は古い時期に特徴的である。タコ釣り用擬餌針の錘は、西ポリネシアに近い円錐型のもの。石斧は断面方形または台形、レンズ形が主体で、無茎が多いが茎を作り出したものも見られ、貝製の鑿も存在する。装身具としては鯨やイルカ等の歯のペンダント、イモガイ製のディスク型のものが中心で、鳥骨、真珠貝、サメの歯などを利用した入れ墨用

具が出土している。少数の土器を伴うが、ポリネシア各地に特徴的な石製パウンダーや貝製皮剥きは見られない。ブタ、ニワトリなどの家畜の骨は見られない一方、海鳥の骨はとくに最初期に多い。

　ハネ遺跡が該当し、ハアトゥアトゥア遺跡にも存在する可能性はあるが、具体的資料の特定が難しい。

フェーズⅡ（発展段階、AD600‐1300年頃）：海岸部から渓谷部や台地にも居住域が拡大する。遺物組成は前段階と大差はないが、大型の釣り針が増え、刺突式釣り針の占める割合が高くなる。トローリング用釣り針は減少し、ルアー基軸部も小さくなる。針先部の結合部分は内側に作り出し２箇所に結束用の穿孔を設けたものが見られるが、後半にはこの部分は顕著ではなくなり、基部側に張り出す形態に変化する。コーヒー豆型のタコ釣り擬餌針の錘、またマルケサス諸島に特徴的な複合軸式釣り針はこの時期以降に見られる。

　ウアフカ島のハネ遺跡、マニヒナ岩陰、ヌクヒヴァ島ハアトゥアトゥア遺跡、及び南部ヒヴァオア島の遺跡が該当する。

フェーズⅢ（拡張段階、AD1300‐1600年頃）：物質文化に大きな変化が現れ、鯨歯加工ペンダントやイモガイ製装身具は作られなくなり、土器も欠落する。石斧では断面三角形の有茎石斧が主流となり、鑿も石製が中心となる。円錐形のパウンダーが見られる。釣り針は小型化し、形態のバラエティも減少して刺突式が中心となる。トローリング用擬餌針は稀になり、近海での限定的な漁撈活動が行なわれたと考えられる。住居構造にも変化が現れる。

　ウアフカ島、ヌクヒヴァ島、ヒヴァオア島の各地の海岸部から内陸に遺跡が見られ、岩陰の利用も普遍的である。

フェーズⅣ（古典段階、AD1600‐1800年頃）：物質文化的には前段階と共通するが、宗教・儀礼用の構造物が発達する。

　篠遠はさらに、ハネ遺跡の資料と、ソサエティ諸島のマウピティ埋葬遺跡、そしてハワイ島のサウスポイントで調査したプウアリイ遺跡、ワイアフキニ岩

陰、マラカイ岩陰の資料を軸に、ヌクヒヴァ島出土資料（Suggs 1961）やニュージーランド古期資料（Duff 1977［1950］）も参照しつつ、東ポリネシア先史時代の物質文化の比較研究を精力的に実施し、マルケサス諸島を拠点とした東ポリネシア移住論を展開した（Sinoto 1967、1968、1970）。

鯨歯製ペンダントはハネ遺跡、マウピティ遺跡、ニュージーランドのワイラウバー遺跡に共通する特徴的な装身具のひとつで、ハネ遺跡以外では埋葬に伴って出土していることから、マルケサス諸島からソサエティ諸島を経由してニュージーランドへの拡散ルートを想定した。一方で、ニュージーランドでは鯨歯製ペンダントに伴うリール型装身具や銛頭など、マルケサス諸島とニュージーランドには共通するがソサエティ諸島では見つかっていない資料があることなどを根拠に、ニュージーランドへの最初の移住がソサエティ諸島から行なわれ、その後にマルケサス諸島から直接の移住があったとする2段階の拡散イベントがあった可能性を提示している。また、ハワイ初期の釣り針形態、素材、針先部－軸部高比がマルケサス諸島のハネ遺跡やヌクヒヴァの釣り針との類似性が強いこと、ハワイのカウアイ島でのみ見つかっているあぶみ型パウンダーの原型とも考えられるような資料がハネ遺跡の第Ⅴ層から出土していること等から、ハワイへの移住についてもマルケサス諸島から行なわれ、時期が下った後にソサエティ諸島とのコンタクトがあったとしている。ハワイのプウアリイ遺跡ではAD124±60年という非常に古い年代が出ていたが、C14年代よりも型式学的研究に基づいた相対年代を重視した篠遠は、この年代を否定し、ハワイへの移住時期についてはAD750年頃というワイアフキニ最下層の年代を採用した。西ポリネシアとの関連

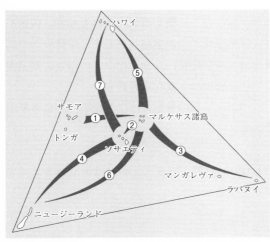

図2　篠遠（Sinoto 1968）による先史ポリネシア人の拡散モデル（Bellwood 1978をもとに作成）

については、東ポリネシア初期段階の資料との相違点を認識しながらも、ハネ遺跡の石斧形態や円錐型のタコ釣り用錘、そして土器の存在を、西ポリネシア地域とマルケサス諸島との直接のつながりを示す証拠とした。

　これらを図式化したのが図2のような東ポリネシア拡散モデルで、マルケサス諸島を主要拠点とする7段階の移住プロセスが示されている。

　　1）西ポリネシア（サモア、トンガ）からマルケサス諸島への拡散
　　2）マルケサス諸島からソサエティ諸島への拡散
　　3）マルケサス諸島からラパヌイ（イースター島）への拡散
　　4）ソサエティ諸島からニュージーランドへの最初の拡散
　　5）マルケサス諸島からハワイへの最初の拡散
　　6）マルケサス諸島からニュージーランドへの第2の拡散
　　7）ソサエティ諸島からハワイへの第2の拡散

　この図式は1965年にアメリカ国立科学財団に提出したビショップ博物館のレポートで最初に提示されたもので、翌年、東京で開催された第11回太平洋科学会議（Pacific Science Congress）での篠遠の報告を通じて公開され、「エモリー・篠遠仮説」として知られるようになった（Sinoto 1968）。

　1973年、篠遠はソサエティ諸島のフアヒネ島で偶発的に発見されたヴァイトオティア遺跡の調査に携わることになる（Sinoto and McCoy 1975）。その後1977年にかけて隣接するファアヒアと併せて調査が実施され、マウピティ遺跡やハネ遺跡と対比できる石斧、釣り針、貝製品などに加え、いずれの地点も水に埋もれていたことにより、ダブル・カヌーやさまざまな航海関連具、樹皮布（タパ）製作用具、石斧の柄、鯨骨や木製の棍棒など、通常の土壌では保存されにくいさまざまな木製品が出土した。とくに彼を驚かせたのはニュージーランド・マオリに特徴的なパトゥと呼ばれる戦闘用棍棒が出土したことで、ソサエティ諸島からニュージーランドに移住が行なわれたとする仮説を支持するさらなる証拠となった。また、これまでマルケサスでしか見つかっていなかった複合軸式釣り針や真珠貝製のペンダントも見つかったことから、マルケサス諸島からのソサエティ諸島への移住の証拠とし、この遺跡をマルケサス文化史

編年のフェーズI〜IIに位置づけた（Sinoto 1983）。

3.　オーソドックス・シナリオの成長・見直しと東ポリネシア古期文化

　エモリー・篠遠仮説は、当時の考古学的証拠に基づいたポリネシア人拡散モデルとして支持され、「オーソドックス・シナリオ」としてポリネシア考古学の概論的文献で取り上げられていった（たとえばBellwood 1978、Jennings 1979）。その最たるものはJ・ジェニングスによる拡散モデル（Jennings 1979）（図3）で、エモリーと篠遠によるモデルをベースに、論集 *Prehistory of Polynesia*（ポリネシア先史学）所収の各論で提示された各地域の居住開始年代を追加し、修正を加えたもので、オーソドックス・シナリオの1970年代末における発展型といえる。ここでは当時受容されていた居住開始年代が記載されており、より具体的な移住のプロセスを知ることができる。まず、メラネシア地域に拡がったラピタ文化がBC1000年頃には西ポリネシアのトンガ・サモアに到達する。ここで1,000年以上に渡る停滞があり、西ポリネシア地域にポリネシア祖型文化が形成され、東ポリネシアへの進出はAD300年頃、マルケサス諸島へと行なわれた。次にマルケサス諸島が東ポリネシアの拡散拠点となり、ラパヌイ（AD400年）、ハワイ（AD500年）、ソサエティ諸島（AD600年）への移住が行なわれた。その後、ソサエティ諸島が第2の拡散拠点となりニュージーランド、ハワイへの移住が行なわれたとしている。

　エモリー・篠遠仮説は、本格的発掘調査が行なわれるようになって初めて提示された先史ポリネシア人拡散のモデルであり、当然の

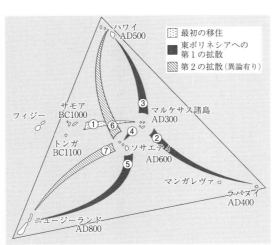

図3　J・ジェニングス（Jennings 1979）による拡散モデル（Kirch 1986 をもとに作成）

ことながら、当時明らかにされていたごく少数の遺跡から得られた限られた資料に基づいて構築されたものであった。そのため、ポリネシア各地で発掘調査が進み新たな知見が得られるに従い、当初のモデルの見直しが求められることとなった。篠遠自身も、1970年代に蓄積された新たなデータを取り込みつつも、仮説の根幹をなした考古遺物の型式学的比較研究手法は堅持しながら、マルケサスを第1の拡散拠点とする議論を深化させ、モデルの修正を行なってきた（Sinoto 1979、1983）（図4）。

　一方で、オーソドックス・シナリオはさまざまな疑問や反論も呼び起こした（Kirch 1986に詳しい）。主要な反論のひとつは、マルケサス諸島が東ポリネシアで最初に移住され拡散拠点となったとする見解への疑問である。西ポリネシアにより近いクック諸島やソサエティ諸島から順に移住したと考える方が、地理的には理に適っている。マルケサス諸島が良好な考古学的資料に恵まれている一方で、ソサエティ諸島やクック諸島における十分な考古学的成果が得られていない当時の状況において、マルケサス諸島に最初の移住が行なわれたと判断するのは時期尚早であると考えられた（Bellwood 1970、Kirch 1986）。こうした指摘は、さらなる発掘調査の必要性を喚起するものでもあった。

　篠遠が一連の議論の中心に据えたさまざまな形態の釣り針、銛頭、鯨歯加工ペンダント、リール型装身具、さまざまな形態の石斧、石製パウンダーなどの東ポリネシア早期に特徴的な遺物組成は、東ポリネシア古期文化として認識されるようになる（図5）。しかし、西ポリネシアでの停滞期に形成されていったポリネシア祖型文化のなかに類似性のある文化要素に乏しく、東

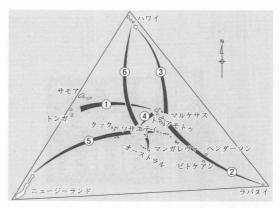

図4　1982年に篠遠が作成した東ポリネシア拡散モデル
（Sinoto with Aramata 2016をもとに作成）

従来のモデルにはなかったソサエティ諸島を拠点とするトゥアモトゥ諸島、オーストラル諸島への拡散が示されている。またマルケサス諸島からニュージーランドへの直接の拡散はなくなっている。

ポリネシア独自の特徴を備えた様相が、果たして移住最初期を示す証拠といえるのかについても疑問視された。篠遠はハネ遺跡のフェーズⅠとⅡをまとめて古期文化として扱ったが、P・カーチ（Kirch 1986）はハネ遺跡の層位と遺物を再検討するなかで、古期文化の特徴的な遺物である鯨歯加工ペンダント、リール型装身具、銛頭などは第Ⅴ層まで現れないことを指摘し、それらを欠く第Ⅶ層から第Ⅵ層が移住最初期の段階を示すものであり、東ポリネシア古期文化はハワイやラパヌイへの移住が行なわれた後に中央ポリネシアで発達した文化として位置づけた。1980年代以降、中央ポリネシア各地で発掘調査が進むと、東ポリネシア古期文化、あるいはP・ベルウッドのいう初期東ポリネシア文化（Bellwood 1978）は、クック諸島、ソサエティ諸島、マルケサス諸島全域に共通する概念として活用されていった。エモリー・篠遠仮説が遺物の類似性を移住の証拠と捉えたのに対し、それは地域間の頻繁な交流を示す証拠として解釈され、その結果として中央ポリネシアに共通性の高い東ポリネシア古期文化が形成され、ポリネシア周縁部への拡散の広域拠点となったとする見解が主流となっていった（Kirch 1986、Rolett 1993）。

C14年代測定法が考古学的調査に積極的に取り入れられるようになったことで、移住時期の絶対年代が議論可能となったことは画期的であったが、1950年代や60年代にはその手法自体もまだ初期的な段階にあり、その精度や試料分析手法、得られた年代の信頼性などに課題があった。篠遠自身、物質文化の型式学的分析に

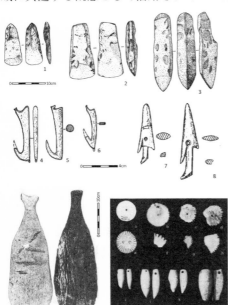

図5 東ポリネシア古期文化に特徴的な遺物

1-3: 石斧類（マウピティ遺跡）、4-6: 複合軸式釣り針（4-5 ハネ遺跡、6 ハアトゥアトゥア遺跡）、7-8: 銛頭（ハネ遺跡）、9-10: パトゥ（ヴァイトオティア遺跡）、11: 貝製ディスク型装身具（上2段）、鯨歯加工ペンダント（下段）（出典 1-3: Emory and Sinoto 1964、4-8: Sinoto 1983、9-10: Sinoto 1988、11: Sinoto 1979）

基づいた自説と C14 年代との矛盾に苦慮してきた。1990 年代に入ると、ポリネシア各地で得られていた C14 年代について徹底的な検証が行なわれ、信頼性の低いデータが除外された結果、東ポリネシア各地での居住開始時期は、これまで想定していた時期よりも新しくなる可能性が示された（Spriggs and Anderson 1993）。エモリー・篠遠仮説の中核となったマウピティ埋葬遺跡の再調査やヴァイトオティアー-ファアヒア遺跡、ハネ遺跡の年代の再測定も行なわれ、AD300-600 年頃とされていた初期居住期の年代は AD900-1200 年頃にまで引き下げられることとなった（Anderson et al. 1999、Anderson and Sinoto 2002）。より最近の検証では東ポリネシアへの移住年代はさらに引き下げられ、AD1000-1200 年頃にソサエティ諸島への移住が起こり、その後 100 年程度の短い期間で、ラパヌイ、ハワイ、ニュージーランドを含め、東ポリネシアへの移住が行なわれたとする新しいモデルが提示されている（Wilmshurst et al. 2011）。こうした新しい、そして従来よりも短い年代観は、東ポリネシア文化史全体の見直しを迫るものとなっている（第 2 章第 2 節）。

4. おわりに

　エモリー・篠遠仮説の登場は、ポリネシアにおいて考古学的調査研究が本格化していく過程にあって、ポリネシア人拡散の具体的モデルを提示したことで、その後のポリネシア考古学発展に大きく貢献した。その後のポリネシア移住論は、このモデルをもとに新たな証拠が積み上げられさらに具体化し、その一方で提示されていた疑問・反論もまた、新たな研究の発展を後押しするものとなった。発掘調査で得られた資料に基づき議論する考古学研究においては、新たな発見が既存の見解を覆すことはめずらしくない。また篠遠が重視していた出土遺物の型式学的研究が、欧米研究者を中心とするポリネシア考古学で主流となることはなかったが、ポリネシア考古学が本格化して間もない時期に提示されたこの仮説が、数十年に渡って受容され議論の進展に寄与し続けたことは賞賛すべき業績といえるだろう。その後、ポリネシア考古学がどのように展開したかについては、本書後半の議論を参照していただきたい。

　新しい C14 年代は、2 段階でのきわめて短期間の拡散を示しているが、では個々の地域間の関係はどのようなものだったのだろうか？移住論としては否

定されたかもしれないが、篠遠が物質文化研究を通じて示してきた地域間の関係性は、新たなポリネシア文化史観に基づいて地域間のつながりや交流を考える上では、現在に至るまで重要な先行研究であり続けているといえるだろう。

【参考・引用文献】

ALLEN, Melinda S. 2004 Revisiting and revising Marquesan culture history: New archaeological investigations at Anaho Bay, Nuku Hiva Island. *Journal of the Polynesian Society* 113(2): 143-196.

ANDERSON, Atholl et al. 1999 Renewed excavations at Motu Paeao, Maupiti Island, French Polynesia: Preliminary results. *New Zealand Journal of Archaeology* 21: 47-66.

ANDERSON, Atholl and Yosihiko H. SINOTO 2002 New radiocarbon ages of colonization sites in East Polynesia. *Asian Perspectives* 41(2): 242-257.

BELLWOOD, Peter 1970 Dispersal centers in East Polynesia, with special reference to the Society and Marquesas Islands. In Green, R. C. and M. Kelly eds., *Studies in Oceanic Culture History*. Pacific Anthropological Records 11. Bernice P. Bishop Museum. pp. 93-104.

BELLWOOD, Peter 1978 *Man's Conquest of the Pacific: The Prehistory of Southeast Asia and Oceania*. Oxford University Press. (P・ベルウッド 1989 『太平洋 ― 東南アジアとオセアニアの人類史』法政大学出版局)

BUCK, Peter 1964［1938］*Vikings of the Sunrise*. Whitcombe and Tombs Limited.

CARTWRIGHT, Bruce 1933 *Some Aliis of the Migratory Period*. Bernice P. Bishop Museum Occasional Papers 10(7), Bishop Museum.

DUFF, Roger 1977［1950］ *The Moa Hunter Period of Maori Culture*（3rd edition）. Canterbury Museum Bulletin No.1. Government Printer.

EMORY, Kenneth P. 1963 East Polynesian relationships: Settlement pattern and time involved as indicated by vocabulary agreements. *Journal of the Polynesian Society* 72 (12): 78-100.

EMORY, Kenneth P., William J. BONK and Yosihiko H. SINOTO 1959 *Hawaiian Archaeology: Fishhooks*. Bernice P. Bishop Museum Special Publication 47. Bishop Museum Press.

EMORY, Kenneth P. and Yosihiko H. SINOTO 1964 Eastern Polynesian burials at Maupiti. *Journal of the Polynesian Society* 73(2): 143-160.

HANDY, E.S.C. 1923 *The Native Culture of the Marquesas*. Bernice P. Bishop Museum

Bulletin 9.

HEYERDAHL, Thor and Edwin N. Jr. FERDON 1961 *Archaeology of Easter Island.* Monographs of the School of American Research 24(1).

HOWARD, Alan 1967 Polynesian origins and migrations: A review of two centuries of speculation and theory. In Highland, G. A., R. W. Force, A. Howard, M. Kelly and Y. Sinoto eds., *Polynesian Culture History: Essays in Honor of Kenneth P. Emory.* Bernice P. Bishop Museum Special Publication 56. Bishop Museum Press. pp. 45‑101.

JENNINGS, Jesse D. (ed.) 1979 *The Prehistory of Polynesia.* Australian National University Press.

KIRCH, Patrick V. 1986 Rethinking East Polynesian Prehistory. *Journal of the Polynesian Society* 95(1): 9‑40.

ROLETT, Barry V. 1993 Marquesan prehistory and the origins of East Polynesian culture. *Journal de la Société des Océanistes* 96: 29‑47.

SINOTO, Yosihiko H. 1966 A tentative prehistoric cultural sequence in the northern Marquesas Islands. *Journal of the Polynesian Society* 75(3): 286‑303.

SINOTO, Yosihiko H. 1967 Artifacts from excavated sites in the Hawaiian, Marquesas, and Society Islands: A comparative study. In Highland, G.A., R.W.Force, A. Howard, M. Kelly and Y. Sinoto eds., *Polynesian Culture History: Essays in Honor of Kenneth P. Emory.* Bernice P. Bishop Museum Special Publication 56. Bishop Museum Press. pp. 341‑361.

SINOTO, Yosihiko H. 1968 Position of the Marquesas Islands in East Polynesian prehistory. In Yawata, I. and Y. Sinoto eds., *Prehistoric Culture in Oceania.* Bishop Museum Press. pp. 111‑118.

SINOTO, Yosihiko H. 1970 An archaeologically based assessment of the Marquesas as a dispersal center in East Polynesia. In Green, R.C. and M. Kelly, eds., *Studies in Oceanic Culture History.* Pacific Anthropological Records 11. Bernice P. Bishop Museum. pp. 105‑132.

SINOTO, Yosihiko H. 1979 The Marquesas. In Jennings, J. D. ed., *The Prehistory of Polynesia.* Harvard University Press. pp. 110‑134.

SINOTO, Yosihiko H. 1983 An analysis of Polynesian migrations based on the archaeological assessments. *Journal de la Société des Océanistes* 76: 57‑67.

SINOTO, Yosihiko H. 1988 A waterlogged site on Huahine island, French Polynesia. In Purdy, B. A. ed., *Wet Site Archaeology.* Telford Press. pp. 113‑130.

SINOTO, Yosihiko H. 1996 Tracing human movement in East Polynesia: A discussion of selected diagnostic artifact types. In Julien, M., et al. eds., *Mémoire de Pierre,*

Mémoire d'Homme: Tradition et Archéologie en Océanie. Publication de la Sorbonne. pp. 131‑152.

SINOTO, Yosihiko with ARAMATA, Hiroshi 2016 *Curve of the Hook: An Archaeologist in Polynesia*. University of Hawaii Press.

SINOTO, Yosihiko H. and P.C.MCCOY 1975 Report of the preliminary excavation of an early habitation site on Huahine, Society Islands. *Journal de la Société des Océanistes* 47: 143‑186.

SPRIGGS, Matthew, and Atholl ANDERSON 1993 Late colonization of East Polynesia. *Antiquity* 67: 200‑217.

SUGGS, Robert C. 1961 *Archaeology of Nuku Hiva, Marquesas Islands, French Polynesia*. Anthropological Papers of the American Museum of Natural History 49, Part 1. The American Museum of Natural History.

WILMSHURST, Janet M., et al. 2011 High‑precision radiocarbon dating shows recent and rapid initial human colonization of East Polynesia. *Proceedings of the National Academy of Sciences* 108(5): 1815‑1820.

第2章

オセアニアへの拡がり

第1節　ラピタ人とポリネシア人

石村智

1. ラピタ人とは何か

　ポリネシア人はどこから来たのか。この問いにひとつの答えを出したのが、ラピタ文化の発見である。

　ポリネシア人の起源については、19世紀以降、さまざまな学説が唱えられた。中には失われたムー大陸の住民の子孫であるといった珍説もあったが、大まかには、アジア方面から渡ってきた西方起源説と、アメリカ大陸から渡ってきた東方起源説とに分けられる。

　このうち、西方起源説で有力だったのがP・バック（テ・ランギ・ヒロア）の仮説で、それによるとポリネシア人の祖先は東南アジアからミクロネシアを経由してポリネシアに至ったというものである。この説は1938年に出版された著書『偉大なる航海者たち』で唱えられている（バック 1966）。いっぽう東方起源説の代表的なものはT・ヘイエルダールの説で、それによるとラパヌイ（イースター島）の石像（モアイ）などの巨石文化の起源は、アンデスの巨石文明にたどることができるという。そして彼はその説を検証するために、1947年にバルサ材の筏「コン・ティキ号」を用いてペルーから仏領ポリネシアのツアモツ諸島までの実験航海を成功させ、その様子を著書『コン・ティキ号探検記』に記した（ヘイエルダール 1969）。

　しかし20世紀を折り返した頃になると、ポリネシア人の起源について新しい説が浮上してくることとなった。そのきっかけは、1952年に考古学者E・ギフォードとR・シャトラーがニューカレドニアで発掘したいくつかの土器片であった。それは赤褐色の素焼きの土器で、表面には連続する刺突痕によって幾何学模様がほどこされていた。そして当時開発されたばかりの放射性炭素年代測定法により遺跡の年代を測ったところ、今から3,000年以上前にさかのぼるという結果が示された。さらにこれとよく似た土器が、他にもニューギニアのビスマーク諸島や、フィジー、トンガからも見つかっていたことが確認された。

図1　発掘されたラピタ土器
（フィジー・ボウレワ遺跡より。筆者撮影）

こうしたことから、かつてメラネシアのビスマーク諸島から西ポリネシアのトンガにいたる西太平洋の広大な範囲に、同じ文化が広がっていた可能性が高いことが明らかになった。その文化の名前は、ニューカレドニアで土器が発見された場所の名前にちなんで「ラピタ文化」と呼ばれ、その文化を持っていた人びとのことを「ラピタ人」、彼らの残した土器を「ラピタ土器」と呼ぶようになった（図1）（ラピタと呼ばれる地名は実際には存在せず、調査者の聞き間違いにであった可能性が高い）。

　そしてメラネシアとポリネシアをつなぐ共通の文化としてのラピタ文化が存在し、しかもその年代がポリネシアでこれまで見つかっていたどの遺跡よりも古いものであったことから、ラピタ文化こそポリネシア文化の起源ではないかと考えられるようになった。そしてポリネシア文化の源流はメラネシアを含む西方であるとする考え方が有力となったのである。

　しかしラピタ文化の発見とともに、新たな疑問が立ちあらわれた。ポリネシア人がラピタ人の直系の子孫とみてよいのだろうか、という疑問である。

　ラピタ文化が分布する範囲のうち、ビスマーク諸島からフィジーにいたるまでの範囲はメラネシアに属し、トンガおよびサモアはポリネシアに属している。このうちメラネシアに住む人びとは、オーストラロイドと呼ばれる、暗褐色の肌を持ち、頭髪が縮れているという身体的な特徴を持つ人びとであるのに対し、ポリネシアに住む人びとは、明褐色の肌を持ち、頭髪はウェーブのかかった直毛であるのに加え、高身長かつ骨太であるという特徴を持つことが多い。一見すると、メラネシアの住民（オーストラロイド）はアフリカのネグロイド（黒人）に似ているのに対し、ポリネシアの住民はアジアのアジア系集団（黄色人種）と強い共通性を示している。

　このように、かつて共通の文化、共通の人びとが存在した範囲に、現在は一

見すると異なった「人種」が分布するという様相がなぜ生じたのか、ということが新たな問いとして示されたのである。

2. ラピタ人 = ポリネシア人？

　この問いについて、もっともシンプルな解答を示す仮説が「ラピタ人 = ポリネシア人」という見方である。つまりラピタ人はポリネシア人とほぼ同じ身体的特徴を持つアジア系集団であり、その起源は台湾もしくは東南アジアなどのアジア地域にあるという仮説である。

　この説はP・ベルウッドをはじめ多くの考古学者から支持されてきた。また言語学の方面からも、ポリネシア語を含むオーストロネシア語族の起源地は台湾周辺にあるとする説が有力であるため、オーストロネシア語族の言語集団がアジア方面からやってきたというシナリオは支持された（ベルウッド1989）。

　この説によると、台湾もしくは東南アジアに住んでいたアジア系の形質を持つ集団、つまりラピタ人が、今から3,000年ほど前にオセアニア地域に移動してきた。まずたどり着いたのはニューギニアおよびソロモン諸島を含むメラネシア地域であったが、そこにはすでに数万年前から居住しているオーストラロイドの住民がいたため、ラピタ人はそこを素通りし、わずかにビスマーク諸島に足跡を残すにとどまった。そしてヴァヌアツ、ニューカレドニア、フィジー、トンガ、サモアなどへと拡散していったが、これらの地域には先住民がいなかったので、ラピタ人が最初の植民者となった。しかしその後、ラピタ人の後を追うように、ニューギニアもしくはソロモン諸島の住民であるオーストラロイドの集団もまたヴァヌアツ、ニューカレドニア、フィジーといった範囲に拡散していき、ラピタ人の子孫たちと混交していった。そのため、メラネシアに属するフィジー以西の地域の住民には、オーストラロイド集団の形質が認められるようになった。一方で、トンガおよびサモアといった地域には、オーストラロイド集団の二次的な植民がおよばなかったため、ラピタ人本来のアジア系の形質がそのまま残された。すなわち彼らこそラピタ人の「純血」の子孫であり、その後、西暦1000年紀になってから彼らは再び東に向かって移動を始め、ポリネシア全域に拡散するにいたった。以上が「ラピタ人 = ポリネシア人」説のシナリオである。

この「ラピタ人＝ポリネシア人」説は一定の説得力を持つものの、いくつかの反論の余地もある。まずひとつには、ラピタ文化をもっとも特徴づけるメルクマールであるラピタ土器が、ニューギニアのビスマーク諸島より西の地域からは見つかっていないことである。考古学者のベルウッドは、台湾の圓山文化に属する土器文化や、フィリピンのバツンガン洞窟遺跡出土の土器群、インドネシア・スラウェシ島のカルパング遺跡出土の土器群などがラピタ土器と系統的につながる土器文化であると主張するが（ベルウッド 1989）、これらの土器文化の年代は不確実なものが多く、ラピタ土器と系統的につながる、すなわちラピタ土器のプロトタイプといえる土器文化が未だに見つかっていない。この説を補強するためには、とりわけ東南アジア地域の考古学の進展がのぞまれる。

　またポリネシアの文化と、その起源とされる台湾および東南アジアの文化との間にも大きな違いがあり、その最たるものは生業の主体となる栽培作物である。東南アジアの主要な栽培作物はイネであるのに対し、ポリネシアの主要な栽培作物はタロイモやヤムイモなどの根栽類である。そしてタロイモやヤムイモといった根栽類の農耕はニューギニアではすでに 8,000 年以上前からおこなわれていたことが、ユネスコ世界遺産にも登録された「クックの初期農業遺跡」の調査によって判明している。そのためポリネシア農耕文化は東南アジアよりもむしろメラネシアのオーストラロイドの文化に由来する可能性が高い。

　考古学者のR・C・グリーンは、ラピタ人の文化は必ずしも起源地である台湾や東南アジアのものと同じではなく、オセアニア地域に移動してくるなかで変化しながら形成されたものであるという「トリプルIモデル」を示している（Green 1991）。トリプルIとは「侵入（intrusion）」「統合（integration）」「発明（invention）」の頭文字である。ラピタ人の文化には、台湾・東南アジア起源の要素と、オーストラロイド集団の文化からの影響で獲得した要素と、オセアニアの環境に適応する上で独自に獲得した要素の三つが存在し、それらが組み合わさってラピタという独自の文化が成立したとするシナリオである。この考え方は、ラピタ文化の成立およびその後のポリネシア文化への発展を説明するモデルとして、多くの研究者の支持を得ている。

3. ラピタ人骨の分析が示すもの

　ラピタ人とポリネシア人とのつながりを直接的に示す可能性のある証拠は、ラピタ人そのものの人骨である。あいにく、遺跡から保存状態の良いラピタ人の人骨が見つかることはまれであり、これまではきわめて断片的な資料から得られた情報を参照するしかなかった。しかし2000年代に入ってから、保存状態の良好なラピタ人骨が見つかりはじめ、より多くの情報が得られるようになった。ここではフィジーとヴァヌアツで出土したラピタ人骨の事例を見てみる。

　フィジーのモツリキ島ナイタンバレ遺跡からは、2002年にサウスパシフィック大学の発掘調査によって「マナ」と名付けられた人骨が見つかった。この人骨は2003年に京都大学大学院理学研究科の自然人類学研究室に運ばれ、片山一道による分析がおこなわれた。それによると、「マナ」は女性の人骨で、身長が161〜164cmほどで、死亡年齢は40〜60歳と推定された。特徴的なのはその顔立ちで、頭蓋冠と下顎骨は厚く頑丈であるのに対し、眉間があまり突出せず、鼻根点（ナジオン）の陥没が弱く、鼻骨の突出も弱い。端的に言うとたいへん平板な顔つきをしていることになる。頭蓋冠と下顎骨が厚いのは現在のポリネシア人にも共通する特徴であるが、残りの特徴はポリネシア人というよりもむしろ東アジアの住人に近い特徴である。

　こうしたことから「マナ」は、ラピタ人の起源地と目されている台湾あたりの住人の特徴を残しつつ、後のポリネシア人の特徴も持っていたと見ることができるだろう。ラピタ人からポリネシア人への変容を解明する上でも、「マナ」は重要な資料といえるだろう（Nunn et al. 2007、石村 2011）。

　2003年にはヴァヌアツのエファテ島にあるテオウマ遺跡から、36個体にもおよぶラピタ人骨が発見された。このうち3個体からはDNAを抽出して分析することに成功した。その結果、いずれの個体も「ポリネシアン・モチーフ」と呼ばれるポリネシア人に特徴的なミトコンドリアDNAの変異形を持っていた。さらにジェノタイピング（遺伝子型判定）という手法によってアジア太平洋地域の現生の民族のDNAと比較したところ、テオウマ遺跡のラピタ人に近いDNAの型を示したのは台湾原住民のアミ族やタイヤル族、さらにはフィリピンのルソン島の先住民族であるカンカナイの人びとであった。一方で、

ニューギニアのオーストラロイド集団とは共通性が少ないという結果が示された（Skoglund et al. 2016）。こうしたことから、テオウマ遺跡を発掘したオーストラリア国立大学のチームリーダーであるM・スプリッグスは、テオウマ遺跡のラピタ人は台湾もしくはフィリピンから直接やってきた集団であると結論付けている。

　このように近年発見が相次いだラピタ人骨の分析からは、ラピタ人はアジア的な形質を強く示し、台湾もしくは東南アジアから直接、この地域に進入してきた可能性が高いことが示されている。また現生のポリネシア人との共通性も認められる一方、ニューギニアをはじめとするオーストラロイド集団との共通性は低いため、「ラピタ人＝ポリネシア人」とは必ずしも言えないものの、アジアの集団とポリネシア人をつなぐミッシング・リンクを埋める存在である可能性が高い、ということになるだろう。

4. ハワイキ仮説

　ではラピタ人の持っていた文化がポリネシア文化と同じかというと、必ずしもそうではない。最も大きな違いは土器の有無である。

　ラピタ人はその文化の特徴としてラピタ土器を持っていた。一方ポリネシア文化には土器が存在しない。かつてラピタ人が植民した西ポリネシアのトンガやサモアにおいても、ヨーロッパ人が接触した時期にはすでに土器文化は存在していなかった。

　西ポリネシアのトンガおよびサモアにおける考古学的調査の結果、この地域の土器文化はラピタ文化の時期の後に変容し、断絶したことが明らかにされた。具体的には、ラピタ土器はBC500年頃にはその特徴的な文様を失い、形もよりシンプルなものへと変化する。これをポリネシア無文土器と呼ぶ。この無文土器もAD1000年紀の前半の時期まで、おそらくAD300年代頃には消滅したと考えられている。東ポリネシアへの拡散が始まるのはそれより後の時期と考えられるので、こうしてポリネシア文化では土器の存在が抜け落ちてしまった、と考えることができる。

　考古学者のグリーンとP・カーチは、このポリネシア無文土器の時期に西ポリネシアにおいてポリネシア文化の元となる形が作られたと考え、その文化を

「祖ポリネシア社会（Ancestral Polynesian Society）」と名付けた。つまり、この時期のこの地域でラピタ文化からポリネシア文化への変容が起こり、さらに東の方面へとポリネシア人が拡散していった。つまりポリネシア文化の起源は西ポリネシアに求められ、この地域こそがポリネシア各地で語り伝えられる先祖の地、すなわち「ハワイキ」である、というのである（Kirch and Green 2001）。

　この「ハワイキ」仮説は一定の説得力を持つものの、考古学的に十分検証されたものであるとはいえない。というのも、西ポリネシアから東ポリネシアへの拡散が開始されたと考えられる時期にはすでにポリネシア無文土器が失われており、西ポリネシアでは無土器時代もしくは「暗黒時代（Dark Age）」と呼ばれる時期にあたるが、この時期のことが未だによくわかっていないからである。ポリネシア無文土器の遺跡はトンガでもサモアでも比較的多く見つかっているが、無土器時代になると土器が見つからないため、そもそも遺跡を発見することが難しい。ようやく AD1200 年代頃になって、トンガではツイトンガ王朝が築いた石造記念物などの遺構が現れるようになる。つまり、西暦 300 年代から AD1200 年代までのおよそ 1,000 年間についての考古学的な情報がほとんどないのが現状である。

　篠遠喜彦がかつて示したポリネシア人の拡散モデルでは、西ポリネシアから東の方面に拡散した集団が最初にたどりついたマルケサス諸島の初期居住の年代を AD300 年代としていたが、近年の放射性炭素年代の見直しを受けて、篠遠自身、マルケサス諸島の初期居住年代を AD900 年代頃と修正している（Anderson and Sinoto 2002）。つまり、西ポリネシアから東ポリネシアへの拡散が起こった時期の状況が、考古学的にはほとんどわかっていないのである。

5. 西ポリネシアにおける拡散の中断

　ポリネシア人の拡散のシナリオを考えるにあたって、西ポリネシアから東ポリネシアへ拡散するまでの間に、なぜ千年以上の中断の時期があるのかというのは以前より大きな謎であった。先に紹介した「ハワイキ」仮説では、この間にポリネシア文化の基礎がはぐくまれたと説明するが、拡散が中断する理由について明確な答えを示しているわけではない。

　有力な説明のひとつとして、この中断の期間に、東ポリネシアの海を航海

するための新しい技術、すなわちダブル・カヌーが開発されたとするものがある。東ポリネシアの地域は島と島との間が大きく離れており、長期間の航海が必要となる。ダブル・カヌーは2艘のカヌーを横木で平行に連結し、その間に板を渡してデッキを作ることで、そこに多くの人や荷物を載せることができる。ダブル・カヌーは東南アジアからオセアニアにかけて広く分布するアウトリガー・カヌーから発達したと考えられるが、とくにポリネシアにおいて発達している（後藤 2003: 174-178）。こうした船の技術の発展により、東ポリネシアへの拡散が初めて可能になったとする解釈である。

　また興味深い解釈のひとつが、ディズニーが2016年に制作した映画『モアナと海の伝説』で示唆されている。この映画はポリネシアを舞台とした架空の物語であるが、ここで登場する主人公モアナの生まれ育った島では、島の外の遠洋航海に出ることが「タブー」として禁じられており、先祖が使用した遠洋航海用のカヌーは秘密の場所に封印されている、という設定であった。モアナの故郷とされる島は、その風景描写から西ポリネシアのサモアあたりの地域をほのめかしている。そして物語のラストでは、島を出て航海に旅立つ様子が示されている。この映画の物語はあくまでフィクションであるが、オセアニア考古学の研究の現状をある程度踏まえて制作されていることは、カーチなどの専門家が監修者として参加していることからも明らかである。このように拡散が中断した理由としては、何らかの文化的な規制が働いた可能性もあるだろう。

6.　もうひとつの起源はミクロネシア？

　そうした中、ポリネシア人の起源や拡散についての従来のシナリオに挑戦する、ミクロネシア・ルートの再検討を提案した仮説が、考古学者のD・アディスンと人類学者のL・マティスー＝スミスから提出された（Addison and Matisoo-Smith 2010）。ポリネシア人がミクロネシアを経由してやってきたという仮説は前述の通り1930年代にバックが提出していたが、その後のラピタ文化の発見により、かえりみられることのなくなったシナリオであった。

　しかし近年、ポリネシアの家畜のDNAの研究から、これらの家畜のうちのいくつかは比較的新しい時代にミクロネシアを経由してポリネシアに持ち込まれた可能性が高いことが示されてきている。従来の考え方によると、ポリネシ

アに広く見られる家畜はブタ、イヌ、ニワトリ、ナンヨウネズミであり、これらはラピタ人が連れてきたものだとされていた（もっともナンヨウネズミが家畜なのか、それともカヌーの積み荷にまぎれてついてきたのかについては議論がある）。しかし、ラピタ遺跡からこれらの家畜の骨（遺存体）が見つかる例は少なく、とくにイヌについてはほとんど例がない。

　ポリネシア各地からこれら家畜の現生のサンプル、および遺跡から出土したサンプルから取り出したDNAを調べたところ、イヌ、ニワトリ、ナンヨウネズミではそれぞれ2つの異なる系統が存在することがみとめられた。このうちニワトリとナンヨウネズミについては、ひとつの系統はポリネシアとミクロネシアにのみ分布する型であり、この系統のサンプルは少なくともAD800年代以降の遺跡からしか出土しないという結果が示された。

　こうしたことからアディスンらは、ラピタ人が西ポリネシアまで拡散したことはみとめつつ、AD1000年紀のある段階で東南アジアからミクロネシアを経由し西ポリネシアまでたどりついた集団がこれらの家畜をたずさえており、その集団がそのままさらに東進して東ポリネシアに拡散したというシナリオを提示したのである。つまり東ポリネシアへ拡散した人びとは、西ポリネシアで拡散を中断していた人びと（ラピタ人の子孫）ではなく、このミクロネシアからやってきた人びとであったというのだ。オセアニアにおける人類拡散のシナリオにおいて、BC2000〜1000年紀におけるラピタ人の拡散が「ファースト・インパクト」だとするなら、AD1000年紀におけるこのミクロネシアからの拡散は「セカンド・インパクト」といえるだろう（図2）。

　もちろん、現段階ではこの仮説を補強する考古学的証拠はほとんどなく、あくまで仮説の提示にとどまっている。しかし従来のラピタ人からポリネシア人への単系的な変容モデルを批判するものであり興味深い。

　じつは筆者は、この仮説の提唱者のひとりであるアディスンとこの論文が発表される前年の国際会議で会ったときに、「ラピタ人はポリネシア人の祖先ではないと思うよ」と言われ、たいへん驚いた記憶がある。彼は「最近のラピタ研究はもうあまりやることがなくなったようだね」とも発言していたので、あるいは議論を活性化させるために、あえて賛否の分かれる仮説を提示したのかもしれない。

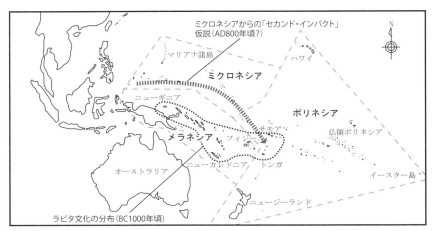

図2　ラピタ文化の分布とミクロネシアからの「セカンド・インパクト」仮説

　またオセアニアの神話を広く研究している人類学者の後藤明も、「ポリネシアの神話はメラネシアのそれとはあまりに異なっており、前者が後者から生まれたとは考えにくい」と筆者に語ったことがあった。たしかにポリネシアの神話はその世界観や登場人物が体系的にまとまっており、あたかもギリシアやローマの神話のようである。こうした神話がいつ、どこで成立したかを分析することで、ポリネシア文化の成立に関する議論に一石を投じることができるだろう。

7.　残された課題

　ラピタ人がポリネシア人の起源であるというシナリオは、現在ではオーソドックスなものになっていることは間違いない。しかしこれまでの研究がラピタ文化の時期に偏重していたこともまた否定できない。とくにポリネシア文化の成立を考えるにあたって重要な時期である紀元1000年紀の状況についてはほとんどわかっていないのが実情である。また隣接するミクロネシアの考古学的な状況についても、近年になってめざましく研究が進展しているものの、いまだに明らかになっていないことが多いのも事実である。

　こうしたミッシング・リンクにあたる時期や地域の考古学的調査を地道に進め、資料を蓄積していくことが、結果的には歴史を解明するための近道になる

だろう。今後の研究の進展を期待したい。

【参考・引用文献】

石村智 2011『ラピタ人の考古学』渓水社。

小野林太郎 2017『海の人類史――東南アジア・オセアニア海域の考古学』雄山閣。

後藤明 2003『海を渡ったモンゴロイド――太平洋と日本への道』講談社選書メチエ
　　264。

P・H・バック［鈴木満男訳］1966『偉大なる航海者たち』社会思想社。

T・ヘイエルダール［水口志計夫訳］1969『コン・ティキ号探検記』筑摩叢書 144。

P・ベルウッド［植木武・服部研二訳］1989『太平洋――東南アジアとオセアニアの
　　人類史』法政大学出版局。

ADDISON, D. J. and E. MATISOO‑SMITH 2010 Rethinking Polynesians origins: A
　　West‑Polynesia Triple‑I Model. *Archaeology in Oceania* 45: 1‑12.

ANDERSON, A. and Y. H. SINOTO 2002 New radiocarbon ages of colonization sites in
　　East Polynesia. *Asian Perspectives* 41: 242‑257.

GREEN, R. C. 1991 The Lapita cultural complex: Current evidence and proposed model.
　　In Bellwood, P. ed., *Indo‑Pacific Prehistory 1990: Proceedings of the 14th Congress
　　of the Indo‑Pacific Prehistory Association*, pp. 291‑305. Indo‑Pacific Prehistory
　　Association.

KIRCH, P. V. 1997 *The Lapita Peoples: Ancestors of the Oceanic World.* Blackwell.

KIRCH, P. V. and R. C. GREEN 2001 *Hawaiki, Ancestral Polynesia: An Essay in Historical
　　Anthropology.* Cambridge University Press.

NUNN, P. D., T. ISHIMURA, W. R. DICKINSON, K. KATAYAMA, F. THOMAS, R.
　　KUMAR, S. MATARARABA, J. DAVIDSON, and T. WORTHY 2007 The Lapita
　　occupation at Naitabale, Moturiki Island, central Fiji. *Asian Perspectives* 46: 96‑132.

SKOGLUND, et al. 2016 Ancient genomics and the peopling of the southwest Pacific.
　　Nature 538 (7626): 510‑513.

第2節　ポリネシア内移動年代の修正と新モデル

印東道子

1. オーソドックス・シナリオ（エモリー・篠遠モデル）

　ポリネシア人が、ポリネシア三角形内の島々へいつ頃、どこを通って拡散していったのかを表すものとして長らく使われてきた拡散モデルは、オーソドックス・シナリオと呼ばれた。これは、1970年代に入手可能であった年代値や類似した物質文化の分布や変化などから、ビショップ博物館の篠遠喜彦がK・エモリーとともに提唱したものである。西ポリネシアのサモアを起点に東へと移動した人びとは、まずマルケサスへと移動し（AD300年ごろ）、そこが拡散の中心となって、北はハワイ（AD750年ごろ）、東はラパヌイ（イースター島）（AD400年ごろ）、西はソサエティ諸島（AD800年ごろ）とニュージーランドへと拡散した（AD800〜1000年ごろ）。また、ソサエティ諸島（とくにタヒチ）からハワイへは、第2の拡散もあった。

　このモデルは、オセアニア考古学のみならず言語学など、多くの分野の研究者に受け入れられ、オセアニアの歴史や文化の概説書などに広く使われてきた（詳しくは第1章3節参照）。その後、新たな年代値が多くの島々から報告され、物質文化の比較に大きく依拠したこのシナリオを修正する必要性が指摘されるようになっていった（Kirch 1986など）。本節では、ポリネシア内の拡散に関する新たな年代および、これらを含めた年代資料の徹底的な見直しが行われた結果、現在ではどのような拡散シナリオが描かれているのかを見ていく。

2. 古く遡る年代

　1970年代になって、メラネシア北部からサモアにかけての島々の初期遺跡から、ラピタと呼ばれる紋様土器が発見され、この土器の作り手達こそが、ポリネシア人の祖集団であったことがわかってきた（第2章1節参照）。ラピタ集団は、約3,350年前にニューギニア島北のビスマーク諸島にこれまでのところ最古の足跡を残した後、小さな島や海岸部を中心に小規模な遺跡を残しながら

速い速度で南東方向へと移動していった。ソロモン諸島からヴァヌアツを経てトンガへ到達したのは 2,850 年前であった。これは 4,000 km を 500 年ほどで移動したことになり、かなり早い拡散スピードであった。海を使った移動であることもその早い移動速度と関係があるだろうが、それ以上に新しい島を植民するという推進力のようなものが働いていたように見える。

　ラピタ土器はサモアで少量作られた後に無紋土器へと変化し、トンガ、サモアでは土器そのものが消滅する。土器が消滅した背景には複数の要因が考えられる（印東 2011）。土器の消滅の他にも石斧などを含む物質文化が変化し、ポリネシア文化の祖型がサモアで形成されていった。そして、この変化した文化の担い手であるポリネシア人が東へと航海して、タヒチやマルケサスなど中央および東部ポリネシアへと拡散したのである。

　オーソドックス・シナリオによると、サモアからの移動が開始された年代はAD300 年であったとされており、サモアで 1,000 年以上も動きを止めて滞留していたことになる。速い拡散スピードでサモアまでの移動してきた人びとが、果たして 1,300 年もの間、東への移動を中断したのであろうか、という疑問は常に考古学者の頭の中にあった。

　1980 年代後半から 1990 年代はじめにかけて、学術調査や開発に伴われる発掘調査がポリネシア各地で進み、年代測定結果の報告も増加した。しかし年代測定にかかる費用が当時は高価であったため、発掘遺跡の最も深い層から得られた炭化物や貝などが重点的に年代測定され、「最古の年代」が各地から報告されることが増えた。そのため、人の移動年代をオーソドックス・シナリオよりも、古く遡って考える傾向が進んだ。

　たとえば、最初にサモアからポリネシア人が移動した島の一つと考えられていたマルケサスの年代は BC150 年という古いものが報告され、そこから移動したはずのハワイは、さらに古く BC200 年、そしてニュージーランドでも AD500 年には人が移住したとする年代値が提出されていった（Kirch 1986; Sutton 1987）。そのため、オーソドックス・シナリオの移動順序や方向などはそのままで、より古い移動年代を取り入れて拡散モデルが検討されたが、次第にさまざまな不都合が生じるようになった。

3. 年代値の見直し

　1993 年にオーストラリア国立大学の M・スプリッグスと A・アンダーソンが発表した、オセアニア全域からそれまで報告されていた年代測定値を見直した論文は、ある意味で衝撃的であった（Spriggs and Anderson 1993）。オセアニア各地の遺跡を発掘調査する考古学者は、それぞれの判断で年代測定用の試料を年代測定ラボに送り、得られた年代測定値を報告する。しかし、これらの年代値は、測定試料の種類も多様であり、各資料が確実に人間活動に伴われていたかどうか不明な場合も含まれていた。また、ニュージーランドのように長命の樹木由来の炭化物が測定された場合は、実年代との誤差は数百年になる場合もある（古木効果）。そこで、スプリッグスとアンダーソンは、当時入手できた東ポリネシアの島々から報告されていた 147 例の年代値を徹底して分析し、「信頼性の高い年代」「疑わしい年代」「却下すべき年代」の 3 つに分類したのである。その分析の根拠は以下の 17 点にものぼった。

年代値が却下された場合

a）学習院大学年代測定ラボで測定された年代（初期の学習院の年代値は、他の年代測定ラボの結果から逸脱した結果が多く、前処理などの信頼性が低いと判断された。ただし、Gak-4500 以降の学習院年代は適切であるという）

b）測定試料として不適切なものから得られた年代（たとえば、ウニのトゲ、魚骨、人骨、獣骨、カタツムリの殻などは、海水や石灰岩、サンゴなどから古いカーボンの影響を大きく受けている可能性が高い。）（註：現在は骨から抽出したコラーゲンを利用した正確な年代測定が行なわれている）

c）遺物や遺構などとの共伴関係が確認できない資料から得られた年代（複数の層序の年代値が上下で逆転していた場合などがそれにあたる）

d）同一層位内で得られた他の資料の年代より 1 点のみ非常に古く出た年代（同じ文化層から得られた複数の年代の標準偏差が重ならないほど古い場合）

e）初期の農耕活動に伴われる堆積から得られた単独の古い年代（人間が居住する前から茂っていた古い木や海岸の流木などを燃やした可能性がある）

f）文化的なコンテキストと関係が明らかでない年代（自然発火で生じた炭化物や古い炭化した根などである可能性）

g）他の遺跡で十分に確立された文化遺物や文化層の年代に比べて古すぎる単独の年代

h）長寿種の木材から得られた古すぎる年代（「古木効果」問題）

i）異なる同位体をミックスさせた試料の年代（たとえば炭化物と炭化土壌がまざった試料）

j）不十分な前処理が疑われる場合、またはコンタミネーションを示す年代

年代値が疑わしいとされた場合

k）同一層序から得られた複数の年代値が標準偏差内で重なる場合、その標準偏差からはずれた最古の年代

l）貝（淡水貝を除く）または樹種の鑑定がされていない木炭から得られた単独の年代（ただし、よく年代がわかっている火山灰などの層との関係で年代の目安がつく場合は除く）

m）同じような年代が得られても、遺跡の限られた場所から得られた同一試料、又は同一層位から得られた樹種鑑定がされていない複数の試料の年代（これらの試料が同じものである可能性が高い）

年代値が受容された場合

n）単独の年代でも、共伴する遺物が他の遺跡の編年と類似した年代が示されている場合（年代幅が広いものは除く）

o）同一層位に属すると考えられる他の遺構からの年代と同じ結果を示している場合

p）層位順に合致した年代値を示す複数の年代値。この場合は、たとえ試料が鑑定されたものでなくても受容される。

q）短命樹種と鑑定された試料で、炭素同位体比（$\delta 13C$）が適切に調整された年代値

以上の諸条件を用いて「却下された年代」および「疑わしい年代」が排除された結果、東部ポリネシアへの拡散年代は大幅に新しいものになった。

　ハワイの場合、109の年代値のうち受容されたのはわずかに21の年代で、人間居住はAD600年以降であるとされた。一時BC200年とされた年代から800年も新しくなったのである。マルケサスとラパヌイからは23の年代が報

告されていたが、そのうち受容されたのは 10 の年代にすぎず、マルケサスの BC150 年は AD300〜600 年へ、ラパヌイの AD400 年は AD1000 年ごろとされた。同様にニュージーランドの AD500 年は AD1000〜1200 年へと 500〜700 年も新しい居住年代が示された（Spriggs and Anderson 1993）。

この研究を直ちに受け入れることに抵抗感を持ったオセアニア考古学者は少なくない。しかし、厳密に検討されたこの論文に抵抗するには、却下された古い年代を示す信頼性の高い年代試料を入手するしかないのは明らかであった。一方で、異なる研究者が異なる環境で発掘した異なる種類の試料から得た年代値を、同一基準で評価して整理し直した業績は大きい。とくに、これ以降のオセアニア考古学では、年代測定用の炭化物試料は樹種同定を行ない、長命樹種由来の炭化物は年代測定に使わなくなったこともその 1 つである。また、同一試料を異なる年代測定ラボでクロスチェックすることも、試料に余裕のある限り行なわれるようになっている。

4. 拡散の新モデル

拡散年代の見直しはその後も続き、2011 年には J・ウィルムスハーストらが、高精度放射性炭素年代測定法を用いて 1,434 例に増加した年代値をさらに厳格に見直した。炭化物年代については確実に人間活動に伴っていた試料、および短命樹種の試料から得られた年代しか認めないという厳密なものである。その結果、非常に短期間にポリネシア内へ拡散したとする新しいモデルが導き出された（Wilmshurst et al. 2011）。このモデルは大変シンプルで、比較的短期間にすべての主要な島が 2 回に分けて植民されたとするものである（図 1）。

まず AD1025〜1120 年ごろに、サモアからソサエティ諸島が植民され、ほぼ同時期に植民されたのはガンビエ（1108〜1175）のみであった。移動年代としてはこれまでのモデルより 400 年も遅い。次いで、1200〜1290 年にはそれ以外のポリネシアの主要な島々（マルケサス諸島、ラパヌイ、ハワイ、南部クック諸島、ニュージーランド）が植民された。

本モデルがオーソドックス・シナリオと大きく異なるのは、ソサエティ諸島を中央・東部ポリネシアの拡散の中心地として扱っている点と、拡散年代が大幅に引き戻された点である。わずか 100 年ほどあとの 2 回目の拡散では、ポリ

ネシアのほぼ全域が同時
期に居住されたとしたこ
とで、移動順序や経路な
どは特定されていない。
徹底した年代資料の選別
の結果、各島しょの最古
年代値が約100年という
狭い年代幅に集中したた
め、このように単純化さ
れた図になった。

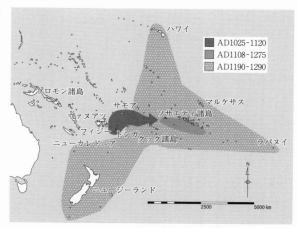

　本モデルが発表される
数年前には、ニュージー
ランドやラパヌイへの拡

図1　厳格な年代値のみを使用した新拡散モデル図
ソサエティ諸島が拡散の中心（Wilmshurst et al. 2011）

散年代が見直されて大幅に新しくされるなど、古い年代値の整理への機運は高
まっていた（Walter 2004; Hunt and Lipo 2008など）。今回のモデルはポリネシ
ア全域の動きを見直すことで、このように大胆な短期間の拡散モデルが提唱さ
れたのである。しかし、このモデルの特徴である年代値の厳しい選別をめぐっ
ては、反対意見を主張する研究者もまだ多く、このモデルは作業仮説として考
えておいた方がよい。以下では、このモデルのどこに問題があるとされている
のか、4点に整理しながら紹介していく。

　第1点は、この厳格な研究モデルが依拠した年代資料と合致しない資料が複
数例存在することである。たとえば、本モデルが発表された後にマルケサス
諸島の最も古い居住址であるハネ遺跡が再発掘された結果、本モデルに合致
しない古い年代が報告された。発掘者のE・コンテとG・マリーは、非常に厳
密かつ注意深い発掘を行ない、下層から採取した短命植物試料（ココヤシの葉
柄）の炭化物を2つの年代測定ラボに送付した。得られた最古の年代値は891
－1024 BPと895－1155 BPであり（約AD900年～1000年）、ウィルムスハース
トらのモデルより300年も古かったのみならず、ソサエティ諸島の年代よりも
古いものであった（Conte and Molle 2014）。

　また、マンガレヴァ島オノメア遺跡からも900～1000年という古い年代が

報告されており（Kirch et al. 2013）、クック諸島やオーストラル諸島へも1000〜1200年には人の移動があったことが指摘されている（Allen and Wallace 2007）。この点については、ネズミのDNA研究からも、ソサエティ諸島とクック諸島南部のネズミが、中央・東ポリネシアでもっとも古く拡散したとされることと合致する（Matisoo-Smith et al. 1998）。

　第2点は、ソサエティ諸島への拡散時期である。現在までに考古学的調査から得られた最古の年代が11世紀であるにしても、初期遺跡の発見が妨げられている可能性は無視できない。近年行なわれた地質調査では、ソサエティ諸島の海岸低地部は地質的に沈降したため、内陸からの流出土壌堆積が数メートルもの厚さで海岸低地部を覆い、ある場合は海底に沈んでいる可能性も指摘された（Kahn et al. 2015a, 2015b）。調査者のカーンらは、土壌堆積中の炭化物の急増や植生の急激な変化を人間による環境破壊の証拠とし、人間居住は700年にまで遡る可能性を指摘する（Kahn et al. 2015a）。もちろんこの年代は直接的な文化遺物を伴っていないため、ウィルムスハーストらの基準では却下される年代である。この点がこのモデルの弱点となっており、これについては後述する。

　第3点は、篠遠が着目した遺物の類型変化に関してほとんど考慮していないことである。たとえば、東ポリネシアの初期文化に特徴的な遺物類（鯨歯製ペンダント、銛先、複式釣り針、リール型装身具）の分布と人類の移動は共に考えるべき要素である。これまで、最も古いこれらの特徴的な遺物類がマルケサスで発掘されているので、ここが拡散の中心とされたわけであるが、中央ポリネシアへの拡散元であるサモアから、これらに類似した遺物類は見つかっていない。途中に位置するソサエティ諸島で発達したと考えるのがもっとも無理がなく、民族学や言語学の研究者からの支持も得られる。これまで見つかっているソサエティ諸島の初期遺跡からは、これらの特徴的遺物は一切見つかっていないが、より古い遺跡の存在を想定しておくべきであろう。

　第4点は、考古学的遺物を共伴しない年代をすべて却下した点である。各島しょの最初期の遺跡をピンポイントで発見・発掘するのは難しく、地形的条件によってその容易度は変わる。そのため人間居住が環境に与える変化の開始点を探ることで、補足的な資料として使えると考える研究者は多い（Kahn 2014、Matisoo-Smith 2015、Horsburgh and McCoy 2017など）。オセアニアの島しょ環

境では、人間が居住を開
始するのとほぼ同時に
炭化物が土中に継続して
混入し始め、樹木が減少
するのに呼応して草本類
やシダ類が増加すること
が広く報告されている
（印東 2017: 89, 94）。人間
の存在を示すこれほど有
意な資料を除外し、人工
遺物類を伴う年代のみか
ら初期の人間拡散年代に
ついて語るのは、むしろ
危険であるように思え

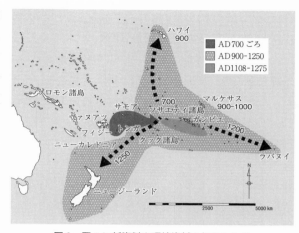

図2　図1に新資料や環境資料を加えたもの

（年代データは Conte and Molle 2014、Kahn, et al. 2014、Kahn 2014, Horsburgh and McCoy 2017、Thomson, et al. 2014 など を参照にした）

る。今後は、考古年代の厳格な吟味と共に、人間活動の多様な側面から得られ
る情報を有意に組み合わせていくことが必要であろう。

　このように、ウィルムスハーストらのポリネシアへの人類拡散のモデル図
は、いまだにオセアニア考古学者の多くに認められてはいない現状にある。現
段階ではこの図をそのままオーソドックス・シナリオに変わる新モデルとして
紹介することはできない。しかし、否定したまま本稿を終えれば、読者に混乱
を与えてしまうであろうことを恐れ、図2を作成したので参照されたい。

　この図はウィルムスハーストらの図を下地にし、新資料や移動年代、古環境
資料などに基づいた拡散の方向性や年代を示してある。ウィルムスハーストら
の図との違いは、拡散の大体の方向性を示したことと、拡散年代が島によって
は数百年単位で古い点である。また、オーソドックスシナリオとの違いは、ソ
サエティ諸島がポリネシアの拡散の中心であったこと、マルケサスからハワイ
やラパヌイへ直接の拡散移動を示す矢印はほとんどの新研究からは消滅してい
ること（たとえば West et al. 2017 など）などである。

　じつは近年、オセアニア考古学者の多くは、このような移動経路を示した図
の提示を避ける方向にある。多様な研究手法による新しい研究成果が発表され

るたびに、その図を変更しなくてはならない現状を畏れてのこともあるが、それ以上に、拡散後の島しょ間の接触が活発であったことが明らかになってきていることもその背景にある。1980年代以前の研究では、最初に文化複合を全て持ち運んで、それ以降は他の島しょグループとの接触がほとんど行われなかったと考えられたため、矢印で拡散方向を示すことは重要であった。しかし、拡散居住後に島しょ間での移動接触が複数回・多方向で行われていたことが明らかになるにつれ、拡散当初の動きを再現する重要性が減少していることもその一因であろう。いずれにしても、ポリネシア世界への拡散ストーリーは魅力的なテーマであり、今後は発掘資料の増加と共に考古学以外の分野からの情報提供が欠かせないことは確実で、これらを有意義に組み合わせて俯瞰する役割は考古学者が担っているといえる。

【参考・引用文献】

印東道子 2011「土器文化の「生態」分析：粘土から「もの」へ」床呂郁哉、河合
　　香吏（編）『「もの」の人類学』京都大学学術出版会、91-110頁。

印東道子 2017『島に住む人類　オセアニアの楽園創世記』臨川書店。

ALLEN, M.S. and R.WALLACE 2007 New evidence from the East Polynesian gateway:
　　Substantive and methodological results from Aitutaki, Southern Cook Islands.
　　Radiocarbon 49: 1163–1179.

CONTE, E. and G. MOLLE 2014 Reinvestigating a key site for Polynesian prehistory: New
　　results from the Hane dune site, Ua Huka(Marquesas). *Archaeology in Oceania* 49
　　(3): 121-136.

HORSBURGH, K.A. and M.D. McCOY 2017 Dispersal, Isolation, and Interaction in the
　　Islands of Polynesia: A Critical Review of Archaeological and Genetic Evidence.
　　Diversity 9 (3): 37.

HUNT, T.L. and C.P. LIPO 2008 Evidence for a shorter chronology on Rapa Nui (Easter
　　Island). *Journal of Island & Coastal Archaeology* 3: 140-148.

KAHN, J.G. 2014 Colonization, settlement, and process in Central Eastern Polynesia. In
　　Cochrane, E. and T. Hunt *The Oxford Handbook of Prehistoric Oceania*.

KAHN,J.G., et al. 2015a Mid- to late Holocene landscape change and anthropogenic
　　transformations on Moorea, Society Islands: A multi-proxy approach. *The Holocene*
　　25 (2), 333-347.

KAHN, J.G., et al. 2015 b Mid‑ to late prehistoric landscape change, settlement histories, and agricultural practices on Maupiti, Society Islands (Central Eastern Polynesia). *Journal of Island and Coastal Archaeology* 10 (3): 363‑391.

KIRCH, P.V. 1986 Rethinking east Polynesian prehistory. *Journal of the Polynesian Society* 95 (1):9‑40.

KIRCH, P.V., et al. 2013 The Onomea site (Taravai Island, Mangareva) and the human colonization of southeastern Polynesia. *Archaeology in Oceania* 45: 66–79.

MATISOO‑SMITH, E. 2015 Ancient DNA and the human settlement of the Pacific: A review. *Journal of Human Evolution* 79: 93‑104.

MATISOO‑SMITH, E., et al. 1998 Patterns of prehistoric human mobility in Polynesia indicated by mtDNA from the Pacific rat. *Proceedings of the National Academy of Sciences of the United States of America* 95 (25): 15145‑15150.

SPRIGGS, M.J.T. and A. ANDERSON 1993 Late colonization of East Polynesia. *Antiquity* 67: 200–217.

SUTTON, D.G.1987 A paradigmatic shift in Polynesian prehistory: Implications for New Zealand. *New Zealand Journal of Archaeology* 9: 135‑155.

THOMSON, V., K.P. APLIN, A. COOPER, S. HISHEH, H. SUZUKI, I. MARYANTO, G. YAP and S.C. DONNELLAN 2014 Molecular genetic evidence for the place of origin of the Pacific rat, *Rattus exulans*. *PLoS One* 9 (3): e91356.

WALTER, R. 2004 New Zealand archaeology and its Polynesian connections. In Furey, L. and S. Holdaway eds., *Change Through Time: 50 Years of New Zealand Archaeology*, New Zealand Archaeological Association, pp. 125‑146.

WEST, K., C.J. COLLINS, O. KARDAILSKY, J.G. KAHN, T.L. HUNT, D. BURLEY and E. MATISOO‑SMITH 2017 The Pacific rat race to Easter Island: Tracking the prehistoric dispersal of *Rattus exulans* using ancient mitochondrial genomes. *Frontiers in Ecology and Evolution* 5 (Article 52).

WILMSHURST, J.M., T.L. HUNT, C.P. LIPO and A.J. ANDERSON 2011 High‑precision radiocarbon dating shows recent and rapid initial human colonization of east Polynesia. *Proceedings of National Academy of Sciences* 108 (5):1815‑1820.

第3節　オセアニアへの人類移住と海洋適応

小野林太郎

　ポリネシアやミクロネシアの島々は、いずれもリモート・オセアニア域に含まれる。リモート・オセアニアの島々は、目標となるべき島が出発点からはみえない場合が多い。つまりそれだけおたがいが離れている（＝リモート）ことからその名がついた。メラネシアにおいても、ソロモン諸島のブカ島以東は島の距離が離れており、このリモート・オセアニア域に含まれる。

　オセアニアにおける人類の移住史からみた場合、リモート・オセアニアへの移住はいずれも新石器時代以降に起こったことが、これまでの考古学的研究からほぼ明らかとなっている。ここでいう新石器時代とは、その主体が農耕や家畜飼育の技術をともなう生業様式や物質文化を示す時代のことを意味する。この新石器時代にオセアニアへと拡散した集団が、言語学的に認識されているオーストロネシア語族に当たる（詳しくは菊澤によるコラム4を参照）。

　オセアニアにおける人類の移住史を、「海を越えた島への移住」の歴史としてとらえた場合に何がみえてくるだろうか。キーワードは、人類による「海洋適応」と「島しょ適応」となるだろうか。本題に入る前に、オセアニアにおける人類史を理解する上で欠かせない、オーストロネシア語族とそのオセアニアへの移住・拡散について簡単に整理しておきたい。これについては他の章とも重なってしまう部分が多少あるが、しばらくお付き合い頂きたい。

1. 考古学からみたオーストロネシア語族の拡散仮説

　現在、オーストロネシア諸語は、パプア語が主体となるニューギニア島をのぞき、オセアニアのほぼ全域で主要言語となっている。ポリネシアのハワイ語やミクロネシアのポーンペイ語もオーストロネシア語群に属する。さらには東南アジア島しょ部のフィリピンやインドネシア、マレーシアで話されている主要語（タガログ語やマレー語）もオーストロネシア語群の仲間だ。この言語群の拡散が、新石器時代以降における人類の新たな移住により起こったとする理

解が今のところもっとも支持されている（図1）。

新石器集団であるオーストロネシア語族は、農耕をするという点で「農耕民」と認識することも可能だ。言語学的なオーストロネシア語族の起源地は、台湾が有力候補となっている。物質文化的にも東南アジアやオセアニアと共通性の高い土器や石器群は、台湾で先行して出現する。となればオーストロネシア語族による農耕の起源も台湾、さらには中国南部にさかのぼる可能性が高い。実際、台湾の新石器時代は中国南部との共通性が高く、5,000年前頃に大陸から移住した集団によって開始されたとする説が有力である。

しかし、私たちがイメージしがちな「農耕」にのみ主体的に従事する人びとではなかったようだ。5,000年前頃というと、日本では縄文時代中期にあたる。縄文人は狩猟採集民というイメージが強いが、青森県の三内丸山遺跡に代表されるように、縄文中期頃までには萌芽的な栽培も行なっていたことが明らかになりつつある。大陸から台湾に移住した人びとにも似たようなイメージが当てはまる。遺跡から出土した動物骨は、彼らが有能なハンター（狩猟民）でもあったことを物語る。家畜動物としてイヌも出土しているので、イヌを利用した狩猟も行なわれていたかもしれない。オーストロネシア語族である台湾先住

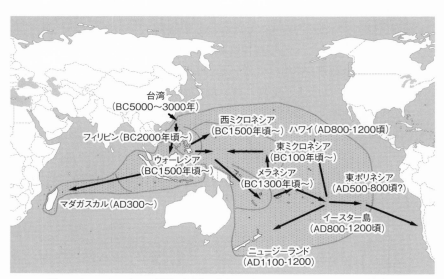

図1　オーストロネシア語族の系譜と拡散図（小野 2018：図40をもとに作成）

民（原住民）の民族誌には、イヌを使ったイノシシ猟もよく知られている。

　彼らは海や川での漁撈も得意としていたようだ。縄文人と同じく、台湾に移住した人びとも石製や土製の漁錘、骨製の釣り針を使い、多様な魚種を捕獲していたことがわかっている。つまり、台湾へ移住した人びとは、農耕民というより、半農半漁民だったイメージが強い。

　一方、彼らの農耕に関する考古学的痕跡としては、炭化米が出土しており、稲作も行なわれていた形跡がある。物質文化においても、日本の弥生時代と同じく石包丁が出土する。石包丁は水田稲作に主に用いられることが多い。ただし山の多い台湾島では、陸稲も栽培される。平野部では水稲、山岳部では陸稲の栽培が卓越していたと想定できよう。

　こうした台湾の状況に対し、フィリピン以南での稲作は新石器時代期においてはそれほど展開しなかったようだ。現在のところ、台湾から伝わった可能性の高い稲作が行なわれていた痕跡がみつかっているのは、バシー海峡を経て台湾と向かい合う、フィリピンのルソン島北部沿岸域のみだ。考古学的には、3,000年前頃の年代値を示した炭化米が出土している。

　炭化米が出土したラロ貝塚群は、カガヤン川下流の沖積平野に位置し、現在も水田地帯が広がる。このように稲作に適した土地では、新石器時代期においても稲作が行なわれていたのかもしれない。ただ東南アジア島しょ部では、こうした土地で発見された新石器時代遺跡の数がまだきわめてかぎられている。フィリピン以南で活発な稲作の痕跡が見られない理由として、こうした考古学的なバイアスも考慮しておく必要はあるだろう。

　台湾を何らかの理由で出た人びとが、専業的な稲作農耕民ではなく、半農半漁的な生活を基盤としていた可能性も無視できない。同じく移住集団の規模がどれくらいだったのかも重要であろう。いずれについても、具体的な根拠となる考古学資料はまだない。しかし興味深いのは、新石器時代の台湾と共通性の高い物質文化が、3,500年前頃のフィリピン北部と、ミクロネシアのマリアナ諸島で出現することだ。

　なかでも考古学的にとくに注目されているのが、鋸歯印文土器である（図2）。これは、鋸の歯のように多数の刺突を入れ込み、文様を装飾したかなり特徴的な土器だ。たいていは赤い化粧粘土を塗った赤色スリップ土器に装飾

図2　ラピタの鋸歯印文土器（小野 2018 図 42B-C）

され、白い石灰を刺突に充填
することで、文様を際立たせ
ている。円文とセットで装飾
される場合も多い。絵柄には
多様性があるが、類似した技
法によって製作された土器が
約 2,000km 離れたフィリピン
北部とマリアナ諸島で出土し
たことになる。さらに 200 年
ほど遅れて、メラネシアのラ

図3　スラウェシ島で出土した鋸歯印文土器
（小野 2018 図 47A-B）

ピタ遺跡群から出土するラピタ土器が、同じくこの技法により製作されている
（詳しくは第 2 章第 1 節を参照）。

　ラピタ土器は、フィリピンやマリアナで出土する鋸歯印文土器の発展形とも
認識でき、より完成度が高い。鋸歯印文土器の広がりは、言語学に基づくオー
ストロネシア語族の拡散仮説ともほぼ一致する。台湾やバタン諸島では、明確
に鋸歯印文と認識できる土器はみつかっていない。しかし、赤色スリップ式土
器は、年代的にフィリピンやマリアナに先行する（小野 2018）。インドネシア
のスラウェシ島では、円文に石灰を重点した赤色スリップ土器も出土している
（図3）。鋸歯印文は、フィリピン以南で誕生・発展した可能性が高いが、土器
作りそのものは台湾以北から伝わったと考えられる。

2. オセアニアへの移住における海域移動モデル

　オーストロネシア語族の起源地が台湾だと想定した場合、鋸歯印文と同じく台湾以南で新たに発展した物質文化や、活発化したと想定される資源利用がある。前者のなかで特筆すべきは、アウトリガー・カヌーであろう。メインとなる船体の両舷に腕木（アウトリガー）を装着したものはダブル・アウトリガー・カヌー、片側のみに装着したものはシングル・アウトリガー・カヌーと呼ばれる。船体は刳り貫き舟の場合もあるが、民族誌時代以降のものは板材を複合的に張り合わせた構造船が多い。

　アウトリガー・カヌーの分布域は、興味深いことにほぼオーストロネシア語族の分布域と重なる。しかし台湾ではなぜか利用されておらず、その分布域から外れている。東南アジア島しょ部では、ダブル・アウトリガーが一般的だが、インドネシアではシングル・アウトリガーがより卓越する島もある。一方、オセアニアにはシングル・アウトリガーしかなく、ダブル・アウトリガーの利用は少なくとも民族誌時代以降にはニューギニアの一部以外では確認されていない。有機物となる木材から製作されるカヌーは遺物としてきわめて残りにくい。このためアウトリガー・カヌーが、先史時代にどこまで遡れるかはいまだ不明な点も多い。

　しかし、全体的な分布域を踏まえるなら、このカヌーがフィリピン以南で誕生し、オセアニアへの移住にさいしても利用された蓋然性はきわめて高い。ダブル・アウトリガー・カヌーは安定性が高い一方、荒波に弱く、どちらかの腕木が破損すると操舵が困難となる。ゆえに多島海域で、島しょ間の距離が比較的短い東南アジアで主流となったのかもしれない。

　これに対しシングル・アウトリガー・カヌーは、荒波により強く、外洋向きである。オセアニアでは、波の向きに合わせて腕木の着脱が可能なカヌーもある。オセアニアでシングル・アウトリガー・カヌーが普及したのは、島しょ間における距離の長さや外洋性との関係を指摘できる。オセアニアでは唯一、先史時代に遡るカヌーがポリネシア圏に位置するソサエティ諸島のフアヒネ島で発見された。その発掘を指揮したのが篠遠喜彦であった（第1章第1節）。この発見が先史カヌー研究に与えたインパクトがきわめて大きかったことは容易に

想像できよう。

　フアヒネ島で篠遠が発見したカヌーは、ダブル・カヌーであった。民族誌時代においてこのカヌーが記録されているのは、ポリネシア圏のみで、ポリネシアのどこかで新たに誕生したカヌーと考えられている。ダブル・カヌーは、シングル・アウトリガー・カヌーの発展形で、腕木の役割をカヌーに代替させることで、カヌーの大型化が可能となったともいわれる。

　オセアニア島しょへの渡海による移住は、こうしたカヌーや航海術の発展があって初めて可能になったことは間違いない。一方、人類未踏の島々への移住を成功させるには、さらに多くの知恵や技術体系が求められた。とくに島しょ面積が比較的小さく、島しょ間が離れているリモート・オセアニアの島々では、かぎられた資源を最大限に生かしつつ、自ら食料を生産していく必要性があった。リモート・オセアニアへの人類移住が、農耕が誕生する新石器時代以降であったことは、そのことを如実に示している。狩猟採集を基盤とした生活は、食糧となる天然資源が限定される離島域では難しかった。

　海を渡り、島へ移住した人類に求められたのが新たな島しょ環境への適応であった。その考古学的な痕跡は、メラネシアの離島域へ進出したラピタ人の事例に豊富にある。ラピタ人とその文化については、第2章第1節の石村による論考に譲るが、彼らがメラネシア圏への移住に成功したオーストロネシア語族集団と考えられている。近年、ヴァヌアツで出土した多数のラピタ人骨から得られた核DNAの分析では、現在の台湾に暮らす原住民から確認された遺伝子配列がもっとも近いという結果が得られている。この結果を考慮するなら、ラピタ人はやはり台湾方面を起源とし、メラネシアやニューギニアに更新世期より暮らしてきた人びととはあまり接触せず、比較的速いスピードでリモート・オセアニアへと進出したとするシナリオが成立する（Diamond 1988 など）。

　形質人類学（骨考古学）的な研究でも、フィジーで出土したラピタの古人骨を分析した片山一道と土肥直美が、台湾の古人骨との類似性を指摘している（片山・土肥 2008）。なお彼らが復元したラピタ女性の顔は、筆者が所属する大阪の国立民族学博物館にラピタ土器（レプリカ）とともに展示されている。

　先にふれたように台湾にはアウトリガー・カヌーがなく、鋸歯印文土器が流行した痕跡も今のところない。これらは台湾以南のフィリピンや東インドネシ

アの島々で誕生、あるいは発展したようだ。西ミクロネシアのマリアナ諸島で
も初期の居住遺跡から鋸歯印文土器が出土することから、マリアナへの移住も
東南アジア島しょ部から起こったと想定できよう。年代的には 3,500 年前頃ま
では遡れそうだ。一方、メラネシア離島部におけるラピタ人の出現年代は、今
のところ 3,300 年前頃が最古となる。

　これらの知見を総合すると、ラピタ人に繋がるオーストロネシア語族集団
は、3,500 年前頃にはフィリピンから東インドネシア、さらに直線で 2,000 km
近くの渡海が求められるマリアナ諸島へ拡散を開始した。そのプロセスの中で
ニューギニアの離島部に 3,300 年前頃までに到達した集団が、ラピタ人という
ことになる。その時間差は約 200 年間。数世代を経て、かなりの範囲に人びと
が移住したことになる。距離にすると 5,000 km 以上に及ぶが、海を越えた移
住は陸域を面的に移住するのと違い、島しょ間の距離が遠いほど移住距離は増
える。数世代でも、数千キロを超えての移住・拡散は十分に可能だろう。

　問題は距離ではなく、なぜ彼らは 2〜3 世代という短い期間に新たな島へ移
住し続けたのか、という謎の方にある。たとえば 3 世代で移住を繰り返した場
合、最初の移住者の孫世代が新たな島へ向かって移住することになる。いろい
ろなケースがあったであろうが、それでも移住頻度はきわめて高い。移住した
島で十分に食べていけなかったり、自然災害が起こったりといったマイナス要
因がないかぎり、人はそこまで頻繁に移住を繰り返すものであろうか。

3. 離島域での資源利用にみるラピタ人の移住戦略

　先述したように、ラピタ人も含めて新石器時代に拡散したオーストロネシア
語族は、農耕や家畜の知識や技術も持っていた。その意味で彼らは農耕民でも
あった。農耕には、土地を開墾し、土を耕す作業が必須だ。熱帯圏では、タロ
イモやバナナ、ココヤシなどの熱帯性植物が主な栽培植物となる。これらの植
物は、タロイモなど一部を除けば、栽培や管理は比較的容易で、大規模な開墾
も必要としない。こうした栽培の容易さが、短期間での新たな島への移住を可
能にした要因の 1 つとなったのかもしれない。

　しかし熱帯植物といえども、植栽して収穫可能になるまでに数カ月〜数年は
必要となる。また森林を伐採するなどの開墾も大なり小なり必要だったはず

だ。つまり新たな島への移住は、渡海だけでなく、継続的な食料確保という点でもリスクは決して低くなかった。家畜飼育においても、渡海のさいに家畜が船上で全滅してしまえば、家畜の持ち込みは失敗となり、重要なタンパク源を失うことを意味した。実際、マリアナ諸島では10世紀頃まで家畜飼育の痕跡がまったくみつかっておらず、初期の移住者は何らかの理由で家畜の持ち込みに失敗したと考えられている。ラピタ人による移住でも、島によってはブタが欠落したり、イヌが出土しないなど、イヌ・ブタ・ニワトリの家畜（家禽）がセットで搬入され、継続的に飼育された事例はむしろ稀だ。たとえ家畜の搬入に成功しても、干ばつや災害といった要因で家畜が全滅してしまうケースもあったであろう（第4章第2節参照）。

　栽培や家畜飼育におけるリスクと対照に、新たな島への移住におけるメリットもあった。食料資源の獲得という点においては、移住先の島が無人島であった場合、島内や沿岸域の自然資源はまさに獲り放題となる。ラピタ人が移住した島々の多くは、それ以前に人類の痕跡がない無人島で占められており、ここに彼らの戦略がみえ隠れしている。とくにリモート・オセアニアに位置するメラネシアや西ポリネシアの島々はすべて無人島であり、ラピタ人一色の世界となった。

　もちろん先住民が暮らしていた痕跡のある島へ移住したケースもある。その場合、面積の大きな本島ではなく、その周辺の小離島域に遺跡が集中する。ラピタ人以前のメラネシアに暮らす人びとの多くは、ニューギニア高地民を除けば、狩猟採集を生業基盤としていたため、面積が小さく、利用可能な資源の限られる離島は主な居住対象とならなかった。農耕によりかぎられた面積でも食料資源を確保できたラピタ人は、離島域を居住地とし、その周囲の資源を利用する戦略が可能となったのである。しかし、ラピタ人と言えども、移住直後から食料を安定的に生産できた訳ではなかった。移住初期には、動物を中心に島内に生息するさまざまな陸上資源を積極的に利用していた痕跡が残っている。

　ラピタ人により最初に入植されたヴァヌアツには、ガラパゴス諸島のリクガメよりさらに大きな種が生息していた。しかしこのリクガメは、ラピタ人の入植後、短期間のうちに絶滅した。ラピタ人にかぎらず、オセアニアではこうした事例は少なくない。とくに人類の到来以前、多様な種が生息していたとされ

る陸鳥の仲間は、その多くが人類の移住後に絶滅したとの報告もある。

　このような事例は、私たち人類が他の動物種にかなり依存し、彼らを絶滅へと追い込む危険な存在であったことも示している。あるいは私たちが自然資源の利用に関して無計画であることの傍証とできるかもしれない。しかし、未開拓の島へ新たに移住した人類にとって、捕獲が容易で、タンパク源に富むこれらの動物種へ依存することは、避けることができない道筋だったとも考えられる。いずれにせよ、小離島域における陸生動物の利用は不安定であり、それは家畜（家禽）動物の利用においても当てはまる。継続的にブタやイヌの家畜利用に成功した島もあるが、現時点での考古学的痕跡では、むしろ少数派だ。

　オセアニアの島々においてもっとも重要なタンパク源となったのは海産物であった。サンゴ礁のリーフが発達した島では、多種に及ぶ沿岸魚類や貝類を容易に捕獲・採集できたし、リーフの辺縁部（エッジ）やその周囲では、サメやウミガメ、大型のアジ科魚類などを捕獲できた。さらに外洋域には、カツオやマグロ、シイラなどの大型の回遊魚やトビウオなども豊富に生息している。

　ラピタ人の場合、その初期居住域は、前面に発達したリーフをもつ小離島域に分布する傾向が強く、こうした豊富な海産物の獲得を視野に入れた戦略的な立地であったとも読み取れる。実際、遺跡から出土する魚骨の多くも、こうしたリーフ周辺に生息する魚種で占められている。ただし、全体的な出土数は少ないものの、大型のアジ科魚類やカツオなどのサバ科魚類、サメ類なども出土はしており、ラピタ人がこれらの魚種も捕獲していたことは明らかだ。

　ラピタ人が外洋域で漁撈も行なっていた痕跡は、ラピタ遺跡から出土する釣り針からもうかがえる。これらは主に貝製の単式釣り針で占められるが、例外的にニシキウズガイ科の貝類を素材とした複合式の擬餌針がみられる（これらの詳細についてはコラム２を参照）。小型の単式釣り針は、釣り漁でおもに捕獲されるハタ科やイットウダイ科の魚種をねらうために製作、利用されたと想定できる。外洋域でも利用可能なこれらの漁具は、島から島への航海中においても必需品となっていた可能性も無視できない。

　釣り針の素材となった貝類は、シャコガイ製斧に代表されるような道具類や、耳飾り、腕輪などの装飾品にも積極的に利用されたほか、食料としても利用された。ウミガメの肉や脂肪は重要な動物性タンパク質・脂肪源となった。

これらの資源利用からみえてくるのは、海と陸の自然資源を可能なかぎり捕獲・採集しつつ、継続的な居住を可能とする開拓を進めたラピタ人の移住戦略といえるだろう。さらにラピタ人は、海を越えた島しょ間ネットワークも発達させた痕跡を残している。このネットワークを伝い、広範囲に分布した物質文化としては、ニューブリテン島・タラセア半島産の黒曜石が知られている。実際には黒曜石以外にも多くの物資がこうしたネットワークで相互に運ばれていたと想定できよう。近隣の島しょ間において出土するラピタ土器にみられる文様の高い共通性も、こうしたネットワークにより人びとの行き来が頻繁に行なわれていたことを物語る（小野ほか 2018）。

　新たな移住者が入植した島と、彼らの出身地となる母集団のいる島を結ぶ島しょ間ネットワークは、両島における親族や家族を結ぶネットワークとしても機能していたかもしれない。同時に島しょ面積や資源がかぎられ、未開拓の度合いが高い新たな島へ移住した集団にとって、母集団のいる島や近隣の島々とのネットワークは資源が枯渇したさいの保険としての役割も担っていたと考えられる。このような島しょ間ネットワークの機能は、民族誌時代におけるクラ交易などにも認められ、オセアニアにおける島しょ適応や居住戦略の一例として特筆できよう。

4.　サピエンス史からみたオセアニアへの人類移住

　ラピタ人によるリモート・オセアニアへの移住範囲は、西ポリネシアに位置するサモアやトンガまで広がったが、そこで一時的にストップする。彼らの東進がなぜ止まったのかについて諸説あるが、それ以東には 2,000 km 圏内に移住可能な大きな島がなかったことは要因の一つであろう。サモアやトンガ以東に広がる島々は環礁島やサンゴ島で、ラピタ人の時代にはまだ居住可能な島になっていないものも多かった。水が豊富な火山島が皆無であったことは、ラピタ人にとっては、魅力が少なかったのかもしれない。

　当時の航海距離を踏まえるなら、ラピタ人も 2,000 km 圏内の航海は単発のものから可能だったであろう。しかし、ミクロネシアのマリアナ諸島の事例が示すように、この距離では島しょ間ネットワークは維持できない。サモア以東にも島があることは知っていたと推測されるが、さまざまな理由から彼らはさ

らなる移住をしないという決断をしたと認識できる。

　現在のところ、ラピタ人の末裔が、2,000km以上の航海能力を備え、東ポリネシアの島々へと拡散しだすのは1,000年前頃からと考えられている。ラピタ人がオセアニア世界に登場してからじつに約2,000年後ということになる。西ポリネシアのサモアやトンガでは、この2,000年の間にその後のポリネシア文化に続く諸要素が発達したともいわれる。ポリネシア人に特徴的なアジア的な要素が強く、かつ大柄で筋肉質な体格もラピタ人より引き継がれる形で発達したようだ（片山2002）。

　同じくラピタ人によって最初に植民されたフィジーやヴァヌアツの場合、島民の多くは褐色の肌や短くカールした髪の毛に代表されるメラネシア系の容姿がより色濃い。その要因として、ラピタ人による最初の移住後に、ニューギニア方面からの第二の移住が行なわれたのではとの仮説がある。近年、この仮説を補強する結果が、古人骨の遺伝子研究や形質学的研究からも提出されつつある。この第二の移住の波は、古くてラピタ後期の2,800年前頃から始まった痕跡も出始めているが、2,000年前頃に活発化した可能性もある。

　この2,800〜2,000年前頃は、人類史的な枠組みにおいても重要な時期となる。日本では渡来人の移住が活発化し、日本に金属器文化や水田稲作農耕が流入した時期に当たる。東南アジアでも、大陸部を起源とするドンソン文化などの金属器文化が島しょ部域へと流入した。さらに西方のインド方面からは香辛料を求めてきたとされるインド系集団が東南アジアに到来し、ガラスや金属器文化、ヒンドゥー教や仏教といった新たな知識、文明的要素を持ち込んだ。

　日本や東南アジアの島世界への金属器文化の流入は、結果として当該社会に大きな影響を与えることになった。金属器の農具は、農地の拡大や食糧増加に大きな役割を担ったであろう。鉄製品による加工具は、石器とはくらべ物にならない効果をもたらしたであろうし、鋳造すれば再加工もできる金属器のインパクトは衝撃的であったに違いない。さらに金属器は、銅鐸や銅鼓に象徴されるように、祭祀においても重要な役割を果たし、青銅や鉄の武器は殺傷度や防御度において、石器や木器の比ではなかった。人類史的には、農耕と金属器の出現が、ユーラシア大陸の各地で強大な古代文明や王国を誕生させたが、島しょ域においても金属器の出現は人口増加や社会の階層化を促進させた。

人口の増加や、インドや中国などの文明圏からの商人の到来による古代海上交易の発達は、東南アジアの島しょ部における人びとの活発な移動や移住のトリガーになった。実際、東南アジア島しょ部では、約 2,000 年前の初期金属器時代以降に相当する遺跡数は、それ以前の遺跡数にくらべて圧倒的に多い。筆者がかつて調査した北マルク諸島では、初期金属器時代の埋葬遺跡から、メラネシアで流行した土器群に類似した土器や、インドや東南アジア大陸部が産地となる可能性の高いガラス製品が出土した（小野 2018）。

　北マルク諸島は、メラネシア圏となるニューギニア島に隣接しており、メラネシアの土器との共通性の高さは、両地域における人びとの移動や交流を物語る。一方で、西方産のガラス製品はインドや東南アジア大陸部と北マルク諸島が何らかの海上交易網で繋がっていたことを示唆している。マルク諸島は、古代香辛料交易のなかで重要な商品となったクローヴの産地であり、それが当時の交易人たちを魅了したのかもしれない。

　オセアニアにも部分的に金属器は持ち込まれたであろう。実際、メラネシアでは金属器の出土が報告されている。しかし、その量や頻度はマルク諸島よりも少なかったようだ。金属器を産出する文明圏や、東南アジアの大陸部、比較的早くから発展したジャワやバリなど西に位置する島々から遠く離れていたことや、当時の交易人を魅了する香辛料などの産地ではなかったことが原因かもしれない。それでも北マルク諸島の事例が示すように、ニューギニアを含めたメラネシア圏の人びとが活発に動いていた痕跡は少なくない。

　メラネシア東部に位置する島々に、ニューギニア方面から第二波の人類移住が起こったという仮説は、こうした東南アジア圏までを含めたマクロ的な視野からも補強できそうだ。ではこの時期に人びとの動きが活発となった背景は何に求められるだろうか。

　その明確な答えを、現時点で指摘するのは困難だが、気候の寒冷化による環境変化や資源の減少と何らかの関連は指摘できる。先述したように、この時期における活発な移住や移動が、各地で同時に起こっていることは、こうしたマクロ的な環境変化も示唆している。また古環境研究からも、3,000 年前頃から寒冷化が始まり、2,000 年前頃をピークとして、ふたたび温暖化に向かうという大まかな傾向があることが指摘されている。日本では縄文末期に相当する時

代であるが、この時期には全国的に縄文の遺跡が激減した。

　西ポリネシアのサモアやトンガから、東ポリネシアへの新たな移住が起きたのも、こうした寒冷化と関係している可能性は否めない。また西ポリネシアにも、ニューギニア方面からの第二波の移住者が到達したこともあったであろう。ただ現在みられる身体的な特徴に基づくなら、サモア人やトンガ人は明らかにポリネシア人的な特徴を強くもち、それ以西のフィジー人やヴァヌアツ人とは外見がかなり異なる。

　どのような歴史的プロセスを経て、東メラネシアと、サモアやトンガの西ポリネシアの間に文化や言語的な境界が生まれたのだろうか。これらはまだ謎の部分が多く、今後の考古学研究の課題でもある。一方、西ポリネシアを新たに出発したラピタ人の末裔たちが、その後にいかにしてラパヌイ（イースター島）やハワイ諸島、そしてニュージーランドまでを含むポリネシアの全域へと拡散したかについては、本書の他章に委ねたい（第2章第2節）。

　本節では、新石器時代期以降におけるリモート・オセアニアへの人類移住の話を中心としてきた。しかし、オセアニアへの最初の人類移住は遅くとも50,000年前頃の旧石器時代にはすでに達成されていた。これは現在のオーストラリア大陸やニューギニア島を含む旧サフル大陸やその離島域への移住である。これらの地域は、ニア・オセアニアとも呼ばれるが、サフル大陸への人類移住にも最低80km近い渡海が求められたことが判っている。また80km以上の渡海を達成できたのは、それ以前の人類がそれなりに海洋環境へと適応し、渡海に必要な知識や技術を体得していた可能性が背景にあると指摘できよう。

　これらの点を総合するなら、オセアニアへの人類移住が、人類史的なレベルにおいても、人類による海洋適応や島しょ適応を考えるうえで、多くの知見や新たな事実を提供してくれる重要な研究テーマであることあらためて強調し、本節を終えたい。

【参考・引用文献】
　小野林太郎 2018『海の人類史—東南アジア・オセアニア海域の考古学』（増補改訂版）、雄山閣。
　小野林太郎・長津一史・印東道子編 2018『海民の移動誌—西太平洋のネットワー

ク社会』昭和堂。

片山一道 2002『*海のモンゴロイド―ポリネシア人の祖先を求めて*』（歴史文化ライ
　　ブラリー 139）吉川弘文館。

片山一道・土肥直美 2008「オーストロネシアンの拡散に関する出台湾仮説を検証
　　するための試論―墾丁寮人骨の予備調査」*Anthropological Science* 116(2): 149-
　　153.

DIAMOND, J. 1988 Express train to Polynesia. *Nature* 336: 307-308.

ヴァヌアツの縄文土器発掘顛末

藍野裕之

1. 自費を投じても発掘調査をするという決心だった

　1996年8月14日の『読売新聞』夕刊1面に、「南太平洋に縄文土器」と大見出しを冠した記事が掲載された。ちょうど、ヴァヌアツ共和国の首都ポートヴィラで国際ラピタ会議が開催されていた。記事は学会での篠遠喜彦の発表を受けたもので、現地報告になっているところから考えると、篠遠から事前に発表内容は記者へ伝えられていたようである。篠遠が日本の縄文土器の破片だと断じた土器片は、会議の開催地だったヴァヌアツで採集されたものだったのだ。注目を集めるために、どれだけ篠遠が努力したのかがわかる。周到な準備だったといってもいいだろう。

　学会にはパリ第1大学名誉教授のJ・ガランジェも出席していた。そもそも件の土器片を論文掲載した人物である。論文はパリのミュゼ・ド・ロム（人類博物館）に提出され、彼は博士の学位を得た。1971年のことである。論文は60年代のヴァヌアツでの調査をもとにしたものだったが、そこには15片の、他とはまったく異なる文様の土器片があった。これらをガランジェは「叩き目文」としていた。オセアニア各地にはタパ［tapa］と呼ばれる樹皮布がある。樹皮を木製の叩き棒で根気強く叩き、紙のように薄く延ばしたものだ。ガランジェは、15片の土器につけられた文様を、タパづくりに用いられる叩き棒に縄を巻きつけ、それでつけられたものだと考えたのである。表面採集であったため、年代に関しては推測するにとどめた。それにしても博士の学位は学者人生を歩むためのパスポートだ。そこで記載の誤りを指摘されるのだから、心中は察してあまりある。

　ただ、篠遠が再調査を始めたのは1993年になってからだ。ガランジェの学術的キャリアに対しての配慮として、彼が大学をリタイアするまで待ったのかもしれない。篠遠が土器片の送付を願い出ると、ガランジェは応じた。そのと

き、15片のはずが14片になっていた。1片
は紛失してしまったということだった。それ
をアリゾナ大学のW・ディッキンソンとサイ
モン・フレーザー大学のR・シャトラーが再
調査したのだ。そして、14片の土器片は青森
県から出土した円筒土器とほぼ同じ成分組成
だという結果を得たのである。

　ガランジェ論文に掲載された15片を日本
の縄文土器ではないかと最初に記事にしたの
は、東北大学教授も務めた芹沢長介だった
（芹沢 1972）。しかし、それはホノルルのビショップ博物館で篠遠からガラン
ジェ論文を見せられた後のことである。篠遠は芹沢の記事発表に気をよくして
いなかった。先んじて発表されたことよりも、ガランジェに対する配慮が欠け
るということだったのだろうが、それに加えて記事発表の後も一向に日本人考
古学者が追認調査を行わなかったことへの、篠遠の憤りは強かった。

　いよいよ発掘調査を行なうと、わたしが篠遠から聞いたのは1996年4月の
ことだった。その頃には再調査の結果も出ていたのだろう。その後に学会発表
を大々的に報じることになる読売新聞社に発掘調査の資金提供をすでに打診し
ていたようだった。しかし、熱ルミネッセンス法による年代測定では、すべて
の土器片が同じ年代だとは出ていなかった。14片は日本の縄文土器と同一の
成分組成だとされたが、年代の異なる複数の土器の破片だったのだ。それは、
もし縄文時代の日本からヴァヌアツに渡ったのなら、1度や2度のことではな
いことを示した。そんなことは起こり得ることか。何らかの方法で人為的に持
ち込まれたのではないか。あるいはガランジェが、資料整理の段階で誤って混
入させてしまったのではないか。こうした見方もあったため、結局、読売新聞
社は支援をしないと判断したのだ。そんな状況になって、篠遠は「自費でも現
地調査をやる」と決心は固かった。

2. 発掘調査の成り立ちと実施された調査

　わたしが篠遠の計画に関わるようになったのは97年になってからだった。

図2

メレ村を縦断するように流れる川に裸足で入り、篠遠は上流から河口付近まで観察していった（鎌田慶司氏撮影）。

廃刊になって久しいが、当時、住宅地図で知られるゼンリンは、『ラパン』という雑誌を隔月で刊行していた。編集部を通じて篠遠の意向を伝えると、ゼンリンは資金提供を決めた。それにともなって篠遠の調査に同行取材することになったのだ。また、同時期にテレビ朝日系列の「ネイチャリング・スペシャル」というドキュメンタリー番組で南太平洋特集が企画されていた。その制作を請け負ったパオ・ネットワークからも資金提供があった。篠遠は太平洋学会からも支援があったとしているが、わたしはその経緯を知らない。いずれにしても、篠遠による調査はエンターテイメント系ジャーナリズムから提供された資金を主な財源に行なわれたのだ。そうはいっても、現地調査に先行して行なった三内丸山遺跡を中心にした青森調査、ヴァヌアツ発掘調査で篠遠が雑誌とテレビ番組に学術的なオーセンティシーを超えた協力をすることはなかった（藍野 1997a、b）。

　エファテ島の南海岸の中央部にヴァヌアツの首都ポートヴィラがある。ガランジェが縄文土器を表面採集したのは、ポートヴィラから海岸線に沿って10kmほど北西にあるメレという村だった。北は隆起サンゴの断崖となっていたが、南の海岸まで約2㎢の平原ができていた。南の海上には砂州でなかばつながったハイダウェイ島があり、50年代になって島の住人がメレの平原を切り開いて移住してきたという。計画的な移住だったので、平原には碁盤の目をつくるように未舗装の道路を通したという。当時、人口は2,000人ほどだと聞かされた。電気と水道は通っていたが、炊事には薪が使われていた。

　前年に国際ラピタ会議が開催されたさい、篠遠はガランジェをともなってメレ村を訪れ、縄文土器をどのあたりで表面採集したのか聞いたそうだ。しかし、「もう忘れてしまった」というだけで何の手がかりも得られなかったという。そのため発掘調査は、村人に聞き取りをしながら村内各地を歩き、縄文土器が表面採集された可能性がありそうな場所を推定するところから始まった。

古い地層が掘り起こされたことのある農地を探
したほか、村に流れ込む川の河床を河口の海岸
まで丹念に見ながら歩き、また川の流域に体積
土が積み重なったところがないかどうかも探し
たのである。

　調査がこうした発掘の前段階から始まり、そ
こに多数の人手と時間が必要になることは、事
前に話し合っていた。そのため、わたしたちは
篠遠の要望を受けて調査実施前に雑誌と新聞で
ボランティアを募った。参加可能期間を2週間
とし、前期、後期、両方通しの3つの期間で募
集すると、安くても20万円を超える費用にも関
わらず、総勢14名の参加者が集まった。加えて
メレの村民から12名の男性を雇った。幸いだっ
たのは、日本人参加者のなかに考古学を学んだ

図3
出土した現地のマンガアシ土器に
見入る初年度の調査での篠遠。雲を
つかむような調査に疲れ果てた様
子だった（鎌田慶司氏撮影）。

者が3名いたことだ。ハワイからは篠遠の助手と写真記録者が同行しており、
調査経験者をリーダーに1日最低でも2班がつくられ、手分けして調査を行な
うことができた。もちろん、有望そうなところには、1m四方、あるいは1m
×2mで試掘坑を深いときには2mほど掘り下げたが、手がかりは一向につか
めなかった。

　1年目に篠遠が調査に費やしたのは3週間ほどだった。翌年の調査は日数も
減り、小規模になった。前年に現地のマンガアシ土器の破片を多数得ていた。
2年目の調査では、メレ村の継続調査とともに、前年に得た土器片に対する見
識を高めるため、他の遺跡の視察も行なわれた。そうしたなかで、やはり縄文
土器に関する手がかりは発見できなかった。前年にボランティアとして調査
に参加した者のなかから、3人が引き継いでヴァヌアツにやってきた。調査後、
篠遠と彼ら3人の連名で2本の論文が出された。これが2回の調査の公式な学
術的成果である（相原他 1999a、b）。

3．現地調査強行の背景にあった篠遠の情熱

　2001年2月14日の『読売新聞』大阪版の夕刊は、ガランジェ論文に記載された縄文土器ついて再び報じた。64年に慶應大学考古学教室を訪ねたミュゼ・ド・ロムの研究者に円筒式縄文土器の破片数点が贈られたことがあり、それがフランスでヴァヌアツの土器に混入したのだろう、という関係者の証言付きの記事だった。前年に旧石器捏造がスクープされたからだろう、記事はスキャンダラスな伝え方だった。慶應大学考古学教室は、すでに定年退職していたが江坂輝彌との縁で、篠遠の調査に当初から協力を惜しまなかった。江坂、篠遠のふたりは終戦直後、千葉県市川市の考古学研究所で同僚だったのだ。わたしもヴァヌアツに向かう前に来日した篠遠と慶應大学考古学教室を訪ねた。ミュゼ・ド・ロムに土器片が贈られた件は、そのさいに話題に上った。篠遠も聞いていたはずだが、当時は疑うそぶりさえ見せなかった。

　篠遠の現地調査は、ガランジェ論文を信用して正統的に反応したといえる。しかし、疑わしさに耳をふさぎ、かなり無理をしての強行突破だったことも否めない。では、晩節を汚す恐れを承知したうえで篠遠を調査に駆り立てものは何であったのか。ひとつには、長年ハワイに住んでポリネシア考古学を切り開いたが、若き日は縄文時代の研究を熱心に行なっていたという篠遠自身のキャリアがある。篠遠には、先史時代における日本人の南太平洋への進出をイメージしていたふしがあった。わたしたち専門学者はではない者の前でのリップサービスもあって、「ラピタ土器は縄文土器と無関係ではないですよ」などということもあった。心の片隅に、日本での縄文研究と後年のポリネシア研究を学術的に関連づけたいという思いがあったのではないかと思う。この密かな思いを含めて湧き上がったのが、漂流による文化伝播を考古学的に裏づけることへの強い情熱だった。土器片が日本の縄文時代のものだと判明しても、篠遠は日本からヴァヌアツへの意図的な航海ではなく、漂流・漂着を強く説いていた。縄文時代に日本人が遠洋航海をできる船と技術を持っていたことを証明する遺物は見つかっていない。だから漂流・漂着のほうが自然な推理である。

　調査後、篠遠を「ヘイエルダールだ」といった研究者がいた。ポリネシアへの人の移住は南米から漂流したことから始まったと説いたのが、T・ヘイエル

ダールである。その仮説は、20世紀末の段階になると、学問的にはノスタルジアへと追いやられていた。篠遠はヘイエルダールの仮説を打ち消した張本人だ。ポリネシアにおける数々の発見で、意図的航海を考古学的に立証してきたのである。しかし、意図的航海だけではどうしても海における人の移動の物語を語り尽くせないと、どこかで思っていたにちがいない。

　ハワイに日本からの漂流・漂着を伝える記録が残っている。また篠遠がハワイで発見した釣り針のなかに結合式釣り針がある。針先と軸とを別々につくり、それを糸で結んだ釣り針だ。その針先の形状は、日本の縄文時代の釣り針に酷似したものがある、とも語っていた。さらに、わたしが目を洗われたのは物だけによる文化伝播論だった。漂流は、海に出て嵐に遭うなどして起こる。海の荒れ方に船が耐えられなければ人は死ぬ。しかし、道具を積んだ船だけでも漂着すれば文化は伝わるというのだ。考えてみれば当然のことだが、文化伝播などというと、どうしても人から人へという道筋を考えてしまう。発掘された遺物を細部まで丹念に見続けてきた考古学者だからこその発想だと思った。

　先史時代の漂流・漂着を証明するのは至難の技だろう。単に遺物の形状が似ているだけでは話にならない。しかし、ヴァヌアツの縄文土器が、本当に縄文時代に渡ったものであるのなら、先史時代の漂流・漂着による文化伝播をひも解くことに近づく。このことこそ、篠遠がどうしても現地調査をしたかった理由である。だが、そんな篠遠も晩年には、ミュゼ・ド・ロムでの資料混入を肯定していたという。そして、縄文人のヴァヌアツ漂着説を最終的に否定し、資料混入説を支持した論文が、2009年にディッキンソンらによって発表された（Dickinson and Shutler 2009）。

【参考・引用文献】

藍野裕之 1997a「ヴァヌアツの縄文土器を追う～三内丸山、熊林遺跡視察」『ラパン』9月号：107-113頁。

藍野裕之 1997b「エファテ島発掘遠征記」『ラパン』11月号：36-52頁。

相原淳一、中野拓大、磯目隆夫、篠遠喜彦 1999a「中部ヴァヌアツ・エファテ島における考古学的踏査」『仙台市博物館調査報告』19: 82-94頁。

相原淳一、中野拓大、磯目隆夫、篠遠喜彦 1999b「ヴァヌアツにおけるマンガッシ式土器の一様相；エファテ島マンガリュー最終のマンガッシ土器をもとに」『宮

城考古学』5: 35-54 頁。

芹沢長介 1972「メラネシアのエファテ島から発見された縄文ある土器について」
　　『考古学ノート』第 2 号　武蔵野文化協会考古学部会　1-3 頁。

DICKINSON, W.R. and M.E. SHUTLER 2009 Jomon sherds from Aomori, Japan, not
　　Mele, Efate. *Archaeology in Oceania* 44 (3): 166-168.

第3章

航海とカヌー

第1節　ハワイからタヒチへ
―ホクレア号の復元航海

後藤明

1. ホクレア号の挑戦

　ホクレア号による復元航海はポリネシアの人類居住史に関する挑戦であった。広大なポリネシア海域にどのようにして人類が居住できたのかは長い間の謎であった。しかし、さまざまな起源地の議論は別として 1950 年代以降、一つの学説の影響力があった。それはニュージーランドの A・シャープの学説であった (Sharp 1963)。シャープは大航海時代以前、ポリネシア人の居住は位置、とくに経度を知る方法はなく、偶然の漂流の結果であるとした。とくに、ハワイやラパヌイ（イースター）島、アオテアロア（ニュージーランド）のような辺境ポリネシアは、一度きりの偶然的な漂流によって居住されたとするのである。しかしそうならば、なぜ漂流民が男女から構成され、アジア起源の作物や家畜を積んでいたのかが説明しにくいが、ポリネシア人のカヌーの性能や航海術に関しては過小評価する意見が強かった。

　また 1947 年に南米からバルサ材の筏、コンチキ号で航海実験をした、T・ヘイエルダール（ヘイエルダール 1976）もその点では同じであった。ヘイエルダールはサツマイモの起源が南米である点などを根拠として、ポリネシア人の起源は新大陸にあると主張した。さらに彼は新大陸の神話をもとにポリネシア人の祖先は意図的に太平洋に乗り出したとした。彼の説はしばしばポリネシア人の南米起源説であると言われるが、それは不正確で、正しくは新大陸起源説であることは第1章第1節で書いたが、新大陸から太平洋に移動したという根拠の一つは、卓越する風や海流の方向であった。たしかにコンピュータのシミュレーションでも、漂流するなら東から西の移動の方が自然であったからだ（後藤 2003）。つまりヘイエルダールもポリネシア人のカヌーの性能や航海術に関しては過小評価していたのであった。

　ホクレア号がチャレンジしたのはポリネシア人の航海能力に関する前提で

あった。

2. ホクレア号の建造と処女航海

　ポリネシア人が東南アジア方面から来たことに関しては多くの研究者が一致しており、ヘイエルダールの学説は少数意見である（Howard 1967）。しかしポリネシア人の航海能力は十分証明されてはおらず、また東風の卓越するメラネシアからポリネシアにかけての航海を証明する手だてはなかった。神話ではハワイとタヒチ、タヒチとクック諸島、あるいはクック諸島とアオテアロアでの往復航海が語られているが、そのような航海はヨーロッパ人が来た時点ですでに衰退していた。

　ハワイ大学の故B・フィニーはそれに対してチャレンジすることを模索していた。彼は1960年代に歴史時代の図面に基づき、ナーレヒア［Nalehia］号という小型のダブル・カヌー建造し、ハワイ諸島で漕ぎの実験を繰り返していた。やがてフィニーらは本格的な航海カヌーを復元してハワイ・タヒチ間を航海する計画するに至り、ポリネシア航海協会（Polynesian Voyaging Society）を設立した。

　最初、船体や板を継ぐためのロープ、あるいは帆に至るまで本来ポリネシア人が用いていた各種植物の素材を利用する計画であったが、入手の困難さと技術の問題、また舟の耐久性の問題もあって断念した。復元カヌーは結局、設計はできるだけポリネシア式にしたもののその素材は近代的な物を使うという妥協をせざるを得なかった（Finney 1979）。カヌーはホクレア［Hōkūle'a］号と名付けられた。ホクレアとはハワイの天頂を通る「うしかい座の大角星」（アルクトゥールス Arcturus）のハワイ名からである。原義は hōkū（星）そして le'a（喜び）、つまり「喜びの星」である。

　一番の問題は自然を読んでカヌーを操る航海士（navigator）の欠如であった。1778年にクック船長に発見されて以来、ハワイでは約200年の間に伝統的なカヌーや航海術の技術は廃れてしまった。他のポリネシアでも事情は同じであった。オセアニア全域を見渡してもその技術をかろうじて残していたのはミクロネシアの中央カロリン諸島の一部、サタワル（Satawal）、プルワット（Puluwat）、ラモトレック（Lamotrek）などのサンゴ（礁）島の人びとであっ

た。そしてホクレア号の航海士として白羽の矢が立ったのはサタワル島のマウ・ピアイルグであった。彼は航海士（ポ pwo）の称号を持つ人物であった。

　マウを航海士として迎えたホクレア号は1976年、タヒチに向け最初の航海に出発した。赤道を越えて南半球に至る旅はマウにとっても初体験であった。彼の熟知するミクロネシアの海は北半球にあり、北極星を中心として星座が回る。航海も基本的に東西方向である。一方、タヒチのある南半球の夜空には北極星は存在しない。そして移動は基本的に南北方向である。それでもマウは体得した航海術の応用によって、約1ヶ月後にタヒチにホクレア号を導いたのであった。たとえば見えない島を仮定してカヌーの運航を知るカロリン諸島特有のエタック航法をマウは使ったようだが、彼はあらかじめ地図などで学習し、実際は見たこともないツアモツ諸島を仮定の島にしたとされている。

　ところが航海の最中、乗組員の間で起こったトラブルに立腹したマウは復路には乗らずに帰国してしまうという事態が起こった。このためホクレア号は、復路は近代航法を使ってハワイに戻った（Finney 1979）。マウはタヒチからフィジーまでなんとか辿り着いたが、パスポートをもっておらずフィジーで足止めをくった。そのときは平和部隊（アメリカのボランティア団体）の仕事でサタワル島に滞在し、マウを見いだしハワイに連れてきたM・マッコイが一肌脱いだ。マッコイは漁業関係の指導をしていたが、その教え子のフィジー人が出入国の仕事をしていた。マッコイはその教え子に頼んでパスポートを発行し、マウがサタワルまで帰る手はずを整えた。

　またこのときにはもう一つエピソードが隠されている。帰路の航海士を失ったホクレア号の設計者H・カネは、急遽タヒチに飛び、帰路の航海士をカヌーに詳しいタヒチ在住のF・コーウェンに頼んだ。後述するようにコーウェンもポリネシアの伝統航海カヌーを復元し航海を計画していた。しかし、コーウェンは合板で造られたホクレア号を見て「これはポリネシアの伝統カヌーとはいえない！」といってその提案を断った（Pambrun 2007）。ポリネシア航海カヌー復元に挑んだ男たちの意地とプライドがぶつかった瞬間である。

3.　ドゥ・ビショップとF・コーウェン：知られざる航海実験

　ポリネシア人の移住に関する航海実験としてはコンチキ号とホクレア号が有

名だが、それだけを論じていたのでは公平でない。その理由はコーウェンの関連した一連の試みに触れないからである。

　話は1930年代に遡る。フランス海軍にいたE・de・ビショップはポリネシアの海に憧れ、中国のジャンクなどを改良した航海実験をしていた。とくに彼はポリネシアの伝説に残るダブル・カヌーの航海を夢に見て、ジャンク船を平行につないだ船カイミロア［Kaimiloa］号をハワイで作り上げた。カは冠詞、イミは「探す」、ロアは「遠く」という意味である。

　カイミロア号は1936年にハワイを出航して西太平洋からインド洋を横断、アフリカ南端を回って北上、フランスのカンヌに250日かけてたどり着いた。このような冒険航海ではもっとも長い航海であろう（ビショップ1953）。

　さてビショップは、ポリネシア人と新大陸の集団の類縁性は、ポリネシアから新大陸へと人類が渡ったからだと考えた（de Bisschop 1963）。それを証明するために彼はタヒチで竹筏のタヒチ・ヌイ［Tahiti Nui］号を建造した。カイミロア号の建造には釘やのこぎりが使われていたので、つぎに彼はポリネシアにある道具だけで船を造りたいと念願していた。また彼はポリネシア人が使っていた船は多様であったとして竹筏を実験対象にした。

　タヒチ・ヌイ号は1956年にタヒチのパペエテを出航し南米を目指した。このときのクルーの1人がF・コーウェンであった。この筏は約7ヶ月かけてペルー沖数百キロまで到達するという健闘を見せた（Bisschop 1959）。しかし南米を目前に沈没したので、ビショップは南米の材木で再びタヒチ・ヌイ二世号を造り、1958年チリのコンスティチューションから出航、南米海岸を北上し、フンボルト海流に乗って西進、半年後にクック諸島のマニヒキ島にたどり着いた（Danielsson 1960）。コンチキ号はフンボルト海流を横断できずに軍艦に曳航してもらって沖から出発したので、筏でポリネシアに渡ることができることを実証したという栄誉はビショップに与えられるべきであろう。

　さてビショップの航海に参加したコーウェンも、自らポリネシア型のダブル・カヌーを造って航海するという夢を持っていた。彼はフランス人の父とタヒチ人の母を持つタヒチ生まれの男で、ポリネシアのカヌーに精通していた。コーウェンはハリウッドの名作でマーロン・ブランド主演の「バウンティ号の叛乱」のロケで、脱走した水兵の乗るカヌーを操っていた人物でもある。カ

ヌーがロケ中にサンゴ礁に衝突し、スタントマンが死亡する事故があったための緊急登板であった。

　また彼はこのハリウッド映画のロケではタヒチ王の乗るダブル・カヌーや脱走兵の乗るアウトリガー式の帆走カヌーなどを、釘を使わず、ココヤシ繊維製のロープで縛る伝統的なポリネシアの技法で作っていた。そのとき手伝ったのが、クック船長が「カヌー大工の村」と書いているタウティラ村（Tautira タヒチ島の東）の村長、トゥタハ・サロモンたちであった。

　ちなみに1975年に沖縄で開催された沖縄国際海洋博覧会の海洋文化パビリオン（現海洋文化館）に展示されたタヒチ型ダブル・カヌーは、ホクレア号の設計者、ハーブ・カネ設計でサロモンらによってタウティラ村で建造されたものである。現在、海洋博公園を管理する沖縄美ら島財団には、このときサロモン村長が日本にあてた友好の手紙（タヒチ語）が残されている。

　また財団にはカネがタヒチの船大工に沖縄にあるダブル・カヌーの建造に関して指示をした手紙も数通残されている。たとえば、これはポリネシア型のカヌーなので同じココヤシ紐でもミクロネシア型の撚紐ではなく、ポリネシア型の組紐を使え、などという細かい指示である。つまり1970年代半ばにカネはハワイのホクレア号と沖縄のタヒチ型ダブル・カヌーの2隻をほぼ同時期に設計していたのである。

　さて話を戻し、タヒチ・ヌイ号の冒険やハリウッド映画出演のあと、コーウェンは1960年代半ばから自ら航海用のダブル・カヌーの建造を始めた。しかし1967年、建造中のカヌーが原因不明の火災で焼失した。その後も彼はフランス領ポリネシアで大型カヌー用の木を探していたが見つからなかった。

　コーウェンには偶然の出会いが訪れた。彼がアオテアロアを訪れたときに、マオリ系のマタイと出会った。マタイも2本の大木を切り倒してダブル・カヌー建造を試みていたが難航していた。コーウェンは、どれほど探しても見つからなかった2本の大木で建造途中のダブル・カヌー（全長22m）の存在を知ったのである。マタイもマオリの同胞の協力や理解がなかなか得られず、また資金の調達で苦労していた。ここでマタイとコーウェンの夢と情熱が出会ったのである。

　アオテアロアで2本の船体は荒削りされたあとタヒチに運ばれて完成した。

舳先の部材などはタヒチの木材が使われた。タヒチに住むようになったマタイはのちにコーウェンの娘婿になった。もともと彫刻や入れ墨の彫り師であったマタイは、このハワイキ・ヌイ［Hawaiki Nui］号の船体にマオリの彫刻を施している。またコーウェンは経験を活かしてココヤシ繊維のロープで船体を縛り上げた（Evans 1998）。このためマタイとコーウェンはハワイキ・ヌイ号こそが最初に復活したポリネシア型の航海カヌーだと自負するのである。

　完成したハワイキ・ヌイ号は 1985 年 10 月パペエテ港を出港、モーレア島からライアテア島に寄港した。ライアテア島こそが神話のハワイキ、つまりポリネシア人の故郷と呼ばれる島で、神話集『古代タヒチ』（Henry 1928）ではポリネシア各地からカヌーで参拝に来たという聖地タプタプアテア神殿がある所である。

　ハワイキ・ヌイ号はその後、クック諸島のラロトンガ島に移動し、そこから長駆、アオテアロアを目指した。ラロトンガから見てアオテアロアは南西、最初に移住したクペなどの神話ではその方向にある宵の明星などを目指して航海したと言われる（Evans 1997）。

　ハワイキ・ヌイ号がアオテアロアについたとき大歓迎を受けたが、ひとつの問題が持ち上がった。もともとマタイの活動に関心の薄かったマオリ系の人びとが、ハワイキ・ヌイの船体はアオテアロア産であるので、このカヌーは自分たちのものであると主張したのであった。それはホクレア号の成功でポリネシア人の間にしだいにカヌー文化の価値が広まっていったからではないかと筆者は推測する。

　結局ハワイキ・ヌイはタヒチに戻ったが、タヒチ博物館において野外展示され、風雨のために朽ち果てて消滅した。現在はカヌー・レースに名をとどめているのみである。

4. カヌー・ルネサンスの始動

　ホクレア号の最初のタヒチ航海のとき、マウが帰ってしまうというトラブルはあったが、この最初の航海で新しい生き方を見いだしたハワイの若者がいた。それがナイノア・トンプソンであった。彼はハワイ人の血を引く人物であったが、自ら伝統的な航法によってホクレア号を航行させてみたいという夢

を抱くに至った。血気にはやるナイノアらは1978年、第2回ハワイ・タヒチ間航海に出発した。しかし出航直後にマウイ島沖であわや転覆、乗組員を1人失うという悲劇が起こった。

　ナイノアは未熟さを悟り、マウに航海術の伝授を願い出た。ふたたびハワイに来たマウはナイノアの願いを承認し、2人は夜、浜に出て星を見る訓練をしたり、ビショップ博物館に併設されているプラネタリムで星空のシミュレーションを行なった（クセルク2006）。そしてナイノアが航海士を務め、1980年、ハワイ・タヒチ間航海に出発し、往路・復路とも航法器具を用いない航海に成功した。

　自信を深めたナイノアらは1985年から87年にかけて再発見の航海（Voyage of Rediscovery）を挙行する。これはポリネシア人たちがかつて行なった島々の発見の旅を再現する「再発見」の旅であった。このときはハワイ、タヒチ、アオテアロア、クック諸島、タヒチ、ハワイの順に航海した。とくにサモア・タヒチ間では困難と考えられてきた東進航海に成功した。「東進」といっても風に逆行したのではなく、横風を受けるなどの工夫をこらしてである（Finney 1994）。

　この時期からホクレア号はポリネシア人の移動経路やその航海術の証明といった実験考古学的意味から、ハワイ・ポリネシア先住民の文化復興（ルネサンス）の象徴といった新しい意味づけがなされていった。この後、ホクレア号に刺激されてポリネシア各地でダブル・カヌーの建造が行なわれたからだ（後藤2009）。

　特筆すべきはホクレア号が1992年にクック諸島・ラロトンガ島で行なわれた太平洋芸術祭に参加したことであった。このときホクレア号はハワイからマルケサス諸島、クック諸島、そしてハワイに戻るという表敬航海を行ない、エスニックシンボル的な意味を強めていった。

　1993年にハワイで進水したハワイロア［Hawai'iloa］号は、ハワイにはダブル・カヌーを作る巨木がないため、アメリカ本土の先住民クリンギット集団の協力でアラスカから2本の大木を提供してもらって建造した。すなわちアメリカ大陸先住民がハワイ先住民のために協力したのである。こうしてホクレア号の活動は同じアジア系の血を引く、アメリカ本土の先住民運動へと連鎖し

図1　沖縄・糸満港に着いたホクレア号
（2007 年 4 月、筆者撮影）

ていったのである（Finney 2006）。

　さらにホクレア号は 1995 年、ハワイ・マルケサス諸島間を航海したが、このときの復路ではホクレア号に刺激されて各地で復元建造された 6 艘の航海カヌーによる集団での航海も行なわれた。さらに 1999 年から 2000 年にかけて、ハワイ、マンガレヴァ、ラパヌイ、タヒチ、ハワイの順に航海が行なわれた（Finney 2003）。そして 2007 年にはミクロネシアと日本への航海が行なわれた（後藤 2013b）（図 1）。

　一方、ホクレア号を成功させた航海術の源泉はミクロネシアであった。星やうねり、鳥や雲を読むその航海術は、ポリネシアでも当たらずといえども遠からずであったと思われる。そしてホクレア号建造当時、ミクロネシアでも伝統航海術の復興機運にあった（McCoy 1976）。

　ミクロネシアではサタワルとプルワットの島民を中心にミクロネシア内部で航海がたびたび行なわれてきた。とくに 2000 年の 2000 年紀カヌー航海（Millennium 2000 Canoe Voyaging）と命名されて行なわれたサタワル・プルワット合同のサイパン航海が特筆される（Flood 2002）。そして 2001 年にはプルワットからグアムまでの航海、そしてプルワット出身の航海士（pwo）、マニー・シカウ（Manny Sikau）を指導者としてミクロネシア伝統航海術協会（TSS＝Traditional Seafaring Society）が設立された（Flood 2002; Cunningham, Kranz and Sikau 2006）。ただしグアムの航海団体はその後 TSS から移行した TASI（Tradition about Seafaring Islands）と TASA（Traditions Affirming Our Seafaring Ancestry）が分裂したり、さらに後者から一部のグループが抜けて新団体を設立したりと複雑な様相を呈している。ちなみに TASA の航海術の先生はマウの息子のアントニー・ピアイルグである。

マーシャル諸島では地元住民を中心に航海術の復興活動が行なわれている（Genz and Finney 2006）。さらに2007年ホクレア号によるミクロネシア・日本航海時にポリネシア航海協会からマウに贈呈されたダブル・カヌーのマイス（Maisu）号はマウの息子のセサリオ・ピ

図2　2016年太平洋芸術祭時太平洋カヌーサミット
（2016年6月、高橋暁氏撮影）

アルグがパラオ諸島での航海学校の訓練などに使っている。これ以外ではフィジー、ヤップあるいはタヒチでもカヌー復興や航海術学校を運営するNPO団体や私設団体が活動している。

　2012年にソロモン諸島のホニアラで太平洋芸術祭が開催されたとき、復元されたソロモンの戦闘カヌーによるカヌーレースなどが行なわれた。そして2016年、グアムで開催された太平洋芸術祭では、日本のユネスコ・オフィスの高橋暁、東京文化財研究所の石村智に南山大学人類学研究所の筆者が共催協力して「カヌーサミット」を呼びかけた。このときはアメリカ本土に暮らすチャモロ系の人びとが操るカヌーをはじめ、サタワル、ラモトレックなどカロリン諸島からカヌーが10隻近く集結した。さらにシンポジウムには米本土、フィジーそしてカロリン諸島の航海士やカヌー関係者が100名近く列席した（図2）。

　またヤップ、あるいはパプアニューギニアなどでもカヌー祭（Canoe Festival）が行なわれている。筆者が2012年の10月にパプアニューギニア国の東端、アロタエ（Alotae）で行なわれたカヌー祭りに行ったときには、パプアンチップ岬の周辺の村々からの帆走カヌー、さらに沖に浮かぶマッシム地方からクラ型のカヌーなどが集まり、カヌー・レースの他に、各部族の踊りコンテストなどが行なわれていた。

　そしてこのあとホクレア号は世界周遊の旅に出発したのである（2014-2017）。

5. 太平洋に広がるカヌー関連モニュメント

　今、ハワイやポリネシアの島々を訪ねると、どこどこで誰々がダブル・カヌーを造っているという話を耳にするが、ホクレア号以降、復元されたカヌーやその航海をすべて把握するのはすでに困難な状況である（Capelotti 2001）。その目的の多くは漁撈や交易のためではなく、復活した航海術の伝授あるいはカヌーを使った教育また文化交流である。それと同時に、かつてカヌーが旅立った場所あるいは最初にたどり着いた場所の聖地化も頻繁に見られるようになった。世界遺産化したライアテア島のタプタプアテア神殿はその典型であろう（石村 2019）。

図3　ラロトンガ島のコンパス・ロック
（2018年3月、筆者撮影）

図4　ラロトンガ島の太平洋芸術祭時集合
カヌーモニュメント（2018年3月、筆者撮影）

　クック諸島のラロトンガ島にはコンパス・ロックと呼ばれる石が残されている（図3）。捕鯨砲のような形をした岩であるが、祖先が旅立ったとされるアオテアロアの方角、すなわち南西を向いている。方位を計測すると、マオリの神話における航海用の星座のひとつであるカノープスの方に向いているようだ。ラロトンガ島のアヴァルア水路（Avarua Pass）に面する海岸にはアオテアロアに渡ったとされる6隻のカヌーの名前を記した石を配したモニュメントがある（Evans 1997）。

　しかしこのような「聖地」は神話の時代に由来するだ

けではなく、ホクレア号以降の新たなカヌー文化に関連するものも少なくない。アヴァロア水路の海岸では太平洋芸術祭のとき、ここに集結したポリネシアの復元カヌーを記念する記念碑（Commemorative Stone）も作られている。それは集ったカヌーが持ってきた島の石を埋め込んだモニュメントで、ホクレア号がハワイから持ってきた石などが残っている（図4）。

　神話がそのまま事実ということではない。しかし古代の神話と2000年代のカヌー・ルネサンスの活動が共存し、ポリネシア人の語りのなかではシームレスに接合しようとしている。この事実こそ、われわれがこれからポリネシア人たちとどのように向き合うべきかを問いかけているのである。

【参考・引用文献】

クセルク、ウィル 2006『星の航海術をもとめて』青土社。

後藤明 2003『海を渡ったモンゴロイド』講談社選書メチエ、講談社。

後藤明 2009「オセアニア航海カヌー文化の復興：ホクレア号と日本」吉岡政徳（監修）『オセアニア学』京都大学出版会、437-438頁。

後藤明 2013a「文化遺産を証明する旅：ホクレア号プロジェクト」、山本真鳥・山田亨編『ハワイを知るための60章』明石書店、191-195頁。

後藤明 2013b「ホクレア号日本航海」、山本真鳥・山田亨編『ハワイを知るための60章』明石書店、196-198頁。

ビショップ、E. de 1953『カイミロア』法政大学出版局（原著は1939年刊）。

ヘイエルダール、T. 1976『コンチキ号探検記』河出書房（原著は1950年刊）。

BISSCHOP, Eric, de 1959 *Tahiti Nui*. McDowell.

BISSCHOP, Eric, de 1963 *Vers Nousantara ou L'énigme Polynésienne*. La Table Ronde.

CAPELOTTI, P. J. 2001 *Sea Drift: Rafting Adventures in the Wake of Kon-Tiki*. Rutgers University Press.

CUNNINGHAM, Lawrence J., Ward KRANZ and Manny SIKAU 2006 Restoring traditional seafaring and navigation in Guam. *Micronesian Journal of the Humanities and Social Sciences* 5(1/2): 314-319.

DANIELSSON, Bengt 1960 *From Raft to Raft*. George Allen & Unwin.

EVANS, Jeff 1997 *Ngā Waka O Neherā : The First Voyaging Canoes*. Reed.

EVANS, Jeff 1998 *The Discovery of Aotearoa*. Reed.

FINNEY, Ben 2003 *Sailing in the Wake of the Ancestors: Polynesian Voyaging*. Bishop Museum Press.

FINNEY, Ben 2006 Renaissance. In Auckland Museum ed., *Vaka Moana, Voyages of the Ancestors: The Discovery and Settlement of the Pacific*, Auckland Museum, pp.281-333.

FLOOD, William 2002 Carolinian-Marianas voyaging. *Micronesian Journal of the Humanities and Social Sciences* 5 (1/2): 48-56.

GENZ, Joseph H. and Ben R.FINNEY 2006 Preservation and revitalization of intangible cultural heritage: A perspective from cultural anthropological research on indigenous navigation in the Republic of the Marshall Islands. *Micronesian Journal of the Humanities and Social Sciences* 5 (1/2): 306-313.

HENRY, Teuira 1928 *Ancient Tahiti*. B.P. Bishop Museum, Bulletin 48.

HEYERDAHL, Thor 1952 *American Indians in the Pacific*, George Allen & Unwin.

HOWARD, Alan 1967 Polynesian origins and migrations: A review of two centuries of speculation and theory. In Highland, G.A., R.W. Force, A. Howard, M. Kelly and Y.H. Sinoto eds., *Polynesian Culture History: Essays in Honor of Kenneth P. Emory*, B.P. Bishop Museum, Special Publication 56, pp. 45-101.

McCOY, Michael 1976 A renaissance in Carolinian-Marianas voyaging. In Finney, B.ed., *Pacific Navigation and Voyaging*, The Polynesian Society, pp. 129-138.

METZGAR, Eric 2006 Carolinian voyaging in the new millennium. *Micronesian Journal of the Humanities and Social Sciences* 5(1/2): 293-305.

PAMBRUM, Jean-Marc Tera'ituatini 2007 *Francis Puara Cowan: Le Maître de la Pirogue Polynésienne: Tahuava'a*. Éditions le Motu.

SHARP, Andrew 1956 *Ancient Voyagers in Polynesia*. Polynesian Society.

第2節　ミクロネシアのカヌーづくりの伝統

須藤健一

はじめに

　広大な海世界、オセアニアで航海や漁撈や交易などに使われた舟は、丸木舟、シングル・アウトリガー・カヌーとダブル・カヌーである。J・クックは18世紀のポリネシアで大きな双胴船（ダブル・カヌー）に遭遇している（Cook 1967）。また、W・ダンピアは17世紀のグアムで目にした船体片側にアウトリガー（腕木）のついたカヌーが西欧の船より速く、12ノットで帆走すると驚いている（Johnstone 1980）。

　ダブル・カヌーはポリネシア全域に分布し、古代ポリネシア人の移動や交易のための乗り物であったが、動力船などの普及により20世紀初頭までに姿を消した。ところが、そのカヌーは1975年にハワイでよみがえった。ハワイの人びとが祖先の故地タヒチへの航海を復活させるためにホクレア号を復元したのである。ホクレア号は12世紀にタヒチとハワイを往復していた伝説のダブル・カヌーをモデルにした全長20mのカヌーである（Finney 1994）。それを契機にポリネシアにダブル・カヌー復元ルネサンスがおきた。

　一方、シングル・アウトリガー・カヌーはオセアニア全域に拡散したが、現在そのカヌーで外洋航海を続けているのはミクロネシアの2つの島である。それらの島では、先祖からのカヌー建造術と航海術を絶やすことなく継承してきている。ここでは、伝統建造術を今に伝えている島のカヌーとカヌーづくりをとりあげることにする。

図1　風を腕木側から受けて帆走する大型カヌー
（筆者撮影）

その島、サタワル島はミクロネシア連邦ヤップ島の東方 1,000 km に浮かぶ周囲 6 km、500 人が住む隆起サンゴ礁の島である。この島の航海者は、1975 年の沖縄国際海洋博覧会と 1989 年に福岡で開催されたアジア太平洋博覧会に 3,000 km の大海原を越えて参加した。また、ハワイのホクレア号を 1976 年にタヒチへと導き、ハワイの若者に失われた伝統航海術を伝授したのもサタワルの航海術師である。サタワルはカヌーの建造と航海術の伝統を実践している島として世界に知られている（図 1）

1. 帆走カヌーの構造

サタワルの帆走用シングル・アウトリガー・カヌーは、竜骨に船首・船尾と舷側板を縫合する「準構造船」である。船体には腕木と風下側のプラットフォーム（荷台兼客室）、そして帆柱（マスト）・帆桁・帆が装着される（須藤 1992）。外洋航海用の大型帆走カヌーは全長 8〜9 m、船高約 1.5 m。6 名の男性が乗り組み、今なお 800 km のサイパン島まで航海している。

船体の特徴

ミクロネシアの帆走カヌーは、J・ホーネルも指摘しているように船体が非対称形である（Hornell 1936）。船は竜骨を対称形（左右同形）にしておけば「まっすぐ」進む。しかし、サタワルのカヌーは船体から腕木が張りだしており、船首が腕木側に向く。このくせを修正するために腕木側よりも風下側の竜骨のふくらみを大きくする。それは、「竜骨のふくらみがないと波ははやく通り過ぎ、ふくらみがあると波があたって船首がふくらみの方に向く」と船大工は説明する。つまり、非対称形の竜骨はカヌーの船首が腕木側に「突っ込むくせ」をおさえ、カヌーを前進させるための工夫なのである（図 2）。

その工夫よりもカヌーを直進させる有効な方法は「踏み櫂」の使用である。それは長さ 3 m、幅 30 cm、上部に把手をつけた厚板である。帆走中に腕木と反対側の船尾に装着し、船尾に座る乗員がその櫂を海中に踏み込む。この櫂の水抵抗により、船首が腕木側に向くくせを抑制してカヌーを直進させることが可能になるのである。

サタワルのカヌーは腕木側からの風を「順風」として帆走する。つまり、腕木側が「風上」その反対側が「風下」となる。とくに、腕木より後方からの風

を受けて帆走する場合には踏み櫂の使用が不可欠となる。前方からの風を帆にあてて進む場合はこの踏み櫂は不要である。踏み櫂は「櫂」とはいえカヌーの推進具ではなく、また針路を自由に操る船の舵とも機能を異にする（図3）。

二番目の特徴がＶ字形の船体にある。船体はＶ字形にくりぬいた竜骨に適合するように船首・船尾と舷側板が縫合される。全長9ｍ、船高1.5ｍのカヌーの船体上部中央の幅は約90cmにすぎない。船体をＶ字形にするのは、帆走中のリーウエイ（風圧差による横流れ）を防ぐためである。しかし、Ｖ字形の竜骨とはいえ、カヌーの横流れ防止効力は十分ではない。それを補強するのが海中に船体より深く踏みこむ踏み櫂である。この踏み櫂はヨットのセンターボードに相当する。

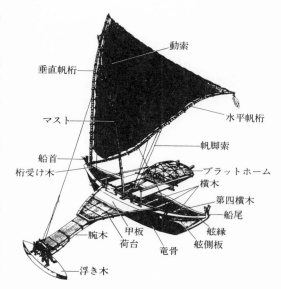

図2　大型帆走カヌーの鳥観図と主要部位の名称
（須藤 1992 から転載）

図3　船尾に座り踏み櫂を海中に踏み込む男性
（筆者撮影）

三番目はカヌーの船首と船尾を同形にしてＹ字形の飾りをつける点である。飾りはグンカンドリの尾を模しており、航海中、針路の指針となる星などの目標物をＹ字の中央にセットする。そして、船首・船尾が同形なのは、向かい風に対し船首と船尾を入れかえ、カヌーを目的地へと進めるためのしかけであ

る。このカヌーの海上での方向転換はシャンティング（電車の前後の方向転換）方式といわれる。この操作は向かい風のなかでも簡便かつ安全に行なえ、ジグザグ航法によるカヌー航海を可能にする。

腕木のしくみ

シングル・アウトリガー・カヌーは船体中央部から風上側に2本の腕木を張り出し、その先端に浮材（浮き木）をつける。腕木の上には甲板と荷台をすえつけてカヌーの積載能力を高める。このカヌーは順風を帆にはらむと風下側に重心がかかって腕木が空中にあがり、転覆する危険な状態になる。鰹節の形の浮材はその重心を腕木・風上側にもどすための「重し」である。

そのことは浮材の底面を海面に接する状態で帆走することからも明らかである。航海者が帆綱（帆脚索）を引いて帆を船体に近づけると帆に多くの風をはらんで浮材が空中に浮き、カヌーが風下側に転覆する羽目になる、逆に、帆綱を緩めて帆から風を逃がすと浮材が水中にもぐり波で腕木を破損することになる。浮材に浮力の機能をもたすなら、その寸法は大きいほどよいことになる。けれども、浮材の長さは竜骨の2分の1と決められている。浮材が大きすぎるとカヌーの速力は鈍り、小さすぎると転覆しやすくなる。カヌーにとっての浮材の主たる機能は安定装置なのである。

カヌーの舷側板の上部には8本の横木をわたして水圧から船体を保護する。2本の腕木は船体中央部で舷側板に固縛される。腕木の上には甲板と格子状の荷台が置かれる。それらの寸法はカヌーのバランスに影響するので航海中の帆走状態をみて調整する。たとえば、風上側に向く傾向が強ければ甲板を縮小する。

甲板は櫂や踏み櫂、帆柱・帆桁の補助材や綱類を置くとともに乗員の休憩や睡眠場所である。また、無人島で捕獲したアオウミガメなどを積載するところでもある。ココヤシやコプラ、タロイモ、パンノキの実などの食料は船腹の「倉庫」に収納する。

風下側の荷台兼客室

船体をはさんで腕木の反対側、つまり風下側にはかまぼこ形の屋根つきの荷台兼客室が装着される。その2本の支柱は船体中央部に固定するが、取り外し可能である。荷台は幅・奥行きとも1.5m以上の長さで、狭いカヌー空間のなかで居住性に優れた「一等客室」となる。雨が降っても足をのばして横になれ

るので、女性や長老の休憩室や寝室になる。また、貴重な交易品や贈り物など
も収納される。この風下側の荷台は風上側の腕木の反対側の船体に張りでてお
り、カヌーのバランス機能があることは明瞭である。

　また、船体中央には航海者が帆綱を操作するための厚板の長椅子が用意され
る。強風で波の高いなかの航海なら、航海者は昼夜を問わずこの椅子に座って
帆綱を握り、風向と風力に対応させて帆をコントロールする。

帆柱・帆桁と帆のしかけ

　帆走カヌーの帆柱と帆桁にも特徴がある。帆船のマストは船体の中央に固定
され、帆桁と交差するのが一般的である。ところが、このカヌーの帆柱はその
先端から船首と船尾と腕木の三方に張られる動索で船体中央に立てられるが、
可動式で取り外せる。そして、帆桁の１本は船首に立ち（垂直帆桁）、その上
部で帆柱の先端と連結する。もう１本の帆桁は風下側に水平にのびる水平帆桁
で垂直帆桁の基部と紐で結ばれるが、帆柱とは交わらない。

　これら２本の帆桁に張られる帆が「オセアニア大三角帆」（Oceanic lateen
sail）である。上方が広く下方が狭い逆三角形である。この帆は帆柱に垂直帆
桁が吊られる形態から「吊り下げ式三角帆」（Crane sprit sail）ともいわれる。
帆を広げたり狭めたりする操作は、水平帆桁から帆柱最先端の穴を通した綱に
より行なう。強風の場合はその綱を引いて水平帆桁を立てて帆幅を狭め風量を
減少させる。そのさいの帆の形はポリネシアの帆と同じ「カニのはさみ」型に
なる。ポリネシアのカヌーは帆を常時カニはさみの形にして帆走するが、サタ
ワルのカヌーの帆は風向や風力に応じて調整可能な柔軟構造を特徴とする。こ
のタイプの帆はオセアニアの帆の発達史においてもっとも進化した段階にある
と指摘されている（Horridge 1987）。

　吊り下げ式三角帆は、向かい風でも船首の帆桁を船尾に移して船尾を船首に
してジグザグ航法をとりながらカヌーをめざす方向に進めることができる。こ
の航法はヨットのタッキングにあたる。しかし、このカヌーの場合、ヨットの
ように向かい風のなかで船首を上手回しにして帆の裏で新たな風を受けるとい
う危険な操作の必要がない。

　船首に立っていた垂直帆桁を持ち上げ帆柱を「てこ」にして船尾に移動さ
せ、船尾を船首にして同じ帆の表面に腕木側から風を受けて帆走するのであ

る。この航法がミクロネシア生まれのシャンティング航法といわれ、安全性の点でタッキングより進んだ技術である（Doran 1981）。ただし、逆風へのきり上がり角度はヨットが45度、このカヌーが60度でヨットの方が優れている。

　この大三角帆に風を受けると帆幅の広い上方部に大きな風圧がかかり、カヌーは不安定な状態になる。そのために帆にはらむ風を帆の中央から下方に集中させる必要がある。つまり、帆の中央部から下方部にかけて風を受けるふくらみをつけるしかけである。ダクロン製帆布の導入前は、タコノキの葉で編んだ幅30cmの帯状のマットを縦方向に並べて横方向に縫い合わせて、三角帆がつくられていた。もし、2本の帆桁にまっすぐな柱を用いるとそこに張られる帆は平坦な形になり、面積の広い帆の上方部に風が当たることになる。そこで、サタワルの船大工は水平帆桁をゆるやかなS字形にして2本の帆桁に張る帆にふくらみをもたせる工夫をしたのである。

2.　カヌーの建造法

　外洋航海用の大型帆走カヌーは現在もつくられている。用材には樹質の柔らかいパンノキが好まれる。船大工は樹齢50年超のパンノキの幹の芯の状態をみぬいて伐採する。根元周り4m、高さ30mのパンノキの巨木を斧で切り倒し、丸太を斧と手斧でくりぬいて大型カヌーに仕上げるには短くても2年を要する。カヌーづくりには、ダクロン製の帆以外はすべて島産の材料を用いる。

　船大工は設計図なしに経験知を頼りに身体部位で計測してカヌー建造にはげむ。森では切り離した丸太の芯の腐り具合から竜骨の上下を決めて斧と手斧で粗削りの作業にかかる。丸太の上部と側面を削り落し、ほぼ「家の形」にしあげると、竜骨をひっくり返して内側を手斧でくりぬく。さらに、丸太から船首と船尾、舷側板と舷縁を削りだす作業にかかる。ほぼ、船底部と各部位の粗削り作業を終えると、竜骨と各部位を海岸のカヌー小屋に引き移す。

　カヌー建造術は代々母系一族に継承される秘儀的な知識と技術で部外秘とされる。そのため、船大工と妻の母系一族の男性成員とその近親男性の10名ほどが働き手に選ばれ、完成したカヌーは妻の母系一族の所有物となる。

　カヌーの建造は20ほどの工程を経るが、ここでは主要な建造過程だけを列記する。1980年代にはカヌー建造の主要な道具は鉄製の斧と手斧であった。

1) 用材を切り倒し、丸太から竜骨部を切り離す。

2) 丸太から竜骨を削りだし、内側をくりぬいて竜骨の形を整える。

3) 丸太から船首と船尾および舷側版と舷縁を削りだして成形する。

4) 竜骨の長さ・高さ・幅を計測し、削り込みとくりぬきを繰り返す。

5) 竜骨へ船首・船尾を仮接合して船首・船尾の角度、高さと幅を調整する。

6) 竜骨に接合する舷側板の曲がり具合、高さ、厚さを調整する。竜骨、船首・船尾と舷側板の側面に孔と溝をつけ紐で縛り、各部位の密着具合や高さと厚さを調整する。また、各部位の接合面に木ネジ用の孔をあける。

7) 縫合と取り外し作業を繰りかえし接合面の密着性を高め、各部位と船体の成形をする。

8) 竜骨と船首・船尾、舷側板の接合面に木ネジをさしてパンノキの樹液を塗り、ココヤシの外皮繊維をパッキングに各部位を接合し、各部位側面の孔にココヤシ繊維製の紐を通して固縛・縫合し、孔にサンゴ製セメントを注入する。

9) 舷側板上部に横木と帆桁の受け木をわたし、2本の腕木を舷側板に固縛する。横木と腕木は舷縁（波よけ）を舷側版上部に固縛することにより固定される。船体の成形と仕上げの作業を進める。

10) 腕木上の甲板・荷台と風下側の荷台・客室を製作して船体に装着し、腕木先端に浮材を連結する。

11) 帆柱、帆桁、帆および踏み櫂や櫂、種々の動索・綱などを製作する。

　これらの工程のうち、1）〜3）は用材を倒した森での作業、それ以降はカヌー小屋で行なう。とりわけ、4）〜7）の段階に多くの日数をかける。その作業現場には、カヌーづくりの働き手以外の人の立ち入りが禁じられる。この段階の建造術がカヌーづくりの核をなすので、キリスト教受容（1953年）前には多くの儀礼がともなっていた。

　このように、サタワルのカヌーは竜骨、船首、船尾と舷側板の張り合わせと縫合によって建造される。この縫合法の特徴は竜骨に使う用材の芯の空洞部や腐敗部分を除去し、船体の防水性と強靭性を高めることにある。また、この方法はある部位が破損した場合、その箇所のみを取り換えるという利便性もあ

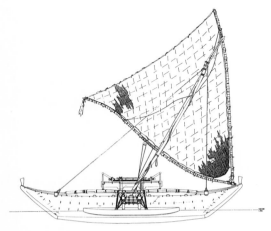

る。大型帆走カヌーは4〜5年ごとに船体を解体し、部位の補修・修復、張り合わせと縫合の作業を行なう。この作業を繰り返せばカヌーは20年間の使用が可能である（図4）。

図4　縫合や艤装のしくみがわかる大型カヌーの側面図

3. カヌーの寸法と計測法

　カヌーの船体と各部位の寸法は一定の計測法にもとづいて割りだされる。その基本は竜骨の大きさにある。そして、計測の物指には主に手や指や腕などの身体部位が利用される。

竜骨の成形と寸法

　切り倒した幹から切り取る竜骨は、船大工が両手をひろげて両手の人差し指の先端のあいだの長さ（尋）が単位となる。パンノキの根元が2尋（約3.5m）、丸太の長さが4尋なら6〜7mの竜骨と全長8〜9mのカヌーを建造できる。

　森で竜骨の粗削り作業を終えカヌー小屋に移ると、まず竜骨の底部を上にして底部をV字形にすべく手斧で入念に削り込む。それから、最底部の幅を人差し指・中指・薬指の幅（約6cm）に決め、竜骨にふくらみをもたせる作業にかかる。風下側の竜骨の製作を図5を参考にしてみることにしよう。

　　1) 竜骨の底部を両端（S1,S2）からココヤシロープで2等分点（L）と4等分点（F1,F2）を定めて、それらから親指と人差し指のつけ根から4指の先端を回して小指の第3関節までの長さ（エガイト、約25cm）にその4分の1を加えた長さ（約30cm）を垂直におろした点（a、a'、b、b'）を基準に「スピード線」とよばれる線をひく。

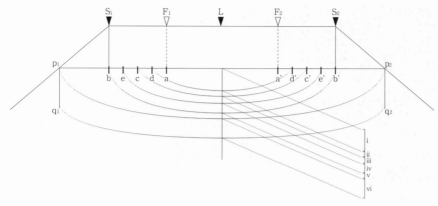

図5　竜骨にふくらみをもたせるために線を引く工程

2) 両端からの4等分点をさらに4等分した8点（a-b, a'-b'）を線上にマークし、a-a'以外のd-d'からq1-q2までの各点をココヤシの葉柄の物指で6本の曲線を描く。曲線の幅（i〜vi）は人差し指の関節の長さを基準にする物指（レンニファル）を用いて決める。（a-a'は狭いので線引き不可能）。

3) これらの曲線を一本おきに手斧で削りとる。線を何度も引き直して上から下へ下から上へと削り落とす作業を繰り返して竜骨にふくらみをつけて外形を成形する（図6）。この後、竜骨内側のくりぬき作業が船大工の目分量で進められる。

竜骨にふくらみをつける作業が完成すると船首・船尾、舷側板と舷縁など、各部位の形を整え、竜骨にそれらの部位を縫合して船体の高さ、船首・船尾の角度と高さなどを決める（図7）。船体中央部の高さは成人男性の顔までの高さ約1.5mが目安で、船首・船尾はそれより高くする。この作業以降も竜骨と船体上部に船

図6　竜骨の底部をV字形にするために手斧で削る作業（筆者撮影）

首と船尾からレンニファル（親指と人差し指のつけ根から人差し指の先端までの長さの物指）を基準に10本程度の線を引いて、それを手斧で削り落とす作業を繰り返して船形を整える。この船体成形の作業は10人の働き手で数カ月を要する。

図7　中型帆走カヌーの縫合を終え、船高を決める船大工
（筆者撮影）

付属部位の接合位置

　竜骨に船首・船尾と舷側板・舷縁を接合して船体の大きさを確定すると、それとの比例関係でカヌーの各部位のすえつけ位置と寸法が決まる。帆柱を立てる船体中心点（へそ）の位置を決め、そこから船首側と船尾側をそれぞれ4等分した位置に8本の横木をわたす。

　2本の腕木は船体の中心点から船首と船尾の側にそれぞれ、エガイト（約25cm）離した舷側板の上部に装着される。腕木の長さは船体中央から船首飾りのつけ根までで、船体の半分の長さが基準となる。カヌーは腕木が短いと横揺れが激しく転覆しやすいし、長いほど安定するが、波をかぶり破損しやすい。船体に釣り合った腕木の寸法を割りだすのが船大工の腕の見せどころである。腕木先端の浮材の幅は手を広げた時の親指の先端から中指の先端までの長さ（エヤン）2つ分（約40cm）、腕木と浮材をつなぐ支柱の高さはかかとから膝までの長さ。腕木の先端部にかけての下方への曲がり具合は船大工の判断による。

帆柱と帆桁の長さ

　船大工が船体とともに気を配るのが帆の艤装である。つまり帆柱と2本の帆桁の形と長さである。帆柱は3本の角材をつなぎ、その長さは船首から船尾側の第4横木までの長さに人指し指から小指までの4指の幅をくわえた長さが標準で、船体より若干短い。帆柱の先端で垂直帆桁と交わる角材は、両手を広げたときの一方の指先から片方の腕の肘までの長さで約110cm。そして、帆柱の

根元の角材は指先から肘までの長さで消耗すると取りかえる。

　垂直帆桁は３本の角材をつなぎ合わせる。根元は指先から肘までの長さ、先端部の角材の寸法はエガイト２つ分の長さ（約50㎝）。そして中央部の角材は、全長から根元と先端部の角材の長さを差し引いた長さになる。この帆桁は船首から船尾のＹ字飾りのつけ根までででほぼ船体の全長と同じである。

　それに対して、水平帆桁は船首から船尾の垂直帆桁の受け木までの長さで、帆柱や垂直帆桁より長い。水平帆桁は４本の角材を組み合わせてなだらかなＳ字形にする。そのために用材には湾曲した柔らかい木が選ばれる。水平帆桁をゆるいＳ字形にカーブさせるのは、帆の中央部から下方部にふくらみをつくるためであると船大工は説明する。

　２本の帆桁に張られる帆は二等辺三角形。垂直帆桁に結びつける帆の長さと、最上部の帆幅の長さを同じにする。水平帆桁の先端部には吹き流しをつけ、航海者はそれにより風向や風力を判断して帆を調節する。この帆の柔軟性ないし不安定性ゆえに、航海者は風波が強く海が荒れると不眠不休で帆綱を握りしめて帆を操作しなければならない。

　カヌー船体の各部位や帆柱と帆桁の計測には身体部位の長さや指の幅が適用される。とりわけ、カヌーの「心臓」とみなされる竜骨にふくらみをつけるのに指の関節、指の幅、親指のつけねから各指先を回して小指の関節までなど、微細な寸法を身体部位から割りだしている。また、竜骨や帆桁などの計測には尋や腕の長さが適用される。そして、船体の長さとの比例関係で腕木、帆柱、帆桁などの長さが判断される。一方で、船体や船腹の形、船幅、各部材の太さや重さなどは船大工の好み、眼と「勘」によって決められる。

おわりに

　東・東南アジア島しょ部を故地とするオーストロネシア語族（南島語を話す人びと）は今から3,300年前にオセアニアへ進出し、2,000年をかけて島々に拡散・定住した（印東2017）。はるか彼方の島へは50人以上の老若男女、航海中の食料や新天地での家畜（家禽）や栽培植物などを輸送できる大型カヌーの船団で移動した。16世紀以降にはじめて太平洋に乗り出した西欧の探検家や船乗りたちは各地で大きなダブル・カヌーを目撃している。

それよりも古く10世紀ごろにタヒチからハワイへの移住航海に使われたカヌーがタヒチに近いフアヒネ島で発見された。1979年に出土した舷側板・帆柱・櫂などの寸法から全長25mのダブル・カヌーと想定されている。この発掘によってポリネシア人がダブル・カヌーを駆使し、4,500kmもの大海原を乗り越えて移動していた実態が明らかにされた（篠遠・荒俣1994）。

　一方、島へダブル・カヌーで定着した後の漁撈や他島への交流・交易の航海にはより小型のカヌーが効力を発揮した。それがオセアニア全域に分布し、航海の簡便性と効率性に秀でたシングル・アウトリガー・カヌーである（Haddon and Cornell 1975; Doran 1981）。島の自給性が低い「小さな低い島々」に暮らすミクロネシアの人びとは、数百キロメートル離れた島との人の交流や物資の交換・交易を行なうことによって生活を維持できた。この環境のもとであみだされたミクロネシアのカヌーは、シングル・アウトリガー・カヌーのなかで最高度に発達したカヌーであるとE・ドランは評価している（Doran 1981）。

　それこそが、サタワルの船大工たちが祖先からの知と技を継承し、身体部位を計測にもちいて、竜骨、船首、船尾、舷側板と舷縁を縫合させて建造してきたカヌーである。そして、船体の非対称形とV字形、船首・船尾同形、帆柱・帆桁の可動性と「吊り下げ式」三角帆のしくみなど「独創的」なカヌー構造の創出がオセアニアでもっとも発達したシャンティング航法を可能にするシングル・アウトリガー・カヌーを生みだしたといえる。

【参考・引用文献】

印東道子 2017『島に住む人類——オセアニアの楽園創世記』臨川書店。

篠遠喜彦・荒俣宏 1994『楽園考古学』平凡社。

須藤健一 1992「ミクロネシアのカヌーの構造と建造」『民博通信』56: 44-58。

COOK, James 1967 *The Voyage of the Resolution and Discovery, 1776-1780*. Hakluyt Society.

DORAN, Edwin Jr. 1981 *Wangka: Austronesian Canoe Origins*. Texas A. & M. University Press.

FINNEY, Ben 1994 *Voyage of Rediscovery: Cultural Odyssey through Polynesia*. University of California Press.

HADDON, A.D. and James HORNELL 1975 *Canoes of Oceania*. Bishop Museum Press.

HORNELL, James 1936 *The Canoes of Polynesia, Fiji and Micronesia.* B.P. Bishop
    Museum Special Publication No.27. B.P. Bishop Museum Press.
HORRIDGE, Adrian 1987 *Outrigger Canoe of Bali and Madura, Indonesia.* B.P. Bishop
    Museum Press.
JOHNSTONE, Paul 1980 *The Sea‑Craft of Prehistory.* Harvard University Press.

第3節　オセアニアの航海術

秋道智彌

1. オセアニアの古代航海術への視座

オーストロネシアンの拡散と航海術

　オーストラリアを除くオセアニアは、考古学的に大きくニア・オセアニア（ソロモン諸島東端のサンタクルーズ諸島以西）とリモート・オセアニア（同諸島以東）に分けられる。洪積世の旧石器時代人は、ニア・オセアニアに属するマヌス島、ニューブリテン島、ニューアイルランド島、ブカ島に 18,000〜20,000 年前に至った。航海のさい、大きな高い島々を目視し、あるいは周辺の低平なサンゴ礁島を経由して移動した公算が大きい。船についての証拠は何もないが、竹筏が使われた可能性がある（Anderson 2010）。

　新石器時代以降、東南アジア方面からオセアニアに至ったオーストロネシア語族の拡散は、大きく三波に分けることができる（ベルウッド 2008）。

　第一波はメラネシアからギルバート諸島、マーシャル諸島方面を経てカロリン諸島への拡散で、2,500〜2,000 年前に行なわれた。航海にはシングル・アウトリガー・カヌーが使われたであろう。ギルバート諸島、マーシャル諸島は低平な環礁からなり、島しょ間は 100〜800km 離れている。サンゴ礁島周辺のウネリの観察が航海の重要な指針となる。航海術の知識の断片として、マーシャル諸島のスティック・チャートやギルバート諸島の航海石（島の方位を示す）が残されている（Grimble 1931）。カロリン諸島の島しょ間は 80〜100km ぐらいであり、短い距離の航海が東西方向を軸にいとなまれた。

　BC1350〜800 年にかけて、ニューギニア北側のムサウ、ビスマーク諸島からサモア、トンガに到達した人びとが第二波で、ラピタ式土器を随伴する遺跡の分布がその証左となっている。この海域では「高い島」と「低い島」がクラスターを形成する反面、サンタクルーズ諸島、ヴァヌアツ、フィジー、サモア、トンガはたがいに 300〜1,000km 離れており、航海にはシングル・アウトリガー・カヌーとともにダブル・カヌー（双胴船）があらたに使われた可能性

がある。

　第三波は西ポリネシアから中央・東部ポリネシアへの拡散を担った時代で、AD800〜1250 年に相当する。ここでは、土器をもたない集団が積載量の大きなダブル・カヌーにより長距離移動を実現した。しかも、中央・東部ポリネシアのソサエティ諸島からマルケサス諸島やラパヌイ（イースター島）、ハワイ、ニュージーランドへと渡海した例では、南北方向の移動が顕著であり、島しょ間の距離もハワイ─タヒチ間で 4,400km に達する。

　以上の航海では、第一波が南半球、第二波が北半球、第三波が南北両半球にわたって行なわれた。東西南北の方位を知る上で、北半球では北極星と低緯度では南十字座が使えるが、南半球では南十字座しか使えない。代わりに、緯度に応じて天頂にある星（ゼニス・スター）はとくに南北移動の航海には緯度を知る重要な目安となった（Lewis 1975）。

航海と交易

　台湾に発するオーストロネシア語族がオセアニアに至る言語学的モデルはPAN（オーストロネシア祖語）から PMP（マラヨ・ポリネシア祖語）、POC（オセアニア祖語）の世界へとヒトが拡散したとするものであり、一方向的な言語集団の拡がりを前提としている。しかし、ヒトは一方向にのみ渡海したのではない。近隣の島しょであっても、交渉がつねにあったとはかぎらない。

　たとえば、サンタクルーズ諸島のリーフ諸島ネヌンボ遺跡を発掘した R・C・グリーンは、出土した黒曜石が 400km 東南部にあるバンクス諸島からではなく、2,000km 西にあるニューブリテン島タラセア産のものであることを示した（Green 1987）。黒曜石の交易については「おわりに」を参照していただきたい。

推測航法

　オセアニアにおける航海術の特質は、六分儀や GPS によらずに位置と方位を探る推測航法である。洋上でどの方位に進むか、自船の位置をどのように確認するのか。星と星座、海流、ウネリ、風、太陽、海鳥や魚などを目安とする航法は、20 世紀初頭からオセアニアにおいて調査・研究が行なわれてきた（Krämer 1932, 1937; Goodenough 1953; Gladwin1970; Lewis 1975; Akimichi 1996; Irwin 1994; Anderson 2010）。以下では数千年以上にわたるオセアニアの航海術

について、カロリン諸島の事例を手がかりとして考えたい。

2. カロリン諸島の航海術における方位と位置

スター・コンパスと基本知識

　カロリン諸島の航海術では、さまざまな項目の知識が知られている。その根幹が星座の出没方位を元にしたスター・コンパス（星座盤）である。これは、円周上に星座の出没方位を 32、等間隔に配置したもので、ナーン（天空の意味）と称される。星座には、北極星（真北）以外に、南十字座（南中時に真南）、こと座、わし座（α, β, γ）、オリオン座、さそり座、こぐま座 β、おおぐま座 α、カシオペア座 α、おうし座（αとプレイアデス星団）、からす座が用いられる。北極星以外は、星座の出現と没入の方位が、南北軸をはさんで対称関係にある。32 の方位名称を記憶する知識はパーフー（星を数える）と称される（図1）。

　つぎに星座盤上で、円の直径の両端にある 2 方位を 1 組とする 16 組の方位を記憶する知識がアロウムである（たとえば図1のP5とP21）。

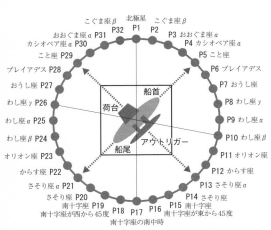

図1　カロリン諸島の航海術におけるパーフー（paafiuw）、アロウム（yaerhowumw）、アマス（yamas）の知識

パーフーは、P1からP32を記憶する。南北線をはさんで右が星座の出現、左が没入を意味する。アロウムは円の直径両端にある16の方位のセットを記憶する（P10とP26の対）。アマスはカヌーの船首、船尾、アウトリガー側、荷台側の方位をセットで記憶する（P5、P21、P13、P29）。黒い太字の四角形はカヌーに随伴するプーブ（モンガラカワハギ）を指す。

　そのつぎに、円の中心にカヌーを想定し、船首、船尾、アウトリガー、荷台の延長上にある4方位をセットで記憶する知識がアマスである。たとえば、船首がP5であれば、船尾はP21、アウトリガー側はP13、荷台側はP29に当たる（図1）。カヌーを回転させ、4つの方位を瞬時にこたえる必要がある。

　ある島から周囲の方位に出現する島やサンゴ礁を網羅した知識がウォーファヌーであり、島ごとに内容

が違う。カロリン諸島西部のヤップ諸島と東部のポーンペイ島の例を挙げよう（表1）。ヤップの例で9つの島が言及される。このうち、超自然的な存在が棲むとされるカフルール島以外は実在する。サイパン島、ロタ島はもともとカロリン語であり、カロリン諸島民がマリアナ諸島に植民したことに由来する。なお、マリアナ諸島はスペイン統治時代に一括してマリアニスと呼ばれていた。

　ポーンペイ島の例では11の島が言及され、マーシャル諸島のロンゲリック、ロンゲラップ、ヤルートなどの環礁や、辺境ポリネシアのカピンガマランギ環礁、ヌクオロ環礁が含まれる。

　つぎに、航海のさいに遭遇する海鳥や魚、クジラ、サンゴ礁などを島ごと、方位別に網羅したのがプコフである。たとえば、サタワル島でP28の方位にいるクジラの群れはヨニワと称され、航海にとり危険な存在とされる。P5の方位にネルと称される1羽のネッタイチョウがいる。

　このように、プゴフでは遭遇する生き物は固有名をもち、その数や行動・形態上の特徴が付記されることがある。その生き物が仮に死ぬとか人間に捕まるようなことがあっても、「別の個体に置き換わる」という説明を得た（秋道 1988）。以上がカロリン諸島における航海術の基本的な知識であるが、さらに複雑な内容の知識がしられている。その概要はすでに報告した（Akimichi 1996）。

表1　ヤップ島とポーンペイ島のウォーファヌー（秋道 1984 をもとに作成）

●ヤップ島

方位番号	島・サンゴ礁	備考
P3	架空の島（Kafurhur）	MR
P4	サイパン島（Saipén）	MR
P4 と P5 の中間	ロタ島（Nuuta）	MR
P7	ウルシー環礁	C
P8	ファイス島	C
P12	ソロール島	C
P19	ヌグルー環礁	C
P22	パラオ諸島	C
P25	フィリピン（Menina）	P

●ポーンペイ島

方位番号	島・サンゴ礁	備考
P4	ウジェラン環礁	MS
P5	ロンゴリック環礁	MS
P6	ロンゴナップ環礁	MS
P9	ヤルート環礁	MS
P11	モキール環礁	C
P12	コシャエ島	C
P19	カピンガマランギ環礁	PO
P20	ヌクオロ環礁	PO
P22	ンガティック環礁	C
P25	チューク諸島	C
P27	オロルク環礁	C

表中、MR はマリアナ諸島、C はカロリン諸島、MS はマーシャル諸島、P はフィリピン、PO はポリネシアン・アウトライアーを指す。

漂流と漂着

目的とする島が見つからない場合、航路を変えて別の島を目指す判断がなされることがある。後述するハワイ－タヒチ間の実験航海で使われたホクレア号の船長M・ピアイルグの息子であるS・セルジオからこのことを面談で確認した（セサリオ私信 2019.3.8）。

また、島を見つけられずに漂流する場合、カロリン諸島民は太陽の沈む西方に向かえばそこにフィリピンのあることを学んできた。1698年、フィリピン南部のサマール島で宣教師のP・クライン（Klein）は30名の漂着民と面会している（Hezel internet）。パラオ諸島とフィリピンの間にある海域はメタワン・ヤティガと称される。メタウは「海」、ヤティガは「網」のことで、フィリピンに漂着できる（網にかかる）と見なされている（秋道1984）。カロリン諸島における航海術の知識から、マーシャル諸島（東）、辺境ポリネシア（南）、マリアナ諸島（北）、フィリピン諸島（西）の島々が本地域における航海活動の外縁にあたることがわかった。

巨大なモンガラカワハギ

プープナパナプは、マリアナ諸島からカロリン諸島にある島しょの位置関係を四角形で示したものである（Akimichi 1996）。ナパナプは「大きい」、プープは「モンガラカワハギ」とともに「南十字座」を意味する（図2）。四角形の4つの頂点と中央の体部の計5つの島は、モンガラカワハギの口、背鰭、腹鰭、体部、尾鰭に対応している。

実在の島々からなる最大のプープはグアム島（背鰭）、ファイス島（尾鰭）、マグル環礁（口）、オリマラオ環礁（腹鰭）、ガフェルト環礁（体部）から構成されている。この空間内を航海するということで、たとえ方位を見失っても囲まれた海域にいるという「安心感」につながる。

また、サタワル島の熟練航海者であるイキレップによると、1尾のモンガラカワハギがカヌーを囲むようにして随伴するという。遊泳する魚とカヌーの移動を統合したイメージとして捉える位置認識の知恵といえよう（図1参照）。

航海術の知識には実在の島やサンゴ礁だけでなく、カフルール島のような架空の存在が含まれている（Riesenberg 1976; 秋道1980）。この点から、航海術の知識の実用性を疑う意見がある。だが、航海中に自船の位置を確認する

さい、見えない島が架空で
あっても認知上、支障はな
い。実在する島も見えない
ことにかわりはない。自然
科学的な知識によるだけが
航海術に有用で、それ以外
は意味がないと考えるべき
ではない。

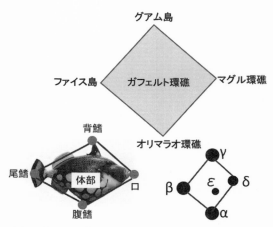

図2　島しょの位置関係に関するプープのモデル（上）
プープ（モンガラカワハギ、左下）と南十字座（右下）

3. 航海における時間と距離

エタックと「這う」島

　航海のさい、距離と時間を推定するための知識がエタックである。ある島を
出発して目的の島に到達するまで、進行方向の片側ないし両側に、目には見え
ないエタック島を想定し、航海中、その島の方位の変化を推定し、カヌーの現
在地を推測するのがエタックの原理である。

　島を出発してカヌーを進めると、その島が見えなくなる地点はエタキニ・ケ
ンナと呼ばれ、島から約 10 マイル（16km）に当たる。ケンナは「見える」こと
を指す。さらにカヌーを進めるとエタキニ・マーンに達する。ここは、島に帰
巣するカツオドリやシロアジサシなどの鳥が索餌する海域である。マーンは
「鳥」を指し、出発した島から 20 マイル（32km）の距離にあたる。エタキニ・
ケンナとエタキニ・マーンの地点では、見えないエタック島の方位がひとつず
つ動く。このさい、エタック島が「這う」と称される。「這う」ことは乳幼児
の場合とおなじトートー［teoteo］と称され、エタック島がゆっくりと移動す
ることを表している。

　サタワル島からウエスト・ファーユ島に航海する場合、西方のラモトレック
環礁がエタック島とされる。サタワル島出発時、ラモトレック環礁は P28 の

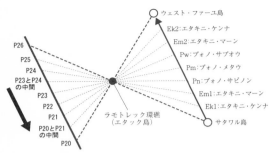

図3　エタック島を使ったサタワル島からウエスト・ファーユ島への航海（秋道 1985）

エタック島のラモトレック環礁は「這う」ように動く。外洋（プォノ・メタウ）の東西南北における海域名称は東（‐ta）、西（‐tiw）、南（‐nong）、北（‐wow）を表す接尾辞でプォノ・サピタ、プォノ・サピティウ、プォノ・サピノン、プォノ・サブオウとして示す。

方位にある。出航してエタキニ・ケンナ（Ek1）に達すると、エタック島の方位はP25に、エタキニ・マーン（Em1）でその方位はP24になる。

　この先はプォーン、つまり「何もない空の」空間で、海と空だけで航海の目安がない。外洋の真ん中［プォノ・メタウ］の南側でエタック島の方位はP23と

P24の中間点に、外洋の真ん中ではP22に、外洋の北側に至るとP21に動く。さらに進むと、目的の島のエタキニ・マーンの地点（P20とP21の中間方位）に達する。この先にガフェルト島の島影が見えるようになる（秋道 1985）。エタック島は船の位置から遠いほどゆっくりと「這う」ように動く。列車の窓から遠景の山やまを観察する時のことを考えればわかりやすい（図3）。

航海における線（ヨー）

　航海を進めるさい、海上で見えない線を想定して位置を推測する航法はヨー・イ・セラックと称される。ヨーは「線」、セラックは「航海」を意味する。

　ラモトレック環礁（P26）からサタワル島（P10）への航海の例を挙げよう。この航海ではウエスト・ファーユ島（P32）がエタック島とされる。ヨー・イ・セラックでは円形でなく四角形の星座盤を想定する。ラモトレック島とサタワル島を直線で結び、しかもこの線と直行する線のうち、エタック島のウエスト・ファーユを通るのがP32とP20を結ぶ線である。同様に、P1とP19、P2とP18、P3とP17、P4とP16を結ぶ線を引く。これらの線はエタック島の移動を示すもので、ヨーン・エタック、つまり「エタックの線」と呼ばれる。ヨーン・エタックとラモトレックとサタワル間の直線の交点a、cが2つの島のエタキニ・マーンとなる。

　ラモトレック環礁とサタワル島の両側にあるP25とP5、P27とP15、P9と

P21、P11 と P31 と a、c とを結び、さらにこの線と平行になる線を隣接する４つの方位から引くと図４のように 10 本の線が引ける。これらの線がヨー・イ・セラック、つまり「航海における線」である。航海のさい、ヨー・イ・セラックを通過することで航海者は位置を推測する。また、図にはいくつもの四角形ができる。これは前述したプープにほかならず、航海ととも

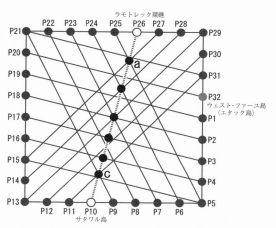

図４　ラモトレック環礁からサタワル島への航海におけるヨー・イ・セラックの例

ガフェルト島がエタック島で、a から c に至る航海で７本のヨー・イ・セラックを通過することで自船の位置を推測することができる。

にいくつもの異なったプープを進むと認識されている（図４）。洋上で遭遇する海鳥や魚は、目には見えない網に「引っかかった」とみなされ、これらの生き物は総称してエパル［yepar］と称される。

風と海流・潮流

　島しょ間の航海は島から島へ直線的に進められるのではない。カロリン諸島では１年の半分（10〜３月）は北東貿易風が卓越する。しかも、西流する北赤道海流が優勢である。風の方位については 28 の名称があり、東西方向で細かく区分されている（秋道 1980）。風向を元にして方位を知ることができるので、ウインド・コンパスとも呼ばれる。

　風や海流に応じて、航海中にその動向に対処することが肝要となる。進路のズレを知ることはムィル・メタオ、つまり「後ろ側の海」と称される。航海では進行方位が重要と考えがちだが、意外にも出発した島［ファヌアン・ムイル］の方位と船の位置が重視される。海流・潮流により、出発した島から船の位置が東西南北にズレることがあり、航海者はカヌーの船首・船尾にある Y 字形の部分（マース：眼の意味）を照準としてそのズレを知る。海流・潮流・風向により、出発した島が先述のエタック島とおなじく「這う」ように移動す

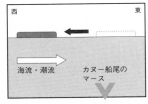

1. 島は東から西に這う（teotiw）

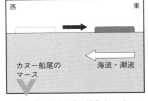

2. 島は西から東に這う（teota）

図5　ムイル（mwir）の考え方

1. では、東流する海流・潮流のため、カヌーが東に流される。カヌーの船尾（マース）に来るはずの出発した島（fanuwan mwir）は西に這う。
2. では、西流する海流のため、カヌーが西に流される。カヌーの船尾にくるはずの出発した島は東に這う。

るとみなされる（図5）。

つぎに、風向に応じて異なる5つの航法について、ラモトレック環礁からサタワル島に向かう事例を取り上げよう。

追い風で航行する場合は、アーサないしセラック・ウエンと呼ばれる。最短距離を航行できる。

第2に、逆風の場合はジグザグ状に進路を頻繁に変えて進む。この航法はアンメイと呼ばれる。これはいわゆるタッキング航法であり、進路の変更は全部で19回あり、そのさい、帆を支える支柱を船首から船尾にその都度、移動させる。

3つ目はモトムウィルで、風向に応じて進路を調整する。北風の場合は進路を星座盤のP9とP10の中間に進める。南寄りの風の場合は、P10とP11の間の方位にカヌーを進める。

4つ目はアンメイと似ているが、目的の島方向に長く進み、少しだけ逆に進み、また進行方向に長く進み、少し戻るもので、ワイエソプと呼ばれる。進路変更は10回に分かれる。進める場合はP10ないしP11に、逆に戻る場合はP28ないしP29の方位にカヌー操作を繰り返す。

5つ目はアフィタナムワァルで、タッキングを使う航法でP17ないしP18の方位に進み、つぎにP2ないしP3に進め、ふたたびP17ないしP18の方位に進む航法である。以上のうち、アーサ、アンメイ、アフィタナムワァルの例を示した（図6）。

風向により、風上側［イ・ターム］にアウトリガー［ターム］を、風下側［アーサ］に荷台をもってくるように航路を進めるさい、以下のような原則がある。ラモトレック環礁からサタワル島に向かう場合、北〜西風でターム・エファン（北のアウトリガー）、北西〜南西風ではターム・ネトウ（西のアウトリガー）、西〜南風ではターム・ヨール（南のアウトリガー）、北東〜南東風では

ターム・ヨティウ（東のア
ウトリガー）として区別さ
れている。この技術はシウ
ウェニ・ターム（アウトリ
ガーをスイッチする）と称さ
れる（図7）。

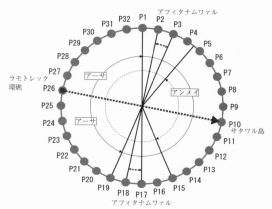

図6　ラモトレック環礁からサタワル島への
　　　航海における航法（セラック）

海流・潮流・風向に応じて航法が変わる。図には、アーサ
（◀━━━▶）、アンメイ（◀━ ━ ━ ━▶）、アフィタナムワァ
ル（◀┄┄┄┄┄▶）の例を示した。
アーサ：P1 ～ P19
アフィタナムワァル：P17 ～ P18 と P2 ～ P3
アンメイ：mP4-P5 ～ P15
ワイエソプ：mP16-P17 ～ P18 と mP1-P2 ～ P4
モトムウィル：mP18-P19 ～ mP17-P18 と mP1-P2 ～ P3
m は「中間」。たとえば、mP4-P5 は、P4 と P5 の中間方位を
しめす。

4.　オセアニアの航海術

　オセアニアにおける航海術はこれまで述べたカロリン諸島だけでなく、多様
な技術が地域ごと、歴史的に多様な展開を見せてきた。

　ポリネシアの遠洋航海術が過去のものとなったなかで、1977 年ビショップ
博物館の篠遠喜彦は、ソサエティ諸島フアヒネ島の発掘調査から水没したダブ
ル・カヌーを発見した（Sinoto 1983）。その前年の 1976 年にはダブル・カヌー
のホクレア号によるハワイ―タヒチ間の実験航海が行なわれた（Finney 1979）。

　ホクレア号の船長にカロリン諸島サタワル島の M・ピアイルグが参画した。
現存する遠洋航海術の担い手がポリネシアにおける実験航海の船長となったこ
とは、オセアニアの遠洋航海術の履歴を探る試みでもあり、注目を集めた。そ
の後、ピアイルグや彼に師事した N・トンプソンらにより、ホクレア号はハ

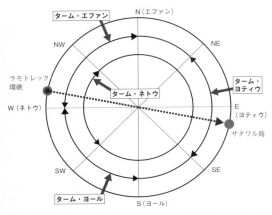

図7　風向とアウトリガー［taam］の位置に関する知識
　　　　　　（シウアウィニ・ターム）

北東〜南東風では、アウトリガーを東側にもってくる
（ターム・ヨティウ）。

ワイからラパヌイ、ニュージーランドを含むポリネシア各地や、2007年にハワイからマーシャル諸島、カロリン諸島、日本へも航海した実績をもつ。ポリネシアにおける実験航海でピアイルグは、見えない島を使うエタック航法を応用した。この手法の実効性は歴史的に検証されていないが、推測航法の決定打となる技術である可能性は残されている。

　カロリン諸島の星座コンパスと類似のものがハワイにあり、カロリン諸島とおなじ32方位が区分されている。ただし、ハワイでは緯度が異なり、見える星座は季節でまったくちがう。太陽高度も夏至・冬至、春分・秋分で異なるので星座に加えて太陽も方位を知る目安とされた。

　東南アジアからオセアニア各地では方位を知る上で、風向を元にしたウインド・コンパスが広く知られている（Pyrek and Feinberg 2016）。東南アジアのブギス（スラウェシ島南部）から、サンタクルーズ、ティコピア、アヌタ、フィジー、クック、タヒチに至るオセアニア世界での航海と風との密接な関係は、星座や海流とは異なり、原初的な航海の指針として広く利用されてきたことを示唆するものであろう。この点から、航海術を探る将来のモデルは、風から星座へ、風と星座の組み合わせによる航海術への発展として考えることができるのではないだろうか。

【参考・引用文献】

　秋道智彌 1980「"嵐の星"と自然認識」『季刊人類学』11(4): 3-51頁。
　秋道智彌 1984「サタワル島における伝統的航海術の研究―島嶼間の方位と海域名

称」『国立民族学博物館研究報告』9(4): 651-709 頁。

秋道智彌 1985「サタワル島における伝統的航海術の研究—洋上における位置確認方法とエタック（yeták）について」『国立民族学博物館研究報告』10(4): 931-957 頁。

秋道智彌 1988「航海術と海の生物—ミクロネシアの航海術における pwukof の知識」『国立民族学博物館研究報告』13(1): 127-173 頁。

ピーター・ベルウッド 2008『農耕起源の人類史』京都大学学術出版会。

セサリオ・セウラル 私信。2019 年 3 月 8 日。

AKIMICHI, Tomoya 1996 Image and reality at sea: Fish and cognitive mapping in Carolinean navigational knowledge. In Ellen, R. and K. Fukui eds. *Redefining Nature.* Berg, pp.493-514.

ANDERSON, Atholl 2010 The origins and development of seafaring: towards a global approach, In Anderson, A., J.H. Barrett & K.Boyle eds. *The Global Origins and Development of Seafaring* (McDonald Institute Monographs): 3-16. McDonald Institute for Archaeological Research.

DAVENPORT, William 1964 Notes on Santa Cruz voyaging. *Journal of the Polynesian Society* 73(2): 134-142.

FINNEY, Ben, R. 1979 *Hokule'a: The way to Tahiti*, Dodd, Mead and Co.

GLADWIN, Thomas 1970 *East is a Big Bird Navigation and Logic on Puluwat Atoll.* Harvard University Press.

GOODENOUGH, Ward H. 1953 *Native Astronomy in the Carolines*. Museum Monographs, The University Museum, University of Pennsylvania.

GREEN, Roger C 1987 Obsidian results from the Lapita sites of the Reef/Santa Cruz Islands. In Ambrose, W. R. and J. M. Mumery eds., *Archaeometry: Further Australasian Studies*. Australian National University, pp. 239-249.

GRIMBLE, Arthur 1931 Gilbertese astronomy and astronomical observances. *Journal of the Polynesian Society* 40(160): 197-224.

INTOH, Michiko 1997 Human dispersals into Micronesia. *Anthropological Science* 105 (1): 15-28.

IRWIN, Geoffrey 1994 *The Prehistoric Exploration and Colonization of the Pacific.* Cambridge University Press

LEWIS, David 1975 *We, the Navigators*. The University Press of Hawaii.

KRÄMER, Augustin F. 1932. Truk. In Thilenius, G. ed., *Ergebnisse der Südsee-Expedition 1908-1910*, II Ethnographie: B. Micronesien Band 5, Friederichsen, de Gruyter und Co.

KRÄMER, Augustin F. 1937 Zentralkarolinen. In Thilenius, G. ed., *Ergebnisse der Südsee - Expedition 1908 - 1910*, II Ethnographie: B. Micronesien Band 10, IHalb band: Lamotrek - Gruppe - Oleai - Feis, Friederichsen, de Gruyter und Co.

PYREK, Cathleen, C. and Richard FEINBERG 2016 The Vaeakau - Taumako wind compass as part of a "navigational toolkit". *Structure and Dynamics* 9(1): 41 - 69.

RIESENBERG, S. H. 1976 The organization of navigational knowledge on Puluwat. In Finney, Ben R. compiled, *Pacific Navigation and Voyaging* (Polynesian Society Memoir 39), The Polynesian Society Inc., pp. 91 - 128.

SINOTO Y. H. 1983 The Huahine excavations: Discovery of an ancient Polynesian canoe. *Archaeology* 36(2): 10–15.

（HEZEL http://www.micsem.org/pubs/articles/historical/frames/earlyeurfr.htm）

コラム②

オセアニアの釣り針

小野林太郎

第一幕の移住期と釣り針

オセアニアにおいて、最初に人類が到達した土地は、オーストラリアと
ニューギニア島からなるサフル大陸であった。約5万年前の更新世後期には到
達していた痕跡が見つかっている。最終氷期の当時、海面は今より最大で約
150mも低くなったため、両地域は陸橋でつながり、サフル大陸を形成してい
た。到達した人類は、私たちホモ・サピエンスであった可能性が高い。

では私たちサピエンスは、どこからサフル大陸へとやってきたのだろうか。
現在の理解では、サピエンスの起源地はアフリカ大陸とされている。地球儀を
見れば一目瞭然であるが、アフリカやアジア方面からサフル大陸へと線を引こ
うとすると、どうしても東南アジアの島しょ部を通る。

最終氷期であった当事、現在のジャワやスマトラ島、ボルネオ島はアジア大
陸とつながり、スンダ大陸棚を形成していた。ただし、その東に広がるウォー
レシアの島々は、周囲の海が深いために陸橋で繋がることはなく、当時も島
しょ域として存在していた。よって、ウォーレシアを通過するさいにはどうし
ても渡海による島から島への移動が求められた。

サフル大陸へと到達した私たちサピエンスも、その前にこのウォーレシアの
海を渡った。当然、これらの渡海の背景にも、ある程度の海洋適応があったこ
とが想定できる。こうした前提もあり、近年のウォーレシアでは旧石器時代の
遺跡調査や研究が活発化し、驚くような発見が相次いでいる。フローレス島で
2004年に発見された小人のフローレス原人もこうした研究成果の一つだ。

本コラムと関係する成果としては、ティモール島で出土した最古のマグロ・
カツオ漁の痕跡や貝製釣り針の発見がある。第2章第3節でも少しふれたが、
これらの発見は東ティモールの東海岸に位置するジェリマライ遺跡での発掘に
よるものである（O'Connor et al. 2011）。

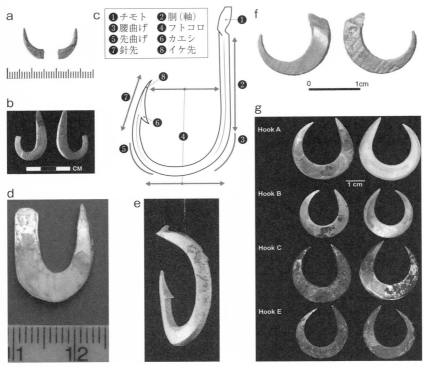

図1　釣り針の名称と旧石器時代期の貝製釣り針

（a,b,g：スー・オコナー博士提供、d：スチュアート・ベッドフォード博士提供、
e：『楽園考古学』〈平凡社〉78頁より転載、f：藤田裕樹博士提供）

　発掘はＳ・オコナー率いるオーストラリア国立大学のチームによって2005
年に行なわれた。その後、筆者が2年ほどオーストラリア国立大学に所属して
いた時、オコナーより出土魚骨の同定を依頼された。遺跡から出土していた魚
骨は相当な数があったが、成り行き的に引き受けてしまった筆者は約3ヶ月間
に渡り、朝から真夜中までこの魚骨たちと格闘する羽目になった。その結果、
遺跡からマグロやカツオ、大型のアジ科魚類をふくむ多くの魚が漁獲され、利
用後に廃棄されていたことが判明したのである。

　驚いたことにマグロやカツオの骨（多くは椎骨）は、43,000年前頃の年代が
得られていた最下層からも出土していた。また23,000〜16,000年前頃の年代値
が得られていた中層からは、完形ではないが貝製の単式釣り針が発見された。

素材となる貝は、ニシキウズガイ科のタカセガイ（サラサバテイラ）の仲間である（図 1a）。

　ティモール島からはこのほかにも、ジェリマライ遺跡の近くにあるレネ・ハラ遺跡から 10,000 年前頃の貝製単式釣り針が出土している。こちらも素材はタカセガイの仲間で、こちらはほぼ完形である（図 1b）。ここで釣り針を語る上で欠かせない、各部位の名称を整理してみた（図 1c）。このなかでとくに重要なのは、針先、アゲ（イケ）、チモト、胴だ。また針先と胴までの幅をフトコロと呼ぶ。

　考古遺跡から出土したオセアニアの釣り針を多角的に分析し、その編年を組むことに成功したのが、篠遠喜彦である。彼の成果については後述するが、単式釣り針の形や機能を考えるうえでのポイントとして、①フトコロの長さ、②チモトの有無や形状、③針先やアゲ・イケの形状などが挙げられる。とくに針先が胴と並行し、まっすぐ伸びている型をジャビング・タイプ（図 1d）と呼び、針先が胴のほうに曲がっている型をロテーティング・タイプ（図 1e）として大きく 2 つに分けた。

　前者のジャビング型の場合、当たりに瞬時に合わせて引かないと魚が逃げやすいが、マグロなどの表層を速い速度で泳ぐ魚に向いていると言われる。一方、ロテーティング型は魚がかかり、道糸がひかれると針先が逆回転するため、さまざまな魚の捕獲に向いている。篠遠はロテーティング型が、現代のはえなわマグロ漁に使われる釣り針とも共通すると指摘しており（篠遠 1994）、サイズや太さを調整すればマグロなどの回遊魚も捕獲できたのかもしれない。

　これらの理解のもと、あらためてティモール出土の単式釣り針をみてみよう。まずレネ・ハラ遺跡の釣り針は、ほぼ完形とはいえ肝心の針先の部分が欠けている。しかし、形状的に針先はまっすぐに伸びていた可能性が高い。これは針先しか残っていないジェリマライ遺跡の釣り針からも確認できる。よって篠遠による分類を当てはめるなら、ジャビング・タイプとなる。ジェリマライ遺跡からは多数のマグロやカツオ魚骨が出ているが、これらを狙うために製作された釣り針の可能性も否定できない。

　一方で、釣り針のチモトの部分は尖っており、道糸を結び付けれるような刻みもない。ジェリマライの釣り針では、針先も尖っているが、アゲやイケはな

い。これらの点で新石器時代以降の釣り針とくらべると、かなり原始的な形状にもみえる。釣り針としての製作、使用後に装飾品として再加工されたか、利用された可能性も考えられる。

　ティモールで出土したこれらの釣り針と類似したタカセガイの貝製釣り針は、ニューギニア島における9,000年前頃の遺跡からも出土が報告されている。痕跡はまだきわめて限られているが、遅くとも完新世初期までには、ニューギニアやその周辺のニア・オセアニア域で広く利用されていたと考えられる。

　興味深いことに、同じくタカセガイの仲間を素材とした単式釣り針は、沖縄のサキタリ洞遺跡でも出土している（Fujita et al. 2016）。こちらは確実に23,000年前の更新世期にまで遡ることが確認され、現時点では世界最古の釣り針でもある。やはり針先が尖っており、アゲがないのが特徴だ。ただし、針先は胴に向かってややカーブしており、篠遠の分類に従うなら、むしろロテーティング・タイプと認識できよう（図1f）。

　これに類似した釣り針は最近、ティモール島の西隣にあるアロール島でも出土した（O'Connor et al. 2017）。またこの釣り針は、女性の埋葬遺骨とともに副葬品として出土しており、最終的には装飾品として利用されたと考えられる（図1g）。この釣り針の年代は、12,000年前頃と更新世末期のものだが、距離を隔てて沖縄とウォーレシアで共通性の高い釣り針がみつかったのはとても興味深い。

オーストロネシア語族による第二幕の移住と釣り針文化

　3,500年前頃、狩猟採集民が主役であった旧石器時代における最初の移住からはるか後、オセアニアへの第二幕の人類移住が活発化する。第2章第3節で紹介したオーストロネシア語族による移住と拡散がこれに当たる。現時点でもっとも古い痕跡は、ミクロネシアのマリアナ諸島でみつかっており、ついでメラネシアのビスマーク諸島とその東部に広がる島々で確認されている。この後者に相当するのが、ラピタ人による遺跡群である。

　マリアナ諸島における初期の遺跡群からは、マリアナ赤色土器とともに貝製釣り針も出土している。これらは長さ3〜5cmほどのJ字形の単式釣り針と（図2a）、V字形のゴージ（図2b）である。主な素材はシュモクアオリガイで、ほ

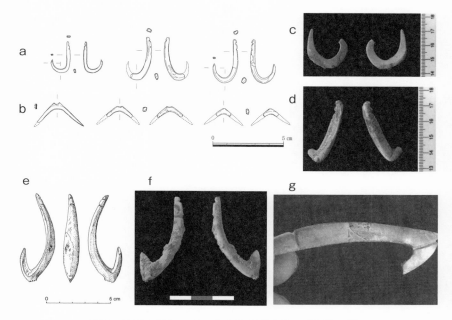

図 2　ラピタ期とマリアナ赤色土器時代の貝製釣り針
（出典　a,b 山野ケン陽次郎博士提供、c,d,e：グレン・サマヘイズ博士提供、
f：P・カーチ博士提供・g：S・ベッドフォード博士提供）

かに真珠層をもつチョウセンサザエやタカセガイの仲間が利用される。約 1,000
年前以降のラッテ期になるとシュモクアオリガイの利用が一層盛んとなるとの
報告もある（山野 2019）。

　単式釣り針には、チモトの部分に 2 本の刻みが入ることが多いが、針先にア
ゲはない。針先はやや胴に向かってカーブしており、形状としてはロテーティ
ング・タイプと認識できる。最初期までさかのぼるサイパンのウナイ・バポッ
ト遺跡からは、大型タイプも出土しており、対象魚種や漁法のちがいを反映し
ている可能性も高い。

　V 字形のゴージについて篠遠は、ベントタイプとスティックタイプの 2 つに
分類した（Sinoto 1959 など）。こうしたゴージは、ミクロネシアの民族誌例に
よるならトビウオ漁に用いられるが、マリアナ諸島では前者のベントタイプし
か見つかっていないようだ（山野 2019）。

　メラネシアのラピタ遺跡群でも、マリアナ諸島と共通するような貝製の単式

釣り針が出土している。主な素材もサザエ科やタカセガイ科で占められる。サザエ科に属するヤコウガイの真珠層を用いた単式釣り針は、ソロモン諸島のティコピア島の遺跡やニューアイルランド島のカムゴット遺跡で出土している。後者の釣り針は未完成品だが、チモトの先端が尖り、針先は胴に向かってわずかにカーブしている（図2c）。形状はロ-ティング・タイプと判断でき、沖縄島やアロール島の更新世遺跡より出土した釣り針ともやや類似している。

　一方、ヤコウガイが生息していなかった可能性の高いニューカレドニアからは、タカセガイの真珠層を素材とした単式釣り針が出土した。興味深いことに、この釣り針のチモトには、二つの刻みが入り、マリアナ諸島出土の単式釣り針に類似している（図2d）。これと似たタカセガイ製の単式釣り針は、西ポリネシアのニウアトプタプ島にあるラピタ遺跡からも出土した。一方、ヴァヌアツのヴァオ島で出土したタカセガイ製の単式釣り針には、ジャビング・タイプと認識される釣り針も含まれる（図2e）。

　ラピタ遺跡からはV字形のゴージは報告されていない。その一方で、マリアナの初期遺跡ではみつかっていない、複合式と推測されるタカセガイ製のルアー用釣り針が出土する（図2f-2h）。いずれもタカセガイの真珠層を利用し、擬餌餌としての機能を持たせた釣り針と考えられる。ただし、針先はなく、別に針を装着して利用するものと想定できる。この点で、ルアーの軸（シャンク）とも認識できる釣り針だ。とくに初期〜中期のラピタ遺跡が多いビスマーク諸島からヴァヌアツにかけて多く出土している（小野2018）。

　ラピタ期に出現したこれらの釣り針は、ラピタ人の末裔がポリネシア全域へと拡散するなかでさらに発展し、多様化した。先史オセアニアの釣り針の体系的な研究を最初に行なった篠遠が対象としたのも、ハワイ諸島を中心とするポリネシアの釣り針群である（Sinoto 1959, 1991 など）。その結果、篠遠は単式釣り針のほかに、組み合わせ式釣り針と複合式釣り針の2タイプがあることを明らかにした（第1章第2節参照）。

　組み合わせ式は、同じ素材を利用して胴の部分と針先の部分を作り、これを紐で結び合わせて使用するタイプをさす。これにより大型の釣り針を作ることができ、サメや大型の回遊魚などをねらうことが可能になった。篠遠はさらに組み合わせ式釣り針を全体的に細長いスレンダー・タイプと、太めの

マッシヴ・タイプに分類している。主に利用される素材としては、大型の真珠貝が生息する島々では真珠貝の割合が多く、それ以外では人間の骨も多く利用される。

　複合式も組み合わせと似るが、複数の素材を使用した針や軸、胴を組み合わせたものが相当する。篠遠はさらにこのタイプを、タカラガイと木製軸に釣り針を接合させたタコ釣り用の擬餌針（図3a）と、真珠貝製の軸に針を複合させたカツオ釣り用疑似餌針（図3b）に分類している。前者は広くポリネシアの島々で利用され、ポリネシア域で誕生した釣り針と考えらえる。

　後者の真珠貝製擬餌針は、メラネシアのソロモン諸島でもっとも多様性がみられ、ポリネシアだけでなく、ミクロネシアでも広く利用されてきた。メラネシアでは、すでにラピタ期にタカセガイの真珠層を利用した複合式と推測される擬餌針が出現しており、これがメラネシア圏で真珠貝製の擬餌針へと発展した可能性が高い。ラピタ人の末裔がポリネシアへと新たな移住に成功した一方、東ミクロネシアへ最初に移住してきた人びとも、メラネシア方面を起源としている考古学的痕跡が多いためだ。とくに東ミクロネシアを中心に卓越する真珠貝製擬餌針の存在も、そうした痕跡の1つと考えられる。

　篠遠の学問的な功績の1つは、釣り針の編年から、ハワイやポリネシアにおける人類の移動史を考古学的に明らかにしたことである（Sinoto 1959など）。その最初の論文が世に出てから早くも60年が経った。その間にオセアニアの考古学や人類学も飛躍的に発展してきた。

　今の私たちは60年前の篠遠たちよりもはるかに多くの考古・人類学的資料を利用し、オセアニアの人類史を語ることができる。しかし全体的な理解は、篠遠が釣り針を軸に指摘した当時の枠組みとそう大きくは変

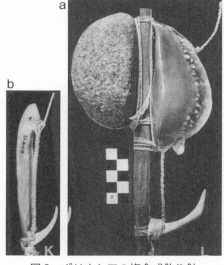

図3　ポリネシアの複合式釣り針
（『楽園考古学』〈平凡社〉77頁より転載）

わっていない。一方で、旧石器時代やラピタ期における釣り針は、その後のポリネシアやメラネシアへの人類移住を検討する上でも重要な考古資料となる可能性を秘めている。オセアニアにおける釣り針とその研究は、真珠貝のように色あせることなく、今もその輝きを放っているといえよう。

【参考・引用文献】

小野林太郎 2018『海の人類史―東南アジア・オセアニア海域の考古学』増補改訂版、雄山閣。

篠遠喜彦・荒俣宏 1994『楽園考古学』平凡社。

山野ケン陽次郎 2019「先史時代におけるマリアナ諸島の貝製品」『先史学・考古学論究』7: 419-433 頁。

FUJITA, M. et al. 2016 Advanced maritime adaptation in the western Pacific coastal region extends back to 35,000-30,000 years before present. *Proceedings of the National Academy of Sciences of the USA* 113: 11184–89.

O'CONNOR, S., Rintaro ONO, and C. CLARKSON 2011 Pelagic fishing at 42,000 years before the present and the maritime skills of modern humans. *Science* 334: 1117-1121.

O'CONNOR et al. 2017 Fishing in life and death: Pleistocene fish-hooks from a burial context on Alor Island, Indonesia. *Antiquity* 91(360): 1451-1468

SINOTO, Y. 1959 Solving a Polynesian fishhook raddle. *Journal of Polynesian Society* 68: 23-28.

SINOTO, Y. 1991 A revised system for the classification and coding of Hawaiian fishhooks. *Bishop Museum Occasional Paper* 31:85-105.

カヌー・ルネッサンスに向けて

内田正洋

カヌーと軽野（かの）

　カヌー、もしくはカノーと呼ばれる小舟がある。カヌーというのは、本来は丸木舟のことだ。15世紀が終わる頃、ヨーロッパから大西洋を横断してカリブ海に到達したC・コロンブスによって西洋社会に伝えられた言葉がカヌーであり、現地のアラワク語からラテン語系のカノーになり、さらに英語やドイツ語化したさいにカヌーという発音になっていった。当然ながらカリブ海のカヌーは丸木舟であった。しかも数十人も乗れる大型カヌーもあったという記録が残っている。

　また、カヌーを漕ぐ道具も片刃の櫂であり、西洋には同様な形状の櫂がなかったため、ピザを焼くさいに使うヘラのようなものといった記述が残っている。その後、小さな鋤に似ているため、それを意味するパデラ（padela　中世のラテン語）やパデル（padell　中期英語）からパドル paddle という言葉が生まれたとされる。西洋の漕ぎ具は伝統的にオール（oar　橈とも）であり、カヌー文化の伝搬が櫂を西洋に伝えた経緯がある。

　船や舟のことをカノーと呼んでいたのは、カリブ海の島々や中南米沿岸の人たちだったことは文献上ではハッキリしているが、じつはもっと古くからカノーやカノと呼んでいたところがある。その地に残る文献は、コロンブスのカリブ海到達より800年も古く、今から1,300年も前に記述されたものだ。しかも、文献は2冊あり『記紀』と呼ばれる。それが、日本最古の文献とされる『古事記』と『日本書紀』である。時代でいうと奈良時代にあたる。『記紀』に記述されたカヌーは「軽野」と書かれ、当然ながら当て字である。『日本書紀』には「枯野」の文字もあるが「軽野」の間違いであろう、とさえ書かれている。また、櫂も『万葉集』に出てくる言葉で、その時代から櫂と呼んでおり、沖を漕ぐ櫂（沖つ櫂）と岸辺を漕ぐ櫂（辺つ櫂）とが分けて記述されているほ

どである。

　当時のカヌーは、伊豆半島や淡路島で建造されていたことも記述されている。大きさも40m近い大型カヌーである。伊豆半島には、狩野川という川が流れているが、読みはカノガワである。この川のほとりには軽野神社があり古くから造船儀礼を行なっていたことが分かっており、『延喜式』の式内社のひとつでもある。今は天城山と呼ばれ、かつては良木の産地であった山も元来は狩野山であったことが知られている。

旧石器時代のカヌーと日本諸島

　ということで、カヌー文化の発祥を考えていくと、日本諸島に行き着くことはたしかなことだ。しかもカヌーの現物もまた最古レベルのものが出土しており、今のところもっとも古いものは縄文早期にあたる7,500年前のカヌーで、世界でも最古級である。千葉県の雷下遺跡から出ている。さらに、カヌーを作るための石器も重要で、カヌー建造用石斧の始まりとされるものは丸ノミ型石斧と呼ばれ、世界最古のものが鹿児島県の栫ノ原遺跡から出土している。

　以上のことだけでもカヌーと日本諸島との関わりは非常に古いのだが、縄文時代以前（15,000年前よりさらに前）の旧石器時代まで含めると、さらに日本諸島との関わりが深くなるのがカヌーなのである。ちなみにここで日本「列島」ではなく日本「諸島」と書いているのは、列島に入らない島々もあるためで、いわゆるヤポネシアという概念と同義として使っている。ヤポネシアはギリシャ語のヤポーニア（日本）とネシア（島々）を合わせた造語であり、作家の島尾敏雄によるものだ。

　ヤポネシアである日本諸島の各地にヒト（ホモ・サピエンス）がやって来たのは後期旧石器時代である38,000年前頃、というのが今の定説だ。ルートとしては朝鮮半島あたりから対馬経由で九州へ、というのが最初であるとされるが、当時は九州、四国、本州はひとつの島であり、対馬の南にある壱岐もその巨大島の一部であった。隠岐もまたそうであった。瀬戸内海は盆地だったことになる。大陸側の黄海などもなく、台湾や北海道は大陸から突き出た半島であった。

　気候的にその時代は最終氷期であり、最も寒冷であった2万年前より少し

ばかり暖かい時代で、海面は今より80mも低い。この氷河期に、ヒトは海を渡ってヤポネシアへ到達しており、太平洋側では伊豆半島 - 神津島間を航海している証拠が出土している。それこそが世界最古の往復航海の証拠とされている。神津島産の黒曜石が伊豆半島へと搬入されていたのである。当時も伊豆半島と神津島とは陸続きにはなっていないことも分かっている。つまり、ヤポネシアにやって来たヒトは、すでに外洋への往復航海を可能にする舟と技術を持っていたということだ。

カヌーの起源と「行き足」

カヌーは、舟の始まりである可能性が高い。葦を束ねた葦舟や竹を束ねた竹舟などは、原始的ではあるが、舟というより浮揚力のある浮き具であり、舟ではない。舟というのは「行き足」を持つところに要点がある。行き足というのは、前進する時の速さのこととされるが、前進するための駆動力が加わることで速度が徐々に上がっていくという意味でもあり、慣性が働くことでもあるし、急には止まれないということでもある。始祖の舟の駆動力は手漕ぎであり、櫂を漕ぐことが駆動力だった。帆を使い始めるのは相当後になってからのことだ。

手漕ぎということは、つまりは櫂を使って水を掻く（櫂は「掻く」からの転化）のだが、漕ぎを止めても慣性で進む必要がある。でなければ航海ができないのである。具体的な速度で言うなら3ノット（時速5km強）を維持することができなければ、航海ができないレベルになる。葦や竹を束ねた場合、この行き足が生まれない。束ねるための縄などが抵抗になり、舟をすぐに止めてしまい行き足がない。ところが、カヌーであればその行き足が生まれる。抵抗になるものがほとんどないからだ。つまり、舟の始まりがカヌーであるというのは、そういうことだ。

石器によるカヌー製作

この結論に至るまで、7年ほど前から国立科学博物館が主催する航海実験に参加していた。その成果の一応の結論である。最終的には旧石器時代の石斧でカヌーが建造でき、そのカヌーで2019年に台湾から与那国島まで到達できた

のだが、旧石器時代の石斧である刃部磨製石斧のみでカヌーが建造できた時点で、実験の成果が現れたと言っていいほどだった。つまり、舟の始まりはカヌーだったということへの確信だ。

　この石斧は刃部だけを磨いてあるのだが、出土するのは日本とオーストラリアのみである。カヌーで渡った先でしか出土していないところも、何らかの示唆を与えている。ちなみに、ヒトが初めて海を渡って辿り着いたのは、今のニューギニアとオーストラリアが陸続きになっていた大陸で、サフル大陸と呼ばれている。出発地は今の東南アジアであるスンダ大陸棚と呼ばれる低地で、現在のような多島海ではなかった。

海峡を超える知と「海気」

　すでにカヌーを手に入れていた 38,000 年前のヒトは、今度は海峡を超え始めた。それまでほとんど岸沿いを進んでいたヒトは、大きな海峡を越えるだけの思考を備え、海峡横断という指向性を持ち始めた。カヌーを作る技術、カヌーを漕ぐための櫂を作る技術、そしてカヌーを漕ぐ技術に加え、漕ぎながら方角や位置を理解する技術を備えたのである。初めて漕ぎ始めた頃から 1 万年から 2 万年もの歳月が流れ、それだけの知識体系ができていた。さらには、海で遭難しないための天気を読む力もまた重要な要素であり、海へ出るための気を養い始めていた。

　じつは、日本語には天気や空気といった言葉に加え「海気」という言葉がある。それは、海気によって海象や気象を読んでいた人びとがいたことを教えている。当然ながら、現在のカヌーで海を旅する連中（シーカヤックで旅する人が多い）も海気という言葉を理解する。海気という言葉は、今や死語であるが、これは手漕ぎか帆を使う船しかなかった江戸時代までの言葉なのだろう。蒸気船以来、人びとはエンジンに頼るようになり、海気を読む必要性が徐々になくなっていった。その結果、死語になったと思われる。つまり、シーカヤックのような手漕ぎで旅をすることで、海気の意味が理解できるようになり、そのうちに海気が読めるようになるということだ。一朝一夕で得られるものではない。

　おそらく海気という言葉は日本語にしかないものなのだろう。海気が感じられるからこそヤポネシアにヒトが移り住み、子孫を残してきた。海は道でもあ

るから、海の道を辿れば、どこまででも行けるという感覚も生まれた。来た道を戻ることもできるわけで、往復航海をすることも当たり前となり、ヤポネシアには時代の経過とともに、ヒトが移り住んでいく。海気を理解するヒトが海を渡り始め、ついにはポリネシア世界へと拡散していった。

ホクレア号による実験航海

　1975年、ベトナム戦争が終わりを告げ、敗戦国となったアメリカ合衆国は、翌年に建国200周年をひかえていた。そのお祝いにとハワイ州では、ハワイに初めて到達したハワイ人の祖先たちが使用したであろう大型の双胴帆走カヌーを建造し、航海を始めようとしていた。ハワイ人はポリネシア人であり、彼らの祖先はタヒチから来ていた。さらにその前、ポリネシア人は東アジアから南下して東に向かって航海をしてきたラピタ人の子孫だという流れが見えてきていた。

　このハワイで建造されたカヌーには「ホクレア」という名が授けられる。ホクレアとはハワイ語でアルクトゥルス（うしかい座のa星）を意味し、ハワイ諸島の天頂を日々通過する星（ゼニス・スター）である。ホクレア号を使い、タヒチまで4,000kmの海を祖先とおなじように航海計器を使わずに行くことができるかどうかという課題が、ハワイでは生まれていた。祖先たちは偉大な航海者だったことを証明したい、そんな思いが平和の訪れた直後に生まれていた。

　しかし、ハワイ先住民の文化には古代航海術の伝統がすでに残っていなかった。ハワイどころかポリネシア中でその伝統は消えていた。そのためこの挑戦する思いは人類学のテーマにもなっていた。ヒトはなぜ、どうやって、絶海の孤島であるハワイまで辿り着き、暮らし始めたのか？という問いである。

　ポリネシアでは消えてしまっていた古代航海術だが、じつはミクロネシアの孤島にはまだ残っていたことが分かった。その孤島から古代航海術師を呼び、1976年ホクレア号はハワイ－タヒチ間の航海を成功させた。往路は航海計器を一切使わない航海だったが、復路は航海術師がアメリカ人クルー（ハワイ人もアメリカ人である）と反りが合わずに帰国してしまい、近代航法を使って戻った。ところが、その復路の航海に乗っていた若者によって、新たな古代航海術というか、新たな無計器航海術が甦ってくるのである。もちろん、その航海術

の基本はミクロネシアに残っていた技術を学んだからだが、現代文明に浸かっている人びとでは、習得することが非常に難しい。子ども時代からの生活すべてが古代航海術の世界とは相容れぬものだからである。そこで、現代文明下において育ったとしても、何とか習得できるようにと科学と古代航海術を合わせたかのような航海術が生まれてくるのである。

　さらに、ホクレア号が建造された後で、実際のカヌーが発掘され、ホクレア号の形状にも科学的根拠が生まれた。そのカヌーを発掘したのが日本人であり、ビショップ博物館の篠遠喜彦であった。彼の名はタオテ（博士）シノトとしてポリネシア中に知れ渡っている。

カヌー・ルネッサンスの今後

　そういった一連の動きを、ポリネシアではカヌー・ルネッサンスと呼び始めた。あれからすでに40年以上が経過し、ポリネシア中に拡がったカヌー・ルネッサンスは、北米大陸沿岸部にも同時進行的に拡がり、シーカヤックを始めとする海を旅する文化を復興し続けている。そしてミクロネシアにも逆輸入され、今やヤポネシアにも飛び火しつつあるところである。

　とくに今のヤポネシアにはシーカヤックを使ったカヌー・ルネッサンスが勃興しつつあり、環境教育として大学の授業にも取り入れられ始めている。また帆走と漕走を合わせもつ琉球カヌーのサバニも琉球圏で勃興しつつあり、現実としてヤポネシアのカヌー・ルネッサンスが姿を現している。

　とはいえ、戦後の日本は海に背を向けたかのような教育が続き、今や海に出ている日本人はほとんどいない。漁師の数はすでに10万人程度になり、船乗りは3万人程度しかいない。海で遊ぶ人も、ほとんどは海岸で遊んでいるだけだ。しかし、海を旅するような活動をする人だけは増えており、彼らはシーカヤックを使って旅をする。その数は数10万人に膨れ上がっており、シーカヤックを漕ぐことを職業とする職能集団も生まれている。今や海洋文化にとって唯一の希望が、シーカヤックという道具によってかろうじて守られている現状がある。

　旧石器時代に海へと出たヒトの思い、それは現代に生きていようが理解できるはずだ。ヒトはいまだにヒトなのだから。しかし、それには甦った新たな航

海術のように科学との融合が必要である。科学的な知識を含めた知識体系を古代航海術との融合によって構築していくことでヒトはなぜ海を超えたのか、という基底にある思いが甦ってくる、はずである。

　いったいヒトはなぜ海を越えたのか、である。カヌー・ルネッサンスの流れのなかに身を投じてすでに30年以上が過ぎたことで少し見えてきたことを最後に書こうと思う。それは、希望なのである。まず、ヒトはなぜアフリカを出て東へ向かったのか、である。一部は北へ行ったのだろうが、もっとも遠くまで足を伸ばした集団は、東漸していった。そして、陸の東端に来た時に海を見て何を思ったのか。さらに東に向かうと何があるのか。そこに理由があるかもしれない。

　日本語の東は「日向かし」から来ている。日に向かうということは太陽が上がる方角へ向かって行くということだろう。海の向こうから太陽が上る時の状況を細かく見たことのある人はあまりいないようなのでそこを説明すると、その世界が分かってくる。

　まずは海の向こうが明るくなってくる。それまでは暗かった世界だが、明るさによって希望が生まれることに気付く。そして水平線から太陽が見えてくるが、その瞬間、海に黄金の道が生まれる。しかも直線の道。自然界には直線はないが、唯一あるのが樹木の直線。その大木が倒れた時には地上に直線が生まれる。太陽からの黄金の直線は、30分もすると白くなって拡がり、そして消えていく。さらに夜になり、月が上ってくる。ふたたび光の道が海に現れる。それを毎日見ていたらこの直線の道の向こうには希望があると思えてくるのである。希望とは光であり、灯である。

　光は直線だ。地上に倒れた大木の直線が、光の道を進むには必要だと直感的に思った旧石器時代のヒトは、海に浮かぶ直線路に合わせてカヌーを作った。そして海を超える。希望を見つけるために。そう、海を超えることで希望がやって来るのである。それが、ヒトが海を越える旅に出る理由だと、私は強く思っている。

　さらに、海を越えることは海を旅することだ。旅というのは「賜ぶ」や「食ぶ」から来ている。賜び給うという言葉があるが、お与え下さるという意味である。

海旅という概念は、海から何かを賜るという行為や活動となる。ヤポネシア人は、海への依存度がとてつもなく強い。これほどの魚食をする民族は他に類を見ない。つまり日常的に海旅している（海を食べている）のである。

　ということで、日ごろから陸上で海旅しているヤポネシア人は、実際に海旅を経験することで、ヤポネシア人たる理由が分かるはずだ。そこにカヌー・ルネッサンスの大いなる意義がある。希望を見るには、まずは海に出る勇気が必要であり、その上で希望が見えてくる。その勇気を養うためには、シーカヤックで海へ漕ぎ出す必要がある。

　希望は、継続的な超越の力にとって不可欠のものであり、肯定や思いやり、連帯や勇気、それに責任の論理であり、希望がなければヒトの本性は成り立たないということを理解すべきだろう。希望と勇気、それこそが海へ出る力をヒトに与えていた、と思うのである。

第4章

ポリネシア人とはなにか

―アジアとのつながり―

第1節　ポリネシア人はアジア人なり

片山一道

　長らく私は、ポリネシアの人びと（以降、ポリネシア人）の祖先たちが、何千年か何百年か前に発見、植民、開拓してきた南太平洋世界の島々（多くは孤島）で、身体人類学、先史人類学などに関係する現地調査を続けてきた。なによりも、彼らポリネシア人の筋骨隆々、大柄で肥満ぎみの身体性に関わる謎を明らかにせんとした。つぎに、島々ごとに、人びとの身体にみられる多様性、時代変化、階層性などに関する身体現象につき多角的な視点で考察した。そうして抽出した身体性と身体現象につき、〈身体史観〉なる独自の方法論を切り口にして、ポリネシア人の来歴を読み解くべく研究活動を展開した。さらには、その副産物というべきだろうが、彼らの生活や社会や文化の面での異色性について試論をした。

　本節では、ポリネシア人を主人公にする南太平洋の人間史について解説したい。まずは、1）彼ら独得の身体特徴、身体特性、身体特質のことなどを概説する。次いで、2）生活や文化の面での特色、日々の暮らしのなかで見え隠れする島しょ社会ならではの人間関係と人間模様、島びと気質のようなものについても、私なりの見解を加えたい。いくつもの仮説を繋ぎ合わせたストーリーのことをモデルというが、いささかの飛躍があることを承知のうえで、3）ポリネシア人の「南太平洋への拡散の歴史」に関するモデルをシナリオ風にまとめてみたい。

　それとともに、4）ポリネシア人の「特異なる身体性」が形成されたプロセスに関するモデルを提案してみたい。この節を認めている頃より1ヶ月後、ラグビーW杯が日本の各地でくり広げられた。ラグビーの世界レベルの大会シーンでは、いつも、ポリネシア人の圧倒的な存在感に驚きを禁じえない。彼らについて語るときは逆に、彼らの独得のラグビー体型のこと、ラグビーに対する情熱、適性、感性のことなどを避けて通るわけにはいかない。

　ポリネシア人は、世界人口の4千分の1ほどを占めるにすぎないから、ごく

小さな民族のひとつなのだが、ラグビー人口ということで言えば、その存在感は目立ちすぎるほどである。W杯に出場する選手全体の10分の1ほどの割合になろうか。ニュージーランドをはじめ、ポリネシアの国々の強さも目立つ。

1. ポリネシア人の源流

　ポリネシア人の遠き祖先は、今から4,000-5,000年前の頃に台湾を出て、豪亜地中海の方面に南下拡散したオーストロネシア語族（あるいは南島語族、かつては、マラヨ・ポリネシア語族とも呼ばれた）の源流グループだった、との仮説が有力である（出台湾仮説）。ちなみに豪亜地中海とは、オーストラリア・東南アジア地中海とも呼ばれるが、スンダ列島とニューギニアを結ぶ線とフィリピンやボルネオなどに囲まれる海域である。北極海に次ぎ、地球で二番目に大きな「地中海」なのである（ちなみに、一般に『地中海』と呼ばれる欧亜「地中海」は、4番目の大きさの「地中海」でしかない）。

　そのなかから、更新世の頃にスンダ大陸をなした東南アジアの島しょ群に定着した主流派たるインドネシア系（あるいは、マレー系）グループからオセアニア系が分節した。このグループは南下して、ニューギニアの東部に広がる西太平洋の島々に足跡を印したが、それが先史ラピタ人、ポリネシア人の直接の祖先に当たるのだ、との仮説が有力である。だからラピタ人のことを語らずして、また、オセアニア系のオーストロネシア語族グループのことを語らずして、〈ポリネシア人の前史〉を語ることはできないわけだ。

　ハワイ諸島、イースター島（以下、ラパヌイと表記）、ニュージーランド（アオテアロア）を頂点とするポリネシアの大三角圏（ポリネシアン・トライアングル）の西側に位置する、フィジーやトンガやサモアなどの西ポリネシアの島々をラピタ人が植民、開拓したのは、今から3,000年ほど前のこと。日本列島はまだ、縄文時代のさなかにあった頃のことだ。縄文人と同様にラピタ人もまた、石器時代、無文字社会、漁撈採集栽培文化のなかで生きていた。すでに海洋島しょ環境での生活を自家薬籠中の物としていたようであり、近くの島々にだけでなく、ときに遠き彼方の島々へも遠出、往還する航海に慣れ親しんでいたことは疑うべくもない。フィジーやトンガあたりで、のちのポリネシア式大型カヌーの嚆矢となる〈ドルガ〉や〈カリア〉などの大型双胴カヌーが開発

されたことが引き金となったのかもしれない。それにラピタ人は、西太平洋の島々の舞台に登場した頃には、すでに手練れた海の民に育っていたであろうし、海上で活動するときに必要な知恵やノウハウを十分に身につけ、海洋気象や季節の移り変わりや星座の運行などに関しても精通していたことであろう。

　フィジー、トンガ、サモアの諸島に定着したラピタ人は、やがてポリネシア人に変容していったようだ。といっても、その人びとが変身変貌したわけではない。ラピタ人の名前のいわれであるラピタ文化、それを特徴づけるラピタ式装飾土器の文化を喪失したがために、ラピタ人とポリネシア人とを便宜的に区分するまでのことである。人びとの身体特徴、言語、生活や暮らし、物質文化などなど、いずれについても、あれがラピタ人なり、これがポリネシア人なり、などと区分することはできない。両者は一枚の紙の裏表のよう。あるいは西ポリネシアの島しょを「ポリネシア世界へ至る玄関」に喩えるならば、ポリネシアに至る道とその本丸のよう。そんな関係にあると考えてよい。

2. 石器時代の沈黙と静寂：そのなかのポリネシア世界

　今から2,000年前の頃、ポリネシア人は突如、トンガやサモアの島々から東漸し始めた。そして遠洋航海につぐ遠洋航海のはて、マルケサス諸島や「タヒチと彼女の風下の諸島」（ソサエティ諸島）などの中央ポリネシア、さらにはハワイ諸島やラパヌイやニュージーランドなど、いわばポリネシアの辺境にある島々さえをも次々と開拓しつくしてしまい、それらの島々での個性的な生活環境条件に合わせるように彩り豊かなポリネシア文化が培われていった。バロック音楽のバリエーション演奏のように、生活や文化の態様は姿や貌を変えたが、通奏低音の調べは変わらずに続いた。

　しかし、なにぶん、どの大陸からも遠すぎる。2,000年もの間、いわゆる大陸の文明世界からは、地球の果てか、宇宙の彼方のごとき遠くにあったがゆえに、外世界の人間と交流する機会は生まれるべくもなかった。まさに忘却の淵に沈んだかのごとくに人間社会が続いた。それでも確実に時は刻まれていた。なにが変わり、なにが変わらなかったのか、具体的に物語るのは難問である。なにしろ文字がなく、無名の人たちが沈黙の世代をくりかえしていたのだから。ラパヌイのモアイ巨石人像、東ポリネシアの「モアイもどきの石像群」、

西ポリネシアの「木像のモアイもどき」、ポリネシアの各地に残る巨石文化遺産などに証言を求めるほかないだろう。

　そんな長い静寂だが、ついに破られるときがきた。およそ500年前に始まった西欧人探検航海者たちの来航とともに歴史が動いた。いわゆる文明社会からのはみ出し者のような人たちとの、あるいは、ときに欺瞞に満ちたキリスト教伝道者たちとの邂逅が始まったわけだ。地球のへそかこぶのような島々を訪ねた西欧人航海者たちが目撃したのは、いったい、どんな人びとであり、どんな人間社会や文化、いかなる光景だったのだろうか。

3. ポリネシア人はアジア人なり

　クック船長は、すでに18世紀の頃、ポリネシアの大三角圏に散らばる諸島に先住してきた人びとについて、現代の人類学者と同じ結論に達していた。南太平洋の各諸島を10年ほどにもわたり航海し、島々の地図を作成しながら、人びとを観察し続けた結果、今日ではポリネシア人と一括りにされる人びとについて、現地での多くの見聞や体験をもとに正確に洞察したのだ。彼の慧眼たるや恐るべし、と申すべきか。いわく「（どの島の）言語も、（人びとの）体格や肌の色も、習慣なども、すべてが互いに類似する」、あるいは「背は高く、均整が取れており、顔立ちがよい」などのポリネシア人についての記述が、南太平洋周航中に記した航海日誌の随所でみられる（Houghton 1996）。

　その頃すでに、ニュージーランド、ラパヌイ、タヒチ、ハワイ、トンガあたりの人びとが皆、同じ種族（民族）の人間であることを見抜いていたわけだ。地球表面積の6分の1ほどに及ぶ果てしない海洋世界の先住者たるポリネシア人について、彼らの偉丈夫な体形のことを賞賛しつつも、彼らの風変わりな生活や文化などが、どの島でも基調となることを喝破していたのだ。

　ことほどさように、おしなべてポリネシア人は非常に大柄、筋肉質、骨太のヘラクレス（古代ギリシアの彫像）型の体形を誇る。また、成人になると、肥満体になりやすい。胴長で脚部が短いこと、靴を履き手袋を着ける手足の部分が極端に大きいのも特徴。かつて日本で活躍した相撲力士とか、ラグビーの日本代表チームなどの主力をなすポリネシア系の選手たち（ことにFWの選手たち）の体形や体格をイメージすれば、わかりやすい。それが、ニュージーラン

ドをはじめとするポリネシアの国々では、ごく普通の先住民系の人びとの身体形なのであり（男性も女性も）、ことにトンガやサモアなどでは、西欧人などとの混血が少ない分、そうした身体特徴が余計に目立つ（片山 2019）。

　それと同時にポリネシア人には、東南アジアや東アジアの人びとに似た生物学的特徴が少なくない。いちばん分かりやすいのは、児斑、あるいは蒙古斑などとも呼ばれるものである。赤ん坊の頃に目立ち、ときに思春期をすぎるまで残るが、尻から背中にかけての皮膚で見られる暗青色の斑紋様のことである。このアジア系の人びとに多い特徴は、ポリネシア人でも、50％ ほどの高頻度でみられる（アジア人で 40％ 以上、西欧人で 10％ 以下が相場か）。また、ミトコンドリア DNA の「9 塩基欠損」というマーカーのことも、知る人ぞ知ろう。ことにポリネシア人の多くで認められるので、「ポリネシア人モチーフ」とも呼ばれるが、台湾あたりに由来する、との見解が有力である。これらを典型として、ほかにもアジア人と共通する身体的特徴は少なくない。要するにポリネシア人には、アジア人らしさが濃厚なのだ。このことの意味する内容について、これ以上のことを申すには及ぶまい（片山 2016）。

　はたして、ポリネシア人が特異な体形をしていることと同時に、アジア人と類似する身体特徴を有することとは、矛盾しないのだろうか。それに、アジア人は一般に小柄で骨細であるのに、ポリネシア人はそうではない。この矛盾を解決する答は次のようなことかもしれない。

　おそらくは、一般に小柄なアジア人のなかから、非常に小規模な大柄なグループだけが、南太平洋方面に拡散することになったのではなかろうか。まずは南太平洋の島々へ発見航海に出立するとき、体力、気力、パワーあふれる巨人のごとき人たちが選抜されたことであろう。そのあとも、植民航海の過程で、新しい島に定着する過程で、大柄な体躯の人が生存しやすく、次世代をたくさん残しやすかったことであろう。さらにはポリネシアの島々への拡散過程のどこかで、たまさかの偶然の結果、もしくは適応的に、大柄な人の割合が多くなったということも考えられなくはなかろう。

　ともかく、こうした要因のなせるわざ、今のポリネシア人で多く見られるような過成長タイプ（Over-Growth）で先端肥大タイプ（Acromegaly）の巨人タイプ（Gigantism）の人びとが多くなったのではあるまいか。いずれにせよポリ

ネシアの島々が、陸上動物たる人間が居住地とするには、いかにも特殊にすぎる生活条件であることを物語っているだろう。

4. なぜポリネシア人は巨人タイプが多いのか

　ポリネシア人が、類まれなるほどに大柄で強靱な体格を誇るのは、たしかに逆説的ではあろう。小さな島々に住む巨人とは、まさにガリバー旅行記の物語ほどにも、現実味に欠けるではないか。

　実際、動物地理学の法則にも逆行する。たとえば対馬ヤマネコのように、小さな島に棲息する哺乳動物種は普通には、大陸の近縁種と比べて身体が小さい。集団遺伝学などで「島効果」（Island Effect）と呼ばれる現象である。だが、ことポリネシア人に関しては一見、事実は小説よりも奇なり、動物地理学の法則から外れるのだ。もしも現実のほうが正しいのなら、たしかにパラドックスめいてはいるものの、実際には、そうではないのではなかろうか。こうした現実が生じてきたのには、なにか理由があるはずだ。はたして、なにゆえになのか。

　この問いに答える前に、もう1つ別の角度からポリネシア人の身体特徴を見てみよう。じつのところ、彼らの下顎骨は、ことのほか大きい。手の部分も総じて大きい。なによりも、靴を履く部分、足部が絶対的に大きい。人間の範疇を超えて大きいのだ。トンガの人たちでの調査で、成人男性の平均足長が約28 cm、女性のそれが約26 cmと報告されている（Gonda and Katayama 2006）。つまりポリネシア人は、下顎や手、さらに足などがことさらに大きい、俗に言うところの先端肥大タイプの巨人タイプなのだ。こんな言い方をすると語弊があるので、正確を期すならば、ポリネシア人は「健全なる巨人タイプ体形を誇る人びと」と結論できよう。

　こうした身体特徴をキーワードにしてポリネシア人の来歴を探るならば、さきほどのパラドックスは、つぎのように解読できまいか。

　いまから3,000年か4,000年か前のこと、東南アジアからオセアニア方面に向けてカヌー群で乗り出した人びとがいた。おそらくは想像を絶するがごとき難行だったにちがいない。そのうえ、たどり着いた島々には、ないものねだりの貧弱な天然資源しかなかったから、そこで生活するのは、これまた苦行の連続。これらの難行苦行を超克するのに適した条件こそ、まちがいなく

身心ともに巨人であること、なおかつ慎ましき生活条件に耐えうる体質だったのではあるまいか。そんな暮らしぶりのなかで多数派になっていったのは、アジア人よりも過剰に成長しうる巨人タイプの健常者だったのではないだろうか。そんなモデルで、ポリネシア人に独得の巨人性の体型が生じたプロセスが説明できないだろうか。

　実際、ラピタ人と呼ばれる3,000年ほど前の頃の先史民族、つまりはポリネシア人の直系の祖先筋にあたる人たちについて、その骨格を調べると、ポリネシア人と同様に筋骨隆々としたヘラクレス型の体形、先端肥大タイプの巨大な体形をしていたことがわかった。ラピタ人の頃にはすでに、〈巨大なアジア人〉とも呼べるほどのポリネシア人的体形は誕生していたようだ。

5. ポリネシア人の生活文化の特質

　かくのごときシナリオで、ポリネシア人の身体的特異性、それに関わる彼らの社会での文化現象の特質を列挙することができる。

　では、なぜ彼らの身体は、かくも大柄で、かくも強靭なのか。はたまた、手足が巨大なのか。成人性の肥満に傾くのか。かつ、アジア人的な特徴が見え隠れするのだろうか。要するに、彼らの源郷が遠くアジアにあったがゆえに、アジア人的身体性がプロトタイプにあったということだろう。まずは、オセアニア方面に南下東進する過程で、巨体で力持ちの人たちが多く選抜されたこと、さらに次々と島々を発見・植民する航海の過程で、過分に成長する先端肥大傾向の巨人タイプの人たちが優勢となった、ということだろう。

　大柄で筋骨隆々の体格ではあるが、けっして大食の人びとではない。どちらかというと、平生は、むしろ小食である。1日1回ほどの食事、タロイモのおやつが少々、というところ。ないものねだりの小さな孤島では、かつては、タンパク質と脂肪に恵まれる高栄養・高カロリーの食べ物などは夢見ることもなかったはずだ。なにゆえ、かくも慎ましい食生活でありながら、巨体を維持できるのか。この理由はかんたん。つまるところ、ホモ・サピエンス流儀の食事ではなく、ゴリラ流のそれなのだろう。高栄養食物に恵まれなくとも、大量に食するわけでなくても、大柄で筋骨隆々たる身体を維持できる仕組みを身につけているのだ。いわゆる〈食いだめ〉効果であり、栄養分を摂取・吸収する効

率が抜群にすぐれているがゆえのことではあるまいか。つまりはアジア人の体質が、つつましきポリネシアの生活でモデルチェンジされたのであろう。

　ポリネシア人と言えば、屈強なラガーマン、大柄な力士、さらには、声量・声質・歌唱力ともに抜群のキリ・テ・カナワのような歌手を連想する向きがあろう。たしかにラグビーへの適性は、どの民族グループの人たちと比べても群を抜く。世界のラグビー・シーンでは、ニュージーランド、トンガ、サモア、フィジーなどの国名が響き、あるいはポリネシア系選手の名前は絶えることがないほど。まさにポリネシア人にとって、ラグビーとは、神々からの思し召しのごとき魂のスポーツなのだ（片山 2019）。このことは、トンガ王国のヌクアロファ、サモアのアピア、ニュージーランドのオークランドなどの街を一歩でも歩けば、すでに納得できよう。相撲との関係も即、うなずけよう。ヌクアロファやアピアなどは、さながらラガーマンやお相撲さんが集合したかのごとき趣だ。声量自慢が多いのも、大柄体形の体力自慢が多いことと大いに関係があろう。先端肥大の身体がゆえに、下顎骨をフレームとする気道、つまりは、あまりにも大きい声道部と関係することが解剖学的に立証されている（Houghton and Kean 1987）。

　ポリネシア人はアジア人の延長線上にある人びとだから、いまなおアジア人の体質が見え隠れするわけなのだ。

　その昔、台湾あたりから、豪亜地中海へ拡がり、西太平洋のラピタ人へと変貌を遂げ、さらには、ポリネシアの大三角圏の隅々まで拡散した〈ポリネシア行き急行列車〉に乗車した人びとがいたのだろう（Diamond 1988）。もちろん、なんの道草も食わず、南太平洋の島々に向け、あるいはポリネシアの島しょ世界へと、一目散に旅した人びとばかりではなかっただろう。たぶんに道草を食った人びとがいた。途中下車した人びとさえもいた。

　われわれ日本列島人と、台湾あたりを源郷としたはずのポリネシア人とは、まったくの赤の他人ではないだろう。もちろん〈兄弟姉妹のように〉とは言えないが、〈イトコかハトコか〉ほどのつながりを想う者に目くじらをたてることはない。ラグビー日本代表に多くのポリネシア系選手が名前を連ねるのは、けだし当然のことなのだ。

【参考・引用文献】

片山一道 2016『身体が語る人間の歴史』ちくまプリマリー新書 265。

片山一道 2019『ポリネシア海道記：不思議をめぐる人類学の旅』臨川書店。

DIAMOND, Jared 1988 Express train to Polynesia. *Nature* 336, 307-308.

GONDA, Eri and KATAYAMA, Kazumichi 2006 Big feet in Polynesia: A somatometric study of the Tongans. *Anthropological Science* 114: 127-131.

HOUGHTON, Philip 1996 *People of the Great Ocean*, Cambridge University Press.（P・ホートン〈片山一道訳〉2000『南太平洋の人類誌』平凡社）

HOUGHTON, Philip and KEAN, R. Mark 1987 Polynesian head: A biological model for *Homo sapiens. the Journal of the Polynesian Society.* 96: 223-242.

第2節　アジアから持ち込んだ動物と植物

印東道子

　東南アジアから島しょ部、そしてオセアニア島しょ部へと東進するにつれ、分布する野生動物の種類は激減する。とくに、大陸から遠く離れたポリネシアの島々にはコウモリとネズミをのぞいて哺乳類はおらず、ポリネシア人が最初に住み着いた数千年前には大量の鳥類がいたのみであった。

　そのような島しょ環境への定住に成功した要因の一つとして、拡散元のアジアから動物や植物を持ち込んで移動先の島へ移植したことがあげられる。これらは、食料としてだけではなく、衣類や建材、多様な道具類製作の素材としてポリネシア文化を構成するさまざまな物質文化を側面から担うことにもなった。

　他方で、拡散途中のメラネシアの島々には、数万年前から旧石器文化集団が暮らしており、野生動物を島しょ間で移植し、野生植物の栽培もすでに行なっていた。数千年前にこの地域を通り抜けるように移動し、先住集団とはほとんど接触をもたなかったように見えた新石器集団であるが、じつはこの先住集団から多くの栽培植物を入手していたことがわかってきている。本節ではオセアニアの島しょ域における居住戦略を、携行した動植物の側面からみてゆく。

1. ニア・オセアニアとリモート・オセアニア

　オーストラリア大陸に近いメラネシア西部の島々はニア・オセアニアと呼ばれ、ソロモン諸島が東端となる（図1）。今から28,000年前には、人類は海を越えてニア・オセアニアへと拡散した。この人びとは基本的に旧石器文化をもった狩猟採集民である。

　ニア・オセアニアには哺乳類はおらず（コウモリとネズミをのぞく）、主要な生物は有袋類と鳥類だった。とくに、島しょ部では狩猟対象が貧弱であったため、世界で最も古く動物（小型有袋類）を島から島へ移動させて食料を確保した証拠が見つかっている（Spriggs 2000）。

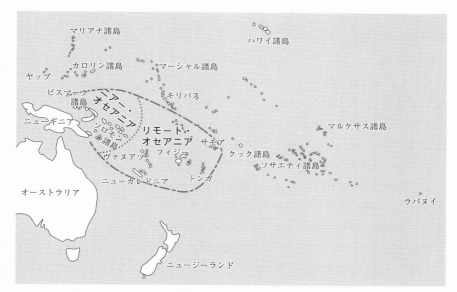

図1　オセアニア地図
・・・・・・・・・・ はニア・オセアニアとリモート・オセアニアの境界を示す
━・━・━ はラピタ遺跡の分布範囲を示す

　持ち込まれた動物にはクスクス類、フクロネズミ、ワラビー類、バンディ
クート、ヒクイドリなどが含まれていた。アジア起源の動物は皆無で、ニア・
オセアニア内の野生動物を利用した食料移植行為であった。
　一方、植物に関しては、ニューギニア高地で6,500〜7,000年前には縦横
に掘った排水溝を利用してタロイモやバナナを栽培するなど（Denham et
al. 2003）、新石器集団が拡散してくるよりも前から植物栽培を行なっていた
（Bellwood and Glover 2004）。
　今から3,350年前ごろになると、ラピタと呼ばれる装飾土器文化を携えた新
石器文化集団がビスマーク諸島に最古の足跡を残してニア・オセアニアを通過
し、一気にリモート・オセアニアへと拡散した（図1）。この集団こそポリネシ
ア人の祖集団で、発達した航海能力を持っていた。しかし、ポリネシア全体に
拡散するのは、サモアで約2,000年間停滞した後のことであった（本書第2章
第2節参照）。

このアジア起源の新石器文化集団は、オーストロネシア諸語とよばれる言語グループに属し（東はラパヌイ〈イースター島〉から西はマダガスカル島まで分布）、本稿では以下、オーストロネシアンと呼ぶ。今から 4,500 年前ごろに、言語から故地と目されている台湾から南へ移動を開始し、バタン島・バブヤン島を経由してフィリピンへ移動した（Bellwood 2011）。フィリピンからさらに南下したがその経路はあまりよくわかっていない。おそらく直接ニューギニア北部のビスマーク諸島へ移動したのではなく、ウォーレシア地域を通り抜けてニア・オセアニアへ拡散したことが、携行品の変化などから見てとれる。

　この新石器文化集団は、特徴的な鋸歯印紋を施したラピタ土器をはじめ、石斧や貝斧、貝製の釣り針や装身具類、航海用具、航海術など、多様な物質文化を含む文化複合を携行していた（第 2 章第 1 節を参照）。ラピタ文化複合がもつ多様性を見ると、オーストロネシアンが優れていたのは航海能力だけではなく、新しい島しょ環境での生存戦略をもっていたからだとわかる（印東 2002）。とくに、野生動植物類に乏しいメラネシア以東の島しょ世界への拡散定住には、有用な動植物を伴い周到に準備された移動が重要であった。

　以下では、これらのオセアニアへ持ち込まれた主要な動植物類を紹介し、それがどのような経路でオセアニアへ持ち込まれたのかを検証する。

2. 持ち込まれた動物

　オーストロネシアンの航海に携行された動物には、3,000〜4,000 年前ごろの東南アジアの基本的な家畜（家禽）のうち、カヌーに積み込めるサイズのイヌ、ブタ、ニワトリの 3 種類に加え、ネズミが含まれていた。これらはすべて食用とされたが、ネズミ以外の 3 種類が揃って飼育された島と、途中でどれかが消滅した島、最初から揃っていなかった島など多様である。

イヌ（*Canis familiaris*）

　「島にいるこれらの犬は全て背が低く、大きさは愛玩犬から最大級のスパニエル犬くらいまでまちまちであった。頭は大きく、鼻は突き出し、目は非常に小さく、耳はぴんと立ち、毛はかなり長くまっすぐの固い毛で、様々な色をしていたが、最もよく見られるのは白と茶色であった」（フォルスター 2006）

　これは、クック船長の第二回航海（1772〜75 年）に同行した植物学者ゲオル

ク・フォルスターがソサエティ諸島・フアヒネ島のイヌを観察した文章で、小型のポリネシア犬の特徴がよく示されている。歴史時代のポリネシアのイヌは、猟犬としての役割はあまりなく、ほとんどが儀礼時に食用とされた。調理されたタロイモやココナツなどの植物食でもっぱら育つため、犬肉の味はクック船長一行にも賞賛された。ニュージーランドでは例外的に狩猟犬として使われ、埋葬例も見つかっているが、食用にされたイヌも多かった（Davidson 1984）。伝統的なポリネシア社会でのイヌの利用は多様で、肉の食用利用の他に、毛皮がケープや胸飾りの素材に使われ、歯牙が装身具（アンクレット）や釣り針などの素材として使われた（Titcomb 1969）。

　イヌを最初にポリネシアへ持ち込んだのはラピタ集団であったが、メラネシアのニューカレドニアとヴァヌアツのラピタ遺跡からは現在まで一例も見つかっていない。また、いったんは持ち込まれたイヌがその後に消滅した例もあるので、その分布は一様ではなかった。

　オセアニアのイヌは、18世紀以降にヨーロッパ人が持ち込んだイヌとの混血が広く進んでいる。そのため、イヌがどのようにオセアニアへ持ち込まれたかを探るには、出土犬骨の古代DNAを分析する必要があり、まだ分析例はあまり多くない。ここ数年、ようやくラピタ遺跡やポリネシア各地の発掘犬骨の分析が進み、以下のようなことがわかってきた。

　オセアニアのイヌは、すべて人間が東南アジアから持ち込んだもので、大きく2種類に分けられる。狩猟採集民との関わりの強いオーストラリアの野生犬ディンゴとニューギニア高地のイヌ、そしてポリネシアなど島しょ地域の家畜イヌである。ディンゴに関しては、スウェーデンのP・サヴォレイネンらがディンゴ特有のミトコンドリアDNA型（A29）を特定し、東アジアの家犬から5,000年前ごろに分岐し、オーストラリアへは3,500年前ごろにもちこまれたものであることを報告した（Savolainen et al. 2004）。ニューギニア高地のイヌも同じA29型をもつため、共通の祖先を有していることがわかった。

　これに対してオセアニア島しょ部のイヌは、ディンゴとは遺伝子型が異なっているが、やはり東南アジアの家犬にそのルーツをもつ。このイヌこそ、オーストロネシアンがオセアニアに持ち込んだイヌであるが、最近の古DNAを使った研究からは以下の2つのハプロタイプがみつかり、異なる時代に2つ

の異なるルートでオセアニアに持ち込まれた可能性が示唆された（Greig et al. 2018)。

　1つ目はハプロタイプB型のイヌで、ラピタ遺跡から見つかる。ただし、分析試料はニューギニア本島南岸の後期ラピタ〜ラピタ後（BC約500年）のコーション湾遺跡出土のもので、いわゆるラピタの中心的分布地域からははずれ、年代もやや遅い。それでも、これらの試料からは、初めて台湾の鉄器時代のイヌと共通の祖先を持つ可能性が示唆された。ラピタ集団の出自が台湾に求められてはいても、台湾のイヌとの関係性は見つかっていなかっただけに、この研究は注目される。ただし、試料数があまりに少ないため、この結果が台湾との直接的な関係なのか、東南アジア大陸部にも共通するハプログループを持つイヌが存在したのかを判断するにはまだ早いであろう。

　2つ目はハプロタイプA2b2を持つイヌで、今から2,000年前以降にソロモン諸島からポリネシア西部の島に出現し、その後、ポリネシア全域へと拡散したイヌである。同じハプロタイプは東南アジア大陸に類似例が求められ、台湾には見つかっていないことから、K・グリーグらは、ラピタより遅れて東南アジアから持ち込まれたと考えている（Greig et al. 2018)。2,000年前というのは、ポリネシアからメラネシアへの後戻り（アウトライアーの移動）やミクロネシアへの移動などが行われた時期であり、何らかの形での東南アジアとの接触を通してイヌが広まったことが考えられる。

ブタ（*Sus scrofa*)

　オセアニアのブタは、黒毛で口が尖った頭をしており、イノシシのイメージに近い。ラパヌイやニュージーランド、ミクロネシアの島々などのようにブタを持ち込むのに失敗した島もあった。ブタはかなりデリケートな動物なので、ハワイのように1週間以上も航海する必要のある島へブタを運べたこと自体がむしろ驚きである。定住後にブタが野生化した島はニューギニアやフィジーなどの大きな島に限られ、ほとんどは人間の飼育下で育てられた。儀礼時には欠かせない捧物として貴重な存在で、日常に食べられることはなかった。とくに、メラネシア社会でのブタの経済的な価値は高く、婚資などさまざまな儀礼交換に用いられた（印東2002)。

　歴史時代のオセアニアへは、ヨーロッパから運んできた多様な動物類が放さ

れ、ブタもその中に含まれていた。たとえば、1817年にマーシャル諸島を訪れたロシア人のO・コッツェブーは、ヤギ、ブタ、イヌ、そしてネコまで置いて帰っている（Hezel 1983: 93）。そのため、ブタの起源を探るための遺伝子分析を行なうには、ヨーロッパ人とのコンタクト以前のブタ試料を用いることが肝要である。

　ながらく、ニューギニアには6,000年以上前からブタが存在した可能性が指摘されてきた（Swadling et al. 1989など）。しかし、S・オコナーらはラム川や東部高地など、これまでブタの骨を出土した複数の遺跡を徹底的に再調査し、出土骨の直接年代測定などを行なった結果、ニューギニアのブタはすべて3,000年前より古くは遡らないことを明らかにした（O'Connor et al. 2011）。ただし、持ち込んだのはラピタ人ではなく、ウォーレス線より西側の農耕民であるという。

　オセアニア出土のブタ骨のミトコンドリアDNAを世界のブタと比較分析したG・ラーソンらは、オセアニアのブタは太平洋クレードル（生物群）と呼べる特有の遺伝子型を構成していたことを明らかにした。ニューギニアからハワイにかけて分布したブタはすべてこの太平洋クレードルに分類され、共通の起源をもつ（Larson et al. 2005）。その後、東南アジアの資料も加えて分析が行なわれた結果、小スンダ列島、ジャワ、スマトラ、ベトナムからも太平洋クレードルのハプロタイプが見つかった（Larson 2007）。つまり、オセアニアのブタは、ベトナムにまでその系統を遡ることができ、ベトナム沿岸部→マレーシア→スマトラ→ジャワ→ウォーレシア→オセアニアという移動の歴史が想定できる（Matisoo-Smith 2015）。

　ところが、このユニークな太平洋クレードルのハプロタイプは、過去から現代にかけて中国、台湾、フィリピン、ボルネオ、スラウェシのいずれからも見つかっていない。おそらく、ラピタ集団はウォーレシアを通過したさいにブタを入手し、ポリネシアへと運んだのであろう。当時のウォーレシアには、すでにマレー半島から太平洋クレードルのブタが伝わっていたと思われる。

ニワトリ（*Gallus gallus*）

　オセアニアのニワトリもアジアから持ち込まれて広く分布していたが、イヌやブタに比べて伝統社会におけるその存在感は薄かった。家の周囲で放し飼いにされるため、野生化したニワトリがいる島も多かった。島によっては尾羽根

が装飾用に利用されたが、卵は食用にされず、もっぱら儀礼時にブタやイヌとともに食用に供された。ラパヌイのようにニワトリしか飼育動物がいなかった島では神に捧げられる貴重な動物の地位を占めていた一方で、ニュージーランドのように導入されなかった島もあった。

　ニワトリの場合も、遺跡から発掘された骨や現代の野鶏のミトコンドリアDNAを分析して、その拡散ルートを復元する研究が進められている。ラピタ遺跡（ソロモン諸島、ティコピア、ヴァヌアツ、トンガ、サモア、ニウエ）から出土した紀元前の資料は、すべてハプログループEに分類されることが報告された（Storey et al. 2012）。ところがその後、主として現代のニワトリ試料を使ったトムソンらの研究では、ハプログループEはごく少量しか検出されず、オセアニアに広く分布していたのはハプログループDであると指摘された。この研究で分析されたハワイとラパヌイ、ニウエからの先史骨もハプログループDであったため、ハプログループEを検出した最初の研究結果はコンタミネーションの結果であろうとも示唆された（Thomson 2014）。

　しかしその後、次世代遺伝子解析によって全ミトコンドリアゲノム配列の分析がオタゴ大学のマティスー・スミスらによって進められた結果、ハプログループDとEは同じハプログループD内のヴァリエーションに過ぎないことがわかった。前者はD1a、後者はD1bとされ、D1aは歴史時代から現代のニワトリがほとんどで新しく、ラピタ期からAD1000年ぐらいの古いニワトリはD1bに分類されるという（Matisoo-Smith, et al. 2019）。

　他方で、現代の試料を使用するさいには、歴史的な背景を充分に考慮する必要がある。たとえば、O・トムソンらはグアムとフィリピンのニワトリの類似性を重視しているが、グアムをはじめとするマリアナ諸島は確実な先史時代のニワトリの存在は知られていない上、宗主国スペインが早くから交易拠点を築いてフィリピンからニワトリやブタ、水牛なども導入しており、フィリピンと「似ている」のは当然なのである。

　ハプログループDは東南アジアからアジア大陸にその祖型が求められ、フィリピンの野鶏からはD1aとD1bの両方が見つかっている（Matisoo-Smith, et al. 2019）。オセアニアのニワトリがフィリピンを故地にしていた可能性は高い。

ネズミ （*Rattus exulans*、*Rattus rattus*）

　オセアニアのほとんどの島では今でもネズミがみつかる。もちろん、人間の
カヌーに乗って拡散した子孫である。80年代ごろまでは、人間が意図せず、勝
手にカヌーにもぐり込んで広まったと考えられてきたが、現在では食料の一部
としてカヌーに持ち込まれた可能性の方が高いと考えられている。実際に、民
族誌資料にはネズミの調理法なども記録され、食用にされていたことがわかる。

　ポリネシアに分布するネズミはナンヨウネズミ（*Rattus exulans*）で、ほぼす
べてのラピタ遺跡の最古層から見つかる。ナンヨウネズミは、ヨーロッパ船に
もちこまれたドブネズミとは交配しないうえ、湿った環境を嫌うので、ヨー
ロッパ船で他の島へ移動した可能性もなかった。そこで、このネズミ資料を使
えば人間の移動も復元できるのではないかと考えたのが、当時オークランド大
学の大学院生だったL・マティスー・スミス（現オタゴ大学教授）だった。

　現代のネズミ資料や博物館資料を用いてDNAを調べた結果、東南アジアと
太平洋のナンヨウネズミのDNAには、三つのハプログループが存在し、分布
パターンは非常に明確なものだった（Matisoo-Smith 1994, Matisoo-Smith et al.
1998）。

1. 東南アジア島しょ部のみに分布
2. 東南アジア島しょ部からソロモン諸島（ニア・オセアニア）に分布
3. ソロモン諸島より東の島々（リモート・オセアニア）にのみ分布

　ポリネシアのナンヨウネズミは、すべてグループ3に含まれるが、ポリネシ
ア人の故郷と目されている台湾やフィリピンには分布しておらず、2と3のタ
イプが両方分布しているのはインドネシアのハルマヘラ島のみであった。ネズ
ミもまたウォーレシアからオーストロネシアンの移動パッケージに加わったと
いえる。

　他方、ミクロネシアにはナンヨウネズミではなく、アジアに広く分布するク
マネズミ（*Rattus rattus*）が広く分布していた。拡散時にネズミを携行したこと
はポリネシア人と共通するが、ネズミの違いは拡散元の違いを示している可能
性が高い。いずれにしても、イヌやブタを持ち込むのに成功しなかったミクロ
ネシアの大部分の島でも、ネズミは人間と共に拡散し、食用にもされていた。

表1　オセアニアへ持ち込まれた有用植物

植物名	和名	原産地	主な用途
Areca catechu	ビンロウヤシ	東アジア	嗜好品、木材
Aleurites moluccana	ククイノキ（キャンドルナッツ）	?	染料、装飾、燃料
Alocasia macrorrhiza	インドクワズイモ（サトイモ科）	ニューギニア	食
Artocarpus altilis	パンノキ	ニューギニア	食、樹皮布、接着剤、カヌー材、薬
Broussonetia papyrifera	カジノキ	アジア	樹皮布、ロープ
Calophyllum inophyllum*	テリハボク	熱帯アジア	木材（木鉢、太鼓、カヌー）、薬、
Cocos nucifera*	ココヤシ	?	食、ロープ、木材、マット、燃料
Colocasia esculenta	コロカシア（サトイモ科）	インド〜インドシナ・ニューギニア	食
Cordia subcordata*	カキバチシャノキ	熱帯アジア	食、木材、染料
Cordyline fruticosa*	センネンボク	不明	食、衣、屋根材、薬
Curcuma longa	ウコン（ターメリック）	インド	染料、薬
Cyrtosperma chamissonis	ミズズイキ	ニューギニア	食
Dioscorea alata	ヤムイモ（ダイジョ）	東南アジア	食
Dioscorea bulbifera	ヤムイモ（カシュウイモ）	熱帯アジア	食
Dioscorea pentaphylla	ヤムイモ（アケビドコロ）	東南アジア	食
Gardenia taitensis	クチナシ属	?	木材（タパ打ち台）、染料、装飾
Hibiscus tiliaceus	オオハマボウ	熱帯	衣、繊維、ロープ、薬、
Inocarpus fagifer	タイヘイヨウグリ	東マレイ〜ニューギニア	食、木材、燃料、薬
Ipomoea batatas	サツマイモ	中米	食
Lagenaria siceraria	ヒョウタン	アジア	容器、楽器、薬
Morinda citrifolia*	ヤエヤマアオキ	アジア	食、染料（タパ）、薬、ブタエサ
Musa acuminata	バナナ	東南アジア	食、包装材（葉）、地炉の覆い
Musa troglodytarum	ヤマバナナ	西太平洋	食、
Musa X paradisiaca	料理用バナナ（バショウ属）	ニューギニア	食、衣用繊維（織物）、薬
Pandanus tectorius*	アダン（タコノキ）	アジア〜太平洋	食、屋根材、マット素材、木材、薬
Piper betle	キンマ	マレー半島	嗜好品
Piper methysticum	カヴァ	メラネシア	嗜好品、屋根材、薬
Saccharum officinarum	サトウキビ	ニューギニア	食、薬
Schizostachyum glaucifolium	中型のタケ	?	建材、容器、漁具、ナイフ、楽器
Solanum viride	ナス属		食、装飾、薬
Syzygium malaccense	マレーフトモモ	マレー半島	食、薬
Tacca leontopetaloides*	タシロイモ	インド？	食、接着剤（タパ）
Tephrosia purpurea	ナンバンクサフジ	?	魚毒、薬
Thespesia populnea*	サキシマハマボウ	?	食、木材（カヌー、パドル、手斧柄）、染料、薬
Zingiber zerumbet	ショウガ科	アジア	薬、香料

（*は自然分布の可能性）（印東　2017: 96-7、『世界有用植物事典』〈平凡社　1989〉などに基づく）

3. 移植された植物

　ポリネシアへ拡散してきたオーストロネシアンのカヌーには、動物の他にさまざまな植物も積み込まれていた。航海中の食料としてはもちろんのこと、新たに発見して移住することになる島に移植するためである。食用の他、ロープや建材、屋根材、染料などの素材を供給する多様な植物が含まれていた（表1）。

　高温多湿なオセアニアでは、植物遺存体の検出は難しい。そのため、言語や土中に残された花粉、でんぷん粒、炭化遺存体の検出など、多様な手法を使って移植された植物の復元が試みられ、ある程度成功している。もっともオーソドックスで信頼性が高いのは言語研究で、主食であるタロイモやヤムイモなどの根栽類をはじめ、バナナやサトウキビ、カジノキ（タパや樹皮布の原料）などの多くの有用植物の存在がオセアニア祖語（POC）として復元された（Pawley and Green 1985）。これらはほとんどが挿し木など栄養繁殖をする植物で、熱帯島しょに持ち運ぶ植物としては最適であった。

　ところが、近年の植物遺伝学研究によって、オセアニアの有用植物の栽培化がどこで行われたかなど、その起源が徐々に解明されており、すべてがアジア起源ではなかったことがわかってきている。

　ココヤシは、オセアニアに自然分布していたが、栽培化は東南アジアから西太平洋の間で起こった（Harries 1990）。現在も野生種と栽培種が混在しており、人類によって果実のより大きな栽培種が広く持ち運ばれたことがわかる（Allaby 2007）。タロイモに関しては、東南アジアとニューギニアで別々に栽培化されたが（Lebot et al. 2004）、サトウキビやパンノキ、パンダナス、フェイバナナなどは、ニューギニア周辺で栽培化されていた（Lebot 1999）。このほか、食用ではないがオセアニアの儀礼時に重要なカヴァなどはヴァヌアツ起源であり、東南アジアからパッケージとして栽培植物を持ち込んだという従来の考えは否定せざるを得なくなっている。とくに、ニューギニアで栽培化された植物の多さには注意が必要であり、オーストロネシアンがウォーレシア～ニューギニア北岸地域を通り抜けて拡散したさいに新しい植物を積極的に取り込んだ可能性が高い。先住民が栽培化したものを導入するばかりではなく、オーストロネシアンが豊富な野生植物の中から選択して利用・栽培化したことも考えられる。

結語

　オーストロネシアンがオセアニアへ持ち込んだ動植物のほとんどはアジア起
源であるが、台湾から携行したものばかりではなく、拡散移動中に入手したも
のも多かったことがわかる。とくに、ウォーレシアからニューギニア北部を通
過するのに千年ほどの時間があり、ここからじつに多くの有用動植物を入手し
ていたことがわかってきた。独自の導入と栽培化を繰り返していたのである
（Allaby 2007）。他方で、現代に伝わる遺伝形質が歴史の全てを物語るわけでは
ないであろう。遺伝的多様性が見つかる地域が実際に栽培化の中心だったの
か、単に原産地であっただけで、そこから入手した植物を島へと持ち込んで栽
培化を重ねるような歴史もあったのではないか。歴史を復元するためにはまだ
留意しなくてはならないことは多い。

【参考・引用文献】
印東道子 2002『オセアニア　暮らしの考古学』朝日選書 715。
印東道子 2017『島にすむ人類：オセアニアの楽園創世記』臨川書店。
フォルスター・ゲオルゲ 2006『世界周航記　上巻』（服部典之訳）岩波書店。
ALLABY, R. 2007 Origins of plant exploitation in Near Oceania: A review. In Friedlaender,
　　　F.R. ed., *Genes, Language, and Culture History in the Southwest Pacific*, Oxford
　　　University Press, pp. 181-198.
BELLWOOD, P. 2011 Holocene population history in the Pacific region as a model for
　　　worldwide food producer dispersals. *Current Anthropology* 52(4): S363-S378.
BELLWOOD, P. and I. GLOVER 2004 Southeast Asia: Foundations for an archaeological
　　　history. In Glover, I. and P. Bellwood eds., *Southeast Asia: From Prehistory to History*,
　　　Routledge, pp. 4-20.
DAVIDSON, J. 1984 *The Prehistory of New Zealand*. Longman Paul.
DENHAM, T., et al. 2003 Origins of agriculture at Kuk swamp in the highlands of New
　　　Guinea. *Science* 301: 189-193.
FILLIOS, M.A. and P.S.C. TAÇON 2016 Who let the dogs in? A review of the recent
　　　genetic evidence for the introduction of the dingo to Australia and implications for the
　　　movement of people. *Journal of Archaeological Science: Reports* 7(June): 782-792.
GREIG, K., et al. 2018 Complex history of dog (*Canis familiaris*) origins and transloca-

tions in the Pacific revealed by ancient mitogenomes. *Scientific Reports* 8: 9130.

HARRIES, H.C. 1990 Malesian origin for a domestic *Cocos nucifera*. In Baas, P. et al. eds., *The Plant Diversity of Malesia*, Kluwer Academic Publishers, pp. 351‐357.

HEZEL, F.X. 1983 *The First Taint of Civilization: A History of the Caroline and Marshall Islands in Pre‐Colonial Days, 1521‐1885*. Pacific Islands Monograph Series 1, University of Hawaii Press.

LARSON, G., et al. 2005 Worldwide phylogeography of wild boar reveals multiple centers of pig domestication. *Science* 307(5715):1618‐1621.

LARSON, G., et al. 2007 Phylogeny and ancient DNA of *Sus* provides insights into neolithic expansion in Island Southeast Asia and Oceania. *Proceedings of the National Academy of Sciences* 104(12): 4834‐4839.

LEBOT, V. 1999 Biomolecular evidence for plant domestication in Sahul. *Genetic Resources and Crop Evolution* 46: 619‐628.

LEBOT, V., et al. 2004 Characterisation of taro (*Colocasia esculenta* (L.) Schott) genetic resources in Southeast Asia and Oceania. *Genetic Resources and Crop Evolution* 51: 381‐392.

MATISOO‐SMITH, L.E. 1994 The human colonisation of Polynesia. A novel approach: Genetic analyses of the Polynesian rat (*Rattus exulans*). *The Journal of the Polynesian Society* 103(1): 75‐87.

MATISOO‐SMITH, L.E., et al. 1998 Patterns of prehistoric human mobility in Polynesia indicated by mtDNA from the Pacific rat. *Proceedings of the National Academy of Sciences of the United States of America* 95(25): 15145‐15150.

MATISOO‐SMITH, L.E., A. GOSLING and D. BURLEY, 2019, A Tale of Tongan Chickens. Paper presented at the 84th Annual Meeting of the Society for American Archaeology, April 10‐April 14, 2019, Albuquerque.

O'CONNOR, S., et al. 2011 The power of paradigms: Examining the evidential basis for Early to Mid‐Holocene pigs and pottery in Melanesia. *Journal of Pacific Archaeology* 2(2): 1‐25.

OSKARSSON, M.C.R., et al. 2012 Mitochondrial DNA data indicate an introduction through Mainland Southeast Asia for Australian dingoes and Polynesian domestic dogs. *Proceedings of the Royal Society. B, Biological Sciences*. 279(1730): 967‐974.

PAWLEY, A. and R.C. GREEN. 1985 The Proto‐Oceanic language community. In Kirk, R. and E. Szathmary eds., *Out of Asia: Peopling the Americas and the Pacific*, The Journal of Pacific History, pp. 161‐184.

SAVOLAINEN, P., et al. 2004 A detailed picture of the origin of the Australian dingo, obtained from the study of mitochondrial DNA. *Proceedings of the National Academy of Sciences of the United States of America*, 101: 12387–12390.

SPRIGGS, M. 2000 Can hunter‐gatherers live in tropical rain forests?: The Pleistocene island Melanesian evidence. In Schweitzer, P.P., et al. eds., *Hunters and Gatherers in the Modern World: Conflict, Resistance, and Self‐Determination*, Berghahn Books, pp. 287‐304.

STOREY, A. A., et al. 2012 Investigating the global dispersal of chickens in prehistory using ancient mitochondrial DNA signatures. *PLoS ONE* 7 (7): e39171.

SWADLING, P., et al.1989 A late Quaternary inland sea and early pottery in Papua New Guinea. *Archaeology in Oceania*, 24: 106–109.

THOMSON, V.A., et al. 2014 Using ancient DNA to study the origins and dispersal of ancestral Polynesian chickens across the Pacific. *Proceedings of the National Academy of Sciences of the United States of America* 111 (13): 4826‐4831.

TITCOMB, M. 1969 *Dog and Man in the Ancient Pacific with Special Attention to Hawaii.* Bernice P. Bishop Museum Special Publication 59. B.P. Bishop Museum Press.

第3節　オセアニアの「貝斧」と「石斧」
―人の行動の柔軟性と多様性

山極海嗣

　3,500〜3,300年前に初めて人類が本格的に進出・定着したミクロネシアやメラネシア、ポリネシアからなるオセアニア島しょ地域（図1）。大陸から遠く離れた多様な環境を持つこの小さな島々では、多彩で地域色が豊かな文化が育まれた。本論で取り上げる貝殻で作られた斧「貝斧」も大陸地域などではほとんど目にすることがない本地域の特色の一つであり、貝を用いた道具はサンゴ礁豊かな南太平洋の島々に象徴的な物質文化であると言える。一方で、この南太平洋の全ての島や地域で貝斧の利用が盛行したわけではなく、貝ではなく石を素材とした斧「石斧」を多用した地域もあった。

　一見すると同じ環境に見えるこの島しょ地域で、なぜ「貝」と「石」という異なる素材を用いた斧の利用が分かれたのか。その背景には多彩な環境条件における人びとの行動の柔軟性や多様性を読み取ることができる。本論ではオセ

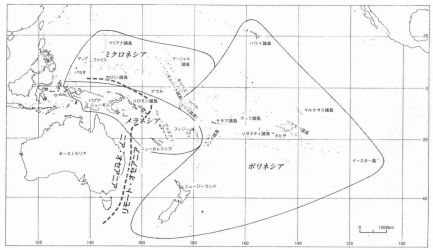

図1　オセアニア島嶼地域と地域区分（印東 2017：9）

アニア島しょ地域で利用が展開した貝斧と石斧という二種類の斧の事例から、人々が貝や石で作られた道具を使い分けた背景へ迫ることとしたい。

1. オセアニア島しょ地域の文化を彩る
「貝斧」と「石斧」とは何か？

　はじめに、貝斧・石斧とは何かについて整理しておこう。「石斧」は日本の先史考古学でもよく知られた語で、「おもに木の伐採・打ち割り・削平に使う石の刃物。（中略）農具の鍬のように刃と柄がほぼ直交する横斧と、金太郎が担ぐ鉞のように刃と柄がほぼ並行する縦斧とがある。」（田中・佐原 2006: 485）と説明される。一方で、「貝斧」はオセアニア島しょ地域などでよく知られている道具を示す語で、日本では知る人ぞ知る用語である。貝斧はその名が示す通り貝殻を素材とした刃物で、その形状や研磨によって形成された刃、想定される使い方など、素材以外は石斧とよく似た特徴を有している。

　素材は、石斧では主に火成岩や変成岩が用いられ、ポリネシアなどでは安山岩や玄武岩を用いた石斧（図2）がよく利用された。一方、貝斧にはサンゴ礁に生息するシャコガイ、トウカムリガイ、タケノコガイ、ラクダガイなどの貝殻が素材として利用され、中でも貝殻の分厚く硬いシャコガイを用いた貝斧はミクロネシアなどでよく知られている（図3）。石斧も貝斧も研磨加工のさいには砂岩などの堆積岩や石灰岩の砥石（図4）が使われ、他にもサンゴ、パイプウニなども用いられることがあった（印東 2002: 86-87）。

　考古学的資料として出土する石斧や貝斧は刃の部分しか残存していないことが多いが（図2・3）、日本では一般的に木製の「柄」を用いた利用が想定されることが多く、これは南太平洋における石斧・貝斧においても同様である。オセアニア島

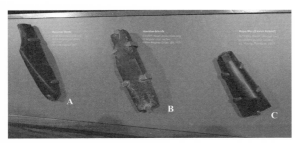

図2　ポリネシアの石斧
（A：マルケサス諸島、B：ハワイ諸島、C：イースター島。いずれも玄武岩製。ビショップ博物館所蔵）。
有段や有肩といった多様な形態の石斧が利用された。

しょ地域では19世紀頃に現地を訪れた宣教師の記録や収集物、近現代の民族学的調査の成果から木製の柄を付けた石斧や貝斧の姿を確認することができるのに加え（図5・6）、篠遠善彦らによるポリネシアのソサエティ諸島での調査では、考古学的資料としては珍しい木製の柄のついた約1,000年前の石斧が遺跡から確認されている（篠遠・荒俣 1994: 177-178）。

　貝斧や石斧の柄の付け方は、「縦斧」・「横斧」といった斧としての機能に関わるが、オセアニア島しょ地域の石斧や貝斧は考古学的資料・民族学的資料を含め、そのほとんどが鍬のように刃と柄がほぼ直交する「adze（横斧）」と報告されている。中には縦斧と考えられるものや、「chisel（鑿）」と区別される小型のものが含まれることもあるが、石斧と貝斧の大半は横斧としての特徴を有している。したがって、その機能としても伐採などよりも、木材の表面を削ったり刳り貫いたりする作業が向いており、用途は主にカヌー製作と関連したものが想定されている（石村 2011: 77-78）。オセアニア島しょ地域に進出した人びとは高度な造船・航海技術を有しており（図7）、広範囲に広がる島々の間で人や物が行き交うネットワークが形成された（小野 2018）。そのため、カヌーとその製作はこの地域の人び

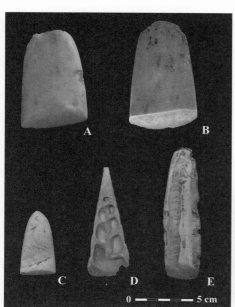

図3（左）　ミクロネシアの貝斧
様々な種類の貝殻を使用し多様な貝斧が利用された（A〈パラオ採集〉-B〈ヤップ採集〉：シャコガイのちょうつがい部、C〈ファイス島出土〉：シャコガイの腹縁部、D〈ファイス島出土〉：タケノコガイ、E〈ファイス島出土〉：トウカムリガイの口唇部）。（印東 2002：88など）
図4（右）　ミクロネシア・パラオにおける表面に数条の窪みを残した砥石（印東 2002：88）

図5（左）　フランス領ポリネシア・
オーストラル諸島採集の石斧（海洋文化館所蔵）
図6（右）　ミクロネシア・チューク諸島
採集の貝斧（海洋文化館所蔵）

図7　プルワット島のシングル・
アウトリガー・カヌー（海洋文化館所蔵）
船の他にも天体や自然現象の観測を活かした高度
な伝統的航海術が用いられた。

とにとってひときわ重要な作業であり、代表的な工具である「斧」もその製作
に不可欠な道具であったと考えられている。その一方で、斧は家の建築、或い
は畑の開墾に伴う作業などにも使われており（印東 2002: 72-107）、斧一本に万
能工具的な役割が求められた柔軟性の高い利器であった。

2. オセアニア島しょ地域における貝斧・
石斧利用の始まりと地域性の展開

　このような石斧と貝斧のオセアニア島しょ地域での歴史は、この地域へ本
格的に人類が進出した初期にまで遡る。本地域における「ラピタ文化」と呼
ばれる初期文化期の遺跡は、主にメラネシアから西部ポリネシアに分布してお
り、その流れを引く人びとがオセアニア島しょ地域全体へと拡散していった
（Bellwood 2011）。このラピタ文化の遺跡からは石斧や貝斧に加え（Sand 2010;
Szabó 2010）、研磨に使う砥石と考えられる資料が出土している（Petchey et al.
2016）。ラピタ文化が南太平洋のすべての島々における貝斧や石斧利用に明確
に繋がったと断定するのは難しいが、少なくともオセニア島しょ部に進出した
初期の人びとは石斧や貝斧に加え、それらを加工する技術や知識も有していた
と考えられる。

　しかしながら、広大な範囲に跨るオセアニアの島々へ人類が拡散した後、す
べての地域でその利用が一様であったわけではない。たとえば、メラネシアで

は石斧と貝斧両方の利用が併存したが、ニューギニア島しょ部からヴァヌアツでは貝斧、フィジーからニューカレドニアでは石斧が多用された（印東 2017: 190-191）。また、ミクロネシアでは、例外的に石斧が多用されたマリアナ諸島を除き、大半の地域で貝斧利用が盛行した（op. cit.）。ミクロネシアの貝斧利用はその移住初期からヨーロッパとの接触が強まる 19 世紀頃まで継続しており、貝斧利用伝統における終局地と呼ばれることもある（小野 1999）。

　これに対し、ポリネシアではほぼ全域の火山島で石斧が利用され、一部のサンゴ島で貝斧利用が展開した。ポリネシアではとくにソサエティ諸島やツアモツ諸島などの東ポリネシアなどで、移住初期から島しょ間で石斧やその石材を運ぶネットワークが展開し（Rollet et al. 2015）、ツアモツ諸島でみつかった石斧の一部は 4,000 km 以上も離れたハワイ諸島の石材を使っていたことが示されている（Collerson and Weisler 2007）。ソサエティ諸島では石斧だけでなく貝斧の出土も確認されているが（Sinoto and McCoy 1975）、島しょ間ネットワークによって運ばれた石斧を併用していた様子は、貝斧を多用したミクロネシアとは対照的であったと言えるだろう。

3.　なぜ貝斧・石斧利用の地域差は生まれたのか？

　では、なぜこのような貝斧・石斧利用に関する地域差が生み出されたのであろうか。オセアニア島しょ地域へ進出した人びとは、メラネシアなどでニューギニア地域との遺伝的・文化的交流が存在したものの（e.g. Skoglund et al. 2016）、基本的に遺伝子や言語は同じ祖先集団から派生しており、考古学的にも別の地域からまったく異なる集団が入れ替わった痕跡は確認されていない。比較的初期の遺跡から石斧と貝斧の両方が確認されている点も鑑みると、「文化起源や系統が異なるから石斧と貝斧の異なる利用が生まれた」といった単純な図式ではないことが理解できる。

　そこで注目できるのが環境条件との関わりである。たとえば、貝斧利用が展開したミクロネシアでは、石器に適した石材が乏しい反面、貝素材が豊富な環礁島や隆起サンゴ島が多い。これに加え、貝素材は石材に比べて強度などで斧への適性が高いとされ、こうした環境的要因や素材条件が貝斧利用を促進したのではないかと考察されている（印東 2002: 82-86）。一方で、石斧が多用され

たサモア以東のポリネシアでは、貝斧の素材の一つである最も厚いオオジャコガイが手に入り難く、反対に石器素材となる石材資源が豊富であったことが背景に挙げられている（op. cit.）。貝斧利用が展開したミクロネシアにおいて、例外的に石斧が多用されたマリアナ諸島も、貝素材が乏しい反面石材が豊富な環境下にあり、この傾向に該当する。ただし、ポリネシアではサンゴ島でも石器や石材を輸入してまで石斧を利用することもあり、単純にその利用のすべてを自然環境の要因のみで説明することはできない。ポリネシアでは運ばれた石斧が政治的な力の象徴となった可能性や（Clark et al. 2014）、島しょ間ネットワークに伴った人の遺伝的な交流の存在が挙げられており（Horsburgh and McCoy 2017）、ポリネシアでの石斧利用の維持には単純に利器としての価値だけでなく社会的意味や役割が影響していた可能性がある。

　自然環境条件と素材の利便性との合致は、居住環境に対する人の適応的行動が石斧や貝斧利用における地域差の引き金となった可能性を示しているが、道具の利用や維持には社会的・文化的な要因も複雑に絡んでおり、その時々の複合的な状況に応じた人びとの「選択」が結果として道具利用の地域性をもたらした。篠遠喜彦はかつてピトケアン諸島のヘンダーソン島において、下層では石斧や真珠貝の精緻な釣り針が出土したのに対し、上層では薄手の貝斧やカキなどの粗い釣り針が出土したことを「自分たちが外から持ってきたものがなくなったあと、その土地から得られる資源を使って生き延びたという典型」（篠遠・荒俣 1994: 250-251）と表現している。この事例には、人びとがその時々の自然環境や社会的状況に応じて自らの文化を多彩に変化させていった姿が表れており、オセアニア島しょ部における石斧や貝斧の利用は、そうした多様な環境における人の行動の柔軟性や多様性を反映したものと言える。

4.　他地域の石斧・貝斧利用との比較から見えること

　オセアニア島しょ地域の文化を彩る貝斧と石斧であるが、本地域以外にも両者が併用された事例が存在する。その一つがウォーレシアを中心とした東南アジア島しょ部である。この地域では 4,000 年前から 1 万年前にまで遡る貝斧や石斧が確認されており（Fox 1970, Pawlik et al. 2015）、本地域で 4,000 年前頃に展開した新石器文化はその後、オセアニア島しょ地域に進出した人びとに繋が

ると考えられている（Bellwood 1997）。そのため、この地域はとくにメラネシアなどの貝斧・石斧利用の起源となる可能性を有しているが、なぜ貝斧や石斧が併用されたのか、どちらが先に生み出されたかについては結論が出ていない。ただ、貝斧は島しょで見つかる傾向にあることから海域世界への適応の一つと考えられており（小野 2018）、そうした行動が人類史における非常に古い時期から現れていたことが読み取れる。

　また、日本列島南西端の宮古・八重山諸島でも約2,800年前に貝斧利用が登場した。この貝斧が東南アジア島しょ部からの伝播によって発生したのか、あるいは本地域で独自発生したのかについては未だ見解が分かれているが、本地域においても貝斧だけでなく石斧の利用が共存した（図8）。加えて、石斧利用は石器石材の豊富な島の周辺に、貝斧利用は石材の欠乏するサンゴ島に分布するというオセアニアと類似した傾向を示しており、貝斧・石斧利用は本地域の素材資源環境に適応的な選択であったことが指摘されている（山極 2017）。

　オセアニア島しょ地域における貝斧利用や石斧利用は、それぞれ地域特有の環境や社会的状況に基づいて選択された地域独自の文化であり、東南アジア島しょ部や宮古・八重山諸島での利用と同一であったわけではない。しかし、貝斧や石斧に見える柔軟性や多様性が東南アジア島しょ部や日本列島南西端地域とも共通性を示すことは興味深い。オセアニアを含め島しょ地域に人が継続して定着したのは人類史上では比較的遅いイベントでそこには多くの困難が存在

したと考えられるが、貝斧や石斧に見られる環境や状況に応じた人の行動の柔軟性や多様性は、そうした困難を克服した地域を越えた人類共通の戦略を示しているとも言えるだろう。

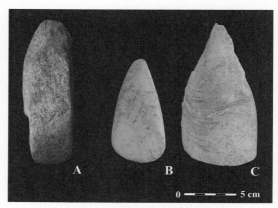

図8　宮古・八重山諸島の石斧と貝斧
（A：石斧、B-C：貝斧。宮古島教育委員会所蔵）

【参考・引用文献】

石村智 2011『ラピタ人の考古学』溪水社。

印東道子 2002『オセアニア暮らしの考古学』朝日新聞社。

印東道子 2017『島に住む人類　オセアニアの楽園創世記』臨川書店。

小野林太郎 1999「東南アジア・オセアニアの貝斧について―ミクロネシアにおけ
　　る貝斧の型式分類と比較研究―」『東南アジア考古学』19: 19-56 頁。

小野林太郎 2018『増補改訂版　海の人類史　東南アジア・オセアニア海域の考古
　　学』雄山閣。

篠遠善彦・荒俣宏 1994『楽園考古学』平凡社。

田中琢・佐原眞（編）2006『日本考古学事典』三省堂。

山極海嗣 2017「先史南琉球から見た東南アジア島しょ地域の「貝斧利用文化」が
　　北上した可能性」『東南アジア考古学』37: 19-34 頁。

BELLWOOD, Peter 1997 *Prehistory of the Indo-Malaysian Archipelago* (revised edition).
　　University of Hawaii Press.

BELLWOOD, Peter 2011 Holocene population history in the Pacific region as a model for
　　worldwide food producer dispersal. *Current Anthropology* 52(4): S363-378.

ClARK, Geoffrey R. et al. 2014 Stone tools from ancient Tongan state reveal prehistoric
　　interaction centers in the Central Pacific. *PNAS*, 111(29): 10491-10496

COLLERSON, Kenneth D. and Marshall I. WEISLER 2007 Stone adze compositions and
　　the extent of ancient Polynesian voyaging and trade. *Science* 317(28): 1907-1911.

FOX, Robert B. 1970 *The Tabon Caves: Archaeological Explorations and Excavation on
　　Palawan Island, Philippines*. Monograph of the National Museum no.1. National
　　Museum of the Philippines.

HORSBURGH, Ann K. and McCOY, Mark D. 2017 Dispersal, isolation, and interaction
　　in the islands of Polynesia: A critical review of archaeological and genetic evidence.
　　Diversity 9(3): 37.

PAWLIK, Alfred F., et al. 2015 Shell tool technology in Island Southeast Asia: An early
　　Middle Holocene *Tridacna* adze from Ilin Island, Mindro, Philippines. *Antiquity* 89:
　　292-308.

PETCHEY, Peter, et al. 2016 The 2008-2009 excavation at the SAC locality, Reber-Rakival
　　Lapita site, Watom island, Papua New Guinea. *Journal of Indo-Pacific Archaeology*
　　40: 12-31.

ROLETT, Barry V., et al. 2015 Ancient East Polynesian voyaging spheres: New evidence
　　from the Vitaria Adze Quarry (Rurutu, Austral Islands). *Journal of Archaeological
　　Science* 53: 459-471.

SAND, Christophe 2014 The specificities of the 'Southern Lapita Province': The New Caledonian case. *Archaeology in Oceania* 34(1):20-33.

SINOTO, Yosihiko H. and Patrick C. McCOY 1975 Report on the preliminary excavation of an early habitation site on Huahine, Society Islands. *Journal de la Société des Océanistes* n°47, tome 31: 143-186.

SKOGLUND, Pontus, et al. 2016 Genomic insights into the peopling of the Southwest Pacific. *Nature* 538(27): 510-513.

SZABÒ, Katherine 2010 Shell artefacts and shell-working within the Lapita cultural complex. *Journal of Pacific Archaeology* 1(2): 115-127.

ポリネシアの言語の起源とアジアとのつながり

菊澤律子

台湾からポリネシアへ

　ポリネシアの人びとが話す言語のルーツは、東アジアにさかのぼることができる。太平洋全域および環太平洋にひろがる約 1,300 の言語は系統が同じことが証明されており、「オーストロネシア語族 Austronesian Language Family」と呼ばれている。言語の系統が同じ、とは、ひとつの同じ言語にさかのぼることができるという意味で、共通祖先にあたる言語を「祖語」と呼ぶ。オーストロネシア祖語から発達した言語は、さまざまな分岐の過程を経て、それぞれが現在みられる形になった。「ポリネシア諸語」は、その中でも比較的遅く分岐した一群の言語となっている（図 1）。オーストロネシア語族は、アフリカ大陸の東にあるマダガスカルで話されるマラガシ語も含んでおり、地理的な広がりでいうと世界で最も大きな語族ともなっている。また、ニジェール・コンゴ語族に次いで世界で二番目に所属言語の数が多い語族となっている。

　言語は話者なしには存在しないので、言語の発達史を現在の地理的分布と合わせて分析することで先史時代に話者が拡散した経緯を知り、さらに、それと対応する考古学の成果に基づいて年代を推定できる。その結果、オーストロネシア祖語は、今から約 5,000 年前ごろ台湾で話されており、台湾からフィリピンに南下してインドネシアで四方に広がり、ニューギニア島の北岸沿いに東に進んだ後、ヴァヌアツ、フィジーを経てポリネシア全域に広がったと考えられている（図 2）。そのころまでには東南アジアからニューギニア、オーストラリアにはすでに人が住んでおり、なんらかの文化・言語接触があったと考えられているが、たとえば「ネグリト」と呼ばれるフィリピンの先住民の人たちは、言語的には時代を経てオーストロネシア系の言語と同化してしまった。一方、ニューギニア島北部では、非オーストロネシア系とオーストロネシア系の言語の接触が続き、語順や発音体系などさまざまな面で影響を与えあったことが知

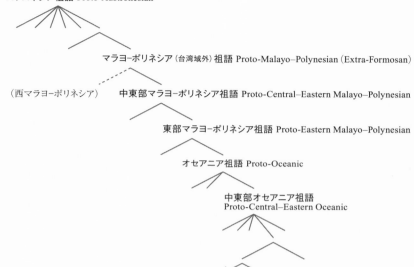

図1 オーストロネシア語族の言語分岐図（抜粋）

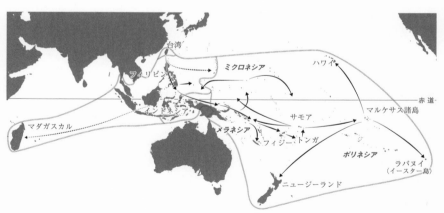

図2 オーストロネシア語族の系統関係に基づく人類の移動経路

られている。ニューギニア北部から離れてミクロネシアやポリネシアに入ると、そこは無人で、オーストロネシア系の人びとが最初の定住者となった。

「ポリネシア諸語」は、ポリネシア祖語から発達した一群の言語のことを指す。その多くは、ハワイとラパヌイ（イースター島）、ニュージーランドをつなぐ、いわゆる「ポリネシアの三角形 Polynesian triangle」で話されるが、一部はその外で話されており、「域外ポリネシア諸語 Polynesian Outliers」と呼ばれている。系統上の位置付けと地理的な分布から、域外ポリネシア諸語は、いったん、ポリネシアで発達した言語が分岐し、二派に分かれて西に広がった結果、現在の分布を示すようになったことがわかる。

ポリネシア系の言語の場合は等質性が高く、これまでは、言語が分岐してから比較的時間が経っていないことから、変化の度合いが低いのだろうと考えられていた。ところが近年では、この均質性は継続的な言語接触によるものだとする考え方も提唱されている（菊澤 2018）。

祖語からの継承　西（にし）東（ひがし）

現在のポリネシア諸語には、音韻（発音の特徴）、語彙や文法、文の用法などあらゆる側面に祖語から継承された特徴がみられる。ここでは、語彙の中から船や航海に関わる語をいくつかとりあげ、祖語の各段階における形を見ることで、西から東への人の動きの過程での変化を追ってみよう。東南アジア島しょ部からポリネシアまで、ほぼ変わらずにそのまま継承されたものもあれば、途中で意味や機能が変わったものもある。また、別の形と入れ替わったり、新しい語ができるなど、言語変化はとても動的だ。表１に、再建形と現在使われている語を、年代順に並べてみた。

左から言語の発達段階順に６つの祖語が並べられており、年代的には 5,000 年前から紀元前 900 年くらいまでの期間に相当する。また、表の右側には、現在使われているトンガ語、レンネル語、サモア語、マオリ語の語を示してある。

まず、「帆」を表す語（表の項目番号１、以降数字のみを記載）は、西から東まで、形も意味もほぼそのまま継承されたよい例となっている。*layaR という語形は、マラヨ－ポリネシア祖語、地理的にはフィリピン北部でできた語だが、オーストロネシア語族を通じて規則的な継承形がみられる。ポリネシアの

言語も例外ではない。レンネル語の g と他の言語の l は、一見異なって見えるが、実際には、規則的な音対応を示しており、祖語から直接継承された証拠となっている。ただし、ソロモン諸島のラウ語など一部の言語では、帆の素材である「パンダナスのマット」を示す語（2）の意味が変化して「帆」を表すようになり、もとの語と入れ替わった。

「櫂で漕ぐ」を意味する動詞（3）も、「帆」同様、マラヨ－ポリネシア祖語に再建されている。オセアニア祖語の段階では、「櫂」という名詞の意味も加わっており、ポリネシア諸語にはいずれも両方の意味が継承されている。また、「帆」同様、オセアニア祖語の段階で、他の形もふたつ加わっている。ひとつは、*paluca（4）で、もともとの意味は「（舟を）後ろ向きに漕ぐ」だったものが、意味拡張して一般化し、「漕ぐ」となったらしい。オーストロネシア祖語まで再建されているから、台湾からはるばる人の移動と一緒に南太平洋を西から東に横切り、ソロモン諸島からヴァヌアツ、ニューカレドニアのあたりまで伝わった。ヴァヌアツ以東では継承形は見当たらない。もうひとつは、*sua(C)（5、C は子音を表す）で、こちらも、もともとは「オールで立ち姿勢で漕ぐ」という意味から、より一般的な意味に変化したと考えられているが、ポリネシアの言語でも「（タッキング航法で）間切る」、「儀礼用櫂」、「帆船の平衡材」など、意味がさまざまだ。このように台湾でできた語が、途中で入れ替わってポリネシアに伝わった語もある。

航海時には船底にたまってくる海水を汲みだす作業があり、そのためにつかう道具を「あか汲み」という。「あか汲み」を示す語（6）はオーストロネシア祖語に *lima~nima という形が再建されており、ミクロネシアやフィジーまで伝わった。ところが、「水を汲む」を表していた *asu（7）が、オセアニア祖語の段階で「あかを汲む」に意味変化し、ポリネシアにはこちらが伝わった。さらに、もともと「水を廃棄する」という意味の *tata（8）という語も使われる。オセアニアですでに「あかを汲む」という意味の単語があったにもかかわらず、なぜ関連する単語が同じ意味で使われるようになったのかはわからない。

これまで見てきたものと少し異なる分布を示す語に、「筏」（9）と「双胴船（ダブル・カヌー）」（10）を示す語がある。前者は東南アジアからニューギニア島北東部までででなくなったが、後者は、ソロモン諸島やヴァヌアツなどの島

表1 再建形と継承経緯、および現在のポリネシア諸語にみられる語形の例

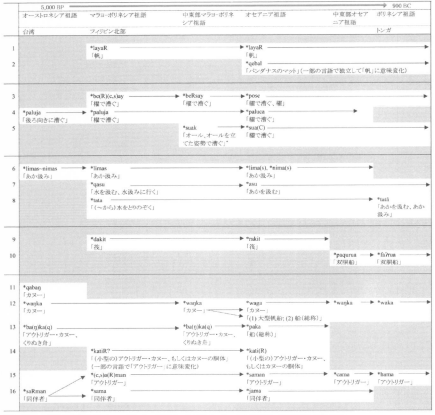

典拠：Blust and Trussel (n.d.); Pawley and Pawley 1998; Marck 2000; Bender et al. 2003; 他。著者による分析を含む。

しょ部で生まれてポリネシアにかけて伝わった。このように、形も意味もその
まま継承されているものは語彙全体を見ると比較的稀で、多くの語は継承の過
程で意味が変わったり、別の語に入れ替わったりする。

　表1の11から16に舟、船、カヌーおよびアウトリガー・カヌーに関わる
語を挙げた。海の乗り物に関わる語の11〜13は、見た目が類似しているが、
厳密には、*qaban（11）、*waŋka（12）、* ba(ŋ)ka(q)(13) という3つの再建形
が考えられる。言語の系統関係や史的変遷を追うときには、形や意味の類似性
ではなく、科学的な手法に基づいた比較により、その発達史が検証できなくて

アスタリスク（*）がついているものは、現在の語彙にもとづき再建された形、また、斜字体は現在使われている語形であることを示す。

現在			
トンガ語	レンネル語	サモア語	マオリ語
トンガ	レンネル島	サモア	ニュージーランド
lā「帆」	*gā*「帆」	*lā*「帆」	*rā*「帆」
ʔepa「マットA」**		*epa*「マットB」***	
fohe「櫂で漕ぐ、櫂」	*hoe*「櫂で漕ぐ、櫂」	*foe*「櫂で漕ぐ、櫂」	*hoe*「櫂で漕ぐ、櫂」
hua「間切る」	*sua*「儀礼用櫂」	*sua(ti)*「帆船の平衡材」	*hua*「漕ぐ」
ohu「液体を汲みだす」 *tatā*「あかを汲む」	*ʔasu*「あかを汲む」	*asu*「すくう、汲み出す」 *tatā*「あかを汲む、すく、あか汲み」	*ahu*「あか汲み」 *tatā*「あかを汲む、すくう、あか汲み」
		haʔugua「双胴船」	*hourua*「双胴船」
vaka「船・舟（総称）」	*baka*「船・乗り物の総称」	*vaʔa*「船・舟（総称）」	*waka*「カヌー（総称）」
hama「アウトリガー」			

* 東部マラヨ・ポリネシア祖語形
** 「花嫁に贈られるパンダナスのマットの集合体」
*** 「首長がなくなったときに、なきがらの下にひくパンダナスのマットや布」

はならない。形の上では、*qabaŋ（11）と *waŋka（12）は最初の2つのシラブルの子音が入れ替わった（音位転換が起きた）可能性があり、もしこれがただしければ、究極的には同じ語源にさかのぼれる可能性もある。また意味的にも、その土地その土地で主要な海上運搬手段に応じてカヌー、アウトリガー・カヌー、船の総称などの間を行き来した可能性もあれば、系統が近い他の言語から借用が起こった可能性もある。

　アウトリガーを示す語からは、帆やあか汲みを示す語で見たのと同様、さまざまな意味変化が見てとれる。*saRman（16）は、オーストロネシア祖語では「同伴者」という意味で再建されており、フィリピンからインドネシア北部あたりまで、その形と意味の継承がみられる。ところがインドネシア地域以東では類似の形が「アウトリガーの浮き」という意味で使われており、こちらは *(c,s)a(R)man（15）として下位祖語であるマラヨーポリネシア祖語に再建されている。もともと同伴者を示す語が、アウトリガー・カヌーが使われるようになった後は、舟に同伴する「浮き」を示す方向に意味が拡張し、やがてアウトリガーのみを示すカヌーの部分名称になったものが、ポリネシアまで伝わった。一方、*katiR（14）は、「小型のアウトリガー、もしくはカヌーの胴体」を示す語で、東南アジアの一部の言語では「アウトリガー」に意味変化した。けれども、その分布は東南アジア島しょ部からニューギニア北部

に限られており、ソロモン諸島以東のオセアニアには伝わらなかった。

　言語を通して先史を見るとき、まず、言語間の系統関係は初期の移動誌を見るのに有効だ。一方で、借用語は、物質や話者の交流史を反映しており、定住後の動きや先史における人間の交流関係を知るには良い手がかりとなる。今後、言語の諸側面の分析をより積極的に取り入れることで、アジアとポリネシアとの直接・間接の関わりがさらに明らかになると思われる。

【参考・引用文献】

菊澤律子 2018「歴史言語学における樹形図モデルの応用—オーストロネシア歴史言語学の事例より—」『歴史言語学』7: 43–60 頁。

BENDER, Byron W., WARD H. GOODENOUGH, Frederick H. JACKSON, Jeffrey C. MARCK, Kenneth L. REHG, Ho‑min SOHN, Stephen TRUSSEL, and Judith W. WANG 2003 Proto‑Micronesian Reconstructions—1. *Oceanic Linguistics* 42(1): 1‑110.

BLUST, Robert and Stephen TRUSSEL (n.d.) Austronesian Comparative Dictionary (web edition). www.trussel2.com/ACD [accessed in November 2019]

MARCK, Jeff. 2000 *Topics in Polynesian Language and Culture History*. Canberra: The Australian National University.

PAWLEY, Andrew and Medina PAWLEY 1998 Canoes and seafaring. In Ross, M., A. Pawley and M. Osmond eds., *The Lexicon of Proto Oceanic: The Culture and Environment of Ancestral Oceanic Society 1: Material Culture*. The Australian National University, pp. 173‑210.

海を越えたオセアニアのイモとヒト

風間計博

　海を越えてアジアからオセアニア島しょ部へ渡ったヒトは、掘棒を用いた根栽農耕によって、イモ類のほかバナナや、パンノキ、ココヤシ、タコノキなどの樹木作物を栽培してきた（Barrau 1961）。ニューギニア高地（旧サフル大陸）では、今から約1万年前と推定される世界最古のクック農耕遺跡が発見されている。灌漑水路が作られ、タロイモやバナナが栽培されていたという（小西2013）。いにしえの昔より、イモとオセアニアの人びとの生活は、切っても切れない関係にある。島々を歩けば、現在でもごく普通に多種多様なイモを目にすることができる。

アジア起源のタロイモとヤムイモ

　オセアニアにおける主作物のイモとして、広義のタロイモ（サトイモ亜科）とヤムイモ（ヤマノイモ科ヤマノイモ属）があげられる。

　狭義のタロイモとは、日本で見られるサトイモの熱帯型品種である。栽培には、畑を使う乾田型と、常時冠水させる湿田型がある。水分を好むサトイモ栽培には、年間降水量2,500mm以上が必要である。明瞭な乾季のある地域で安定して生産するには、灌漑を施す必要がある（橋本 2002: 15）。人びとは、降水量の季節変動、河川の位置や標高、土壌の性質などを見きわめながら、サトイモを栽培してきた。ポリネシアのハワイ、メラネシアのニューカレドニア、ヴァヌアツ、フィジーやソロモン諸島などの肥沃な斜面では、灌漑を備えたサトイモの棚田が広く見られる（石井 1987: 161-165）。

　一方、広義のタロイモには、地上の葉と茎がヒトの背丈を越える、大型のインドクワズイモが含まれる。「食わず」の名の通り、シュウ酸カルシウムを含むため強いえぐ味がある。食べるには、デンプンを貯めた地下茎の部分をすりおろして水に曝し、毒抜きする。西ポリネシアのサモアやトンガ、ウォリス・フツナなどで栽培される（橋本 2002: 191）。一方、島々の道端で雑草に混じっ

て自生し、いざというときの救荒食となることもある。

　同じく広義のタロイモに含まれるミズズイキ（スワンプタロ）は、冠水状態で生育する。オセアニア各地のサンゴ島で広く栽培されるほか、島々の沼や湿地に自生している。古くからサンゴ島の栽培作物であり、ポリネシア最東端に近いヘンダーソン島の岩陰遺跡（AD1000〜1500 年）では、化石化したミズズイキの葉が発見された（Hather and Weisler 2000; 印東 2003: 44-45）。また、ミクロネシアのマーシャル諸島では考古学的分析により、約 1,900 年前のミズズイキ栽培ピットが検出されている（Weisler 1999; 印東 2003）。

　栽培ピットとは、サンゴ島の地面を地下水が浸出するまで掘削した、小型水田である。掘削時の残土が穴の外に堆積し、起伏のある景観が形成される（山口・甲斐 2007）。ミクロネシアのキリバス諸島では、ピット中のミズズイキ 1 株ごとに丁寧に施肥する珍しい栽培法がとられる（風間 2002: 104-109）。ミズズイキは、収穫せずに土中に長期間放置しても、サトイモとは異なり根腐れしにくい。いわば自然の保存食であり、陸生植物の貧弱なサンゴ島において、ヒトの生存に大きく貢献してきた。一方、火山島や陸島では、天候不順や災害などに直面して食料が欠乏したとき、インドクワズイモと同様に救荒食として利用されてきた。

　オセアニアの主作物として、タロイモ類のほかに、蔓植物のヤムイモがある。ヤムイモとは個別の種名ではなく、ダイジョ、ナガイモ、トゲイモなど、複数のヤマノイモ類の総称である。すりおろして米飯にかけて食べる日本のとろろイモは、ナガイモである。ヤムイモは、サトイモにくらべて乾燥を好み、島々の地味豊かな傾斜地の焼畑などで栽培されている。

新大陸からきたサツマイモ

　タロイモやヤムイモがアジア起源であるのに対し、サツマイモは、新大陸原産である。ヒトの移動史をみると、ポリネシア人はニュージーランドに到達する前に南米大陸への往復航海を行ない、サツマイモをポリネシアに持ち帰った（印東 2012: 112）。18 世紀にヨーロッパ人が初めて訪れたハワイやラパヌイ（イースター島）、ニュージーランドでは、すでにサツマイモが食されていた。中央ポリネシア・クック諸島マンガイア島の岩陰遺跡において、AD1000 年前

後の堆積層から乾燥サツマイモ片が出土した。ハワイやニュージーランドでも、ヨーロッパ人接触以前の炭化したサツマイモが出土している（小西 2013: 28）。

　一方、ニューギニアでは、ヨーロッパ人がインド洋経由で東南アジアに伝えたサツマイモが、さらに東南アジアから伝播し、サトイモに代わり主作物になった。ニューギニア高地のフリが日常的に摂取する食物エネルギーをみると、70% 以上をサツマイモが占める（梅崎 2002: 173-175）。現在のサツマイモ栽培とブタ飼養を中心とする生業様式は、250〜300 年前に成立したと推測される。かつて主作物であったサトイモよりも、サツマイモは標高が高く痩せた土壌で栽培可能である。多雨地域では、乾燥を好むサツマイモ栽培のため、土盛りの周囲に深い溝を掘って排水し、土壌水分を調節している。

　ニューギニア高地へのサツマイモ導入は、耕作地の拡大をもたらし、面積あたりの食物エネルギー生産を上昇させた。サツマイモ導入から現在に至る人口増加率をみると、年平均 1.5% と試算され、46 年間で人口が倍増する計算になる（梅崎 2002: 179）。歴史的にみると高地では、この「サツマイモ革命」によって、短期間のうちに、急激な人口増加が引き起こされた（Watson 1965）。

　フリにとって 1970 年代まで、サトイモがサツマイモにつぐ重要な作物であった（梅崎 2002: 180）。しかし、サトイモ栽培は、最近数十年で急速に減少した。サトイモは、サツマイモにくらべて肥沃な土壌でしか生育しない。サトイモ栽培の減少は、地域全体の土壌劣化を示唆している。高い人口圧下の過剰なイモ生産は、土壌劣化を引き起こす危険性がある。

イモの生産と政治力

　オセアニアにおけるヒトとイモとの密接な関係は、品種方名の多さに反映されている。ミクロネシアのポーンペイ島において中尾佐助は、ヤムイモ 200 品種を確認し、うち 50 品種を直接手に取って調べた（中尾 1966: 27-28）。また、ニューギニア・セピック地方の焼畑で栽培されるヤムイモは、ダイジョとトゲイモに大別され、さらにダイジョは 39 品種、トゲイモは 38 品種を数える。なお、タロイモは、24 品種に区分されている（豊田 2003: 99-100）。

　ハワイのサトイモは、水田タロ［kalo wai］と畑タロ［kalo maloo］に大別

される。葉・葉柄・イモなど各部の色・形・大きさ・長短・高さ、生育場所、用途、由来その他の特徴に応じて分類され、品種が識別されている（橋本 2002: 74）。E・S・C・ハンディは、サトイモ250品種を見出したうえで、うち67品種を実際に確認したという（Handy 1940: 9）。

かつてハワイでは、サトイモ栽培のための土地開拓に要する労働力の動員や、連作を可能にする灌漑の発達が、生産力向上を促した。精緻なサトイモ栽培システムが、首長制に関わる政治組織の編制に影響を与えたという（橋本 2002: 186）。時を経て、合衆国による併合（1898 年）以降、社会は大きく変化し、生業経済が極度に衰退した。しかし、現代ハワイの先住民運動は、サトイモ灌漑耕作を中心とした、文化的に構成された景観の再生と強固に結びついている（橋本 2002: 174-175）。サトイモ栽培は、土地に根づいた先住民文化復興の象徴なのである。

他方ハワイでは、サトイモだけでなく、サツマイモを重視する見解もある、考古学的知見によれば、ハワイ諸島において風下地域は乾燥した気候であり、サトイモよりもサツマイモ栽培が卓越していた。ヨーロッパ人との接触以前、二次的に導入されたサツマイモ生産が、風下地域の政治組織や宗教儀礼に深く影響していたと推定されている（Coil and Kirch 2005）。

オセアニア各地において生産されるイモ類は、詳細な民俗知識を生み出しただけでなく、政治・宗教的実践と強く結びついてきた。イモ栽培には豊穣に関わる儀礼が伴い、収穫物は饗宴で大量に消費され、親族や他集団と贈与交換されてきた（Pollock 1992）。

メラネシアでは、とくにヤムイモは儀礼的に重要な作物であり、広域で収穫祭が行なわれ、姻族間で頻繁に交換されてきた（石井 1987）。収穫物は、村の広場や特殊なヤムイモ小屋で展示される。大きなヤムイモは、男性栽培者の霊的能力に関連づけられ、政治的な競合の主役となってきた。ニューギニア・マッシム地方では、名誉をかけた競合的な大量のヤムイモ交換が、敵対集団との戦争の代替手段となっていた（Young 1971）。

ポーンペイ島では、最高首長への初物献上時に展示されたヤムイモの数や大きさが、村の威信を示す。再分配時、最高首長の取り分となる大きなヤムイモを供出した人物は誰か、人びとの強い関心を引く。ポーンペイ島の男性にとっ

てヤムイモは、名声を具現する財である。とくに、葬儀の祭宴で集められたヤムイモは、故人の生前の功績を表すという（河野 2019: 262-273）。

　ヤムイモの生育しないキリバス諸島では、ミズズイキが「威信食料（prestige food）」とよばれる（Luomala 1970）。男性は集会所に大きなミズズイキのイモを持ち寄り、天秤を使って重量を競う習俗がある。ピット栽培の施肥の知識は、呪術に結びついて秘匿されてきた。現在でも、秘儀的知識をもつ大きなイモの栽培者は、周囲から強い羨望を受ける（風間 2002: 108）。

新たなイモの導入と現在の生活

　オセアニア各地で栽培されてきたイモ類は、人びとの多様な生活実践に結びつき、価値づけられてきた。ただし、同じ種類のイモのみが、永続して栽培されてきたわけではない。

　近年のオセアニアでは、新大陸原産のアメリカサトイモ（ココヤム）が、旧来のサトイモに匹敵するほど大量に栽培されているという。アメリカサトイモは、比較的乾燥した環境条件下でもよく育つ（吉田ほか 2002: 140）。同じく新大陸原産のキャッサバ（イモノキ属）も、島々の至るところで目にすることができる。やや乾燥した気候を好み、年降水量 1,000 mm 程度が最適とされるが、キャッサバは、より乾燥した気候条件にも耐えうる便利な作物である。

　フィジーで従来から行なわれてきたサトイモ灌漑耕作は、開墾を考慮すると甚大な労働力投下が必要である。対照的にキャッサバは手軽に栽培できる。土壌劣化の危険性を注視すべきだが、栽培に要する作業時間はサトイモ灌漑の数分の一ですむ（橋本 2002: 49）。人びとにとって魅力的なキャッサバ栽培の省力性と乾燥耐性は、アメリカサトイモにも当てはまる。

　生活変化や換金作物の普及、新大陸原産のイモ導入が、伝統的なイモ栽培の様相を大きく変えてきた。新たな導入種を含む多様なイモ類は、自家消費されるだけでなく、それ自体が商品化され、都市の市場で売買されている。労力軽減や栽培条件の緩和をもたらす新しいイモは、都市での就労や通学を重視する現在の生活に適合している。新しいイモの受容は、人びとにとって必然であった。

　歴史を振り返れば、オセアニアのイモ生産は、効率的な金属製の道具が導入

され、アジア起源のイモ類に、新大陸原産の新しい種が加わった。一方、根栽農耕の技法は、省力化されながらも保持されてきた。時代の流れとともに、人びとの生活は大きく変化したが、オセアニアにおけるイモとヒトの密接な関係は、簡単に断ち切られることはなさそうである。

【参考・引用文献】

石井眞夫 1987「メラネシアの伝統的世界」石川栄吉編『オセアニア世界の伝統と変貌』山川出版社、157-180 頁。

印東道子 2003「先史オセアニアにおける食用植物利用」吉田集而・堀田満・印東道子編『イモとヒト──人類の生存を支えた根栽農耕』平凡社、35-51 頁。

印東道子 2012「海を越えてオセアニアへ」印東道子編『人類大移動──アフリカからイースター島へ』朝日新聞出版、89-118。

梅崎昌裕 2002「高地──人口稠密なフリを襲った異常な長雨」大塚柳太郎編『ニューギニア──交錯する伝統と近代』京都大学学術出版会、167-203 頁。

風間計博 2002「珊瑚島住民によるスワンプタロ栽培への執着──キリバス南部環礁における掘削田の放棄と維持」『エコソフィア』10: 101-120 頁。

河野正治 2019『権威と礼節──現代ミクロネシアにおける位階称号と身分階層秩序の民族誌』風響社。

小西達夫 2013『タロイモは語る──今知られていること、伝えること』東京農業大学出版会。

豊田由貴夫 2003「パプアニューギニア、セピック地域における多品種栽培の論理」吉田集而・堀田満・印東道子編『イモとヒト──人類の生存を支えた根栽農耕』平凡社、95-111 頁。

中尾佐助 1966『栽培植物と農耕の起源』岩波新書。

橋本征治 2002『海を渡ったタロイモ』関西大学出版部。

山口徹・甲斐祐介 2007「ピット耕地の景観史──マーシャル諸島マジュロ環礁のジオアーケオロジー調査から」『社会人類学年報』33: 129-150。

吉田集而・堀田満・印東道子編 2003『イモとヒト──人類の生存を支えた根栽農耕』平凡社。

BARRAU, J. 1961 Plant introduction in the tropical Pacific. *Pacific Viewpoint* 1(1): 1-10.

COIL, J. and P.V. KIRCH 2005 An Ipomoean landscape: Archaeology and the sweet potato in Kahikinui, Maui, Hawaiian Islands. In Ballard, C., P. Brown, R.M. Bourke and T. Harwood eds., *The Sweet Potato in Oceania*. Oceania Monographs, Sydney, pp.71-84.

HANDY, E. S. C. 1940 *The Hawaiian Planters*, Vol. 1, Bernice P. Bishop Museum.

HATHER, J. G. and M. I. WEISLER 2000 Prehistoric giant swamp taro (*Cyrtosperma chamissonis*) from Henderson Island, Southeast Polynesia. *Pacific Science* 54(2): 149-156.

LUOMALA, K. 1970 Babai (*Cyrtosperma chamissonis*): A prestige food in the Gilbert Islands culture. *Proceeding of International Congress of Anthropological and Ethnological Sciences* 7: 488-499

POLLOCK, N. J. 1992 *These Roots Remain*. The University Press of Hawaii.

WATSON, J., 1965 From hunting to horticulture in the New Guinea Highlands. *Ethnology* 4: 295-309.

WEISLER, M. I., 1999 The antiquity of aroid pit agriculture and significance of buried A horizon on Pacific atolls. *Geoarchaeology: An International Journal* 14(7): 621-654.

YOUNG, M. 1971 *Fighting with Food*. Cambridge University Press.

第5章

オセアニアの文化遺産と考古学

第1節　篠遠喜彦の遺跡復元・保存活動

林　徹

　先史ポリネシアにおける人類の移動およびその文化変遷に関して、篠遠喜彦の調査・研究業績は広く知られるところであり、その詳細については別稿に詳しい（第1章第1節）。本節ではこれとは別に、篠遠がきわめて重視した遺跡の復元と保存について、ソサエティ諸島（通称タヒチ）およびラパヌイ（イースター島）を例に述べる。

1.　初期の調査活動

　1954年に留学のため渡米する途上にハワイで下船し、数奇な運命によってポリネシア考古学の道に足を踏み入れた篠遠が、島々の遺跡調査ばかりでなく、その復元に関わるようになったのは如何なる事情によるのであろうか。

　篠遠のポリネシアでの最初の仕事はハワイ島南端のカ・ラエ（通称サウス・ポイント）遺跡の発掘調査であったが、その6年後の1960年より、ビショップ博物館の人類学部長K・エモリーとともに太平洋各地、とくに東ポリネシアの島々を渡り歩いて遺跡の分布調査を行なっている。定期便などない時代であり、島への往来はもっぱら貨物船を利用した。ろくな船室もない船に調査用具と食料の缶詰を山のように携えて乗り込み、目的の島へ渡っては船の次の寄港予定日まで島をくまなく調べて回り、また次の島へと移動するのである。

　こうした時間と手間ひまをかけた調査の間、篠遠は遺跡とばかり向き合っていた訳ではない。いずれの島でも、島民とのコミュニケーションに大きな意味があることを篠遠はエモリーから実地に学んでいた。現地で雇った作業員たちとの対話はもとより、古老から伝承や遺跡に関する知識を聞き出すことも不可欠な作業であった。また相手が女性や子どもであっても、雑談の中には「あの浜では真珠貝のかけらが拾える」というような些細な情報がある。篠遠はそうした小さな手掛かりもないがしろにしなかった。

　考古学者としての篠遠の評価のひとつに「鼻が利く」というものがある。埋

没して見えない遺跡を見つけることに長けていた、という意味である。その能力をエモリーも「魔法使いのようだ」と評したが、勘が鋭いというよりも、他者が見落とすような細かいヒントをもすくいあげ、集積して総合判断する能力に秀でていたと理解すべきであろう。

　綿密に分布調査した島々の遺跡から、とくに重要な地点の集中的な発掘調査は1962年に開始された。ソサエティ諸島のマウピティ島やマルケサス諸島のウアフカ島にあるハネ砂丘遺跡を続けて調査し、ポリネシア人の移住経路を示す重要な証拠を次々と発見した。こうした成果を蓄積する過程で、篠遠は気付くことがあった。「自分はポリネシア人の歴史を調べているが、当事者である島民たちは自らの来歴をまったく知らず、関心も示さない。それではいくら調査しても意味がないのではないか。自らの歴史は人に教わるのではなく、自ら興味を抱き、調べ、学ぶものでなければならない」。もとより日本の縄文文化研究を通じて考古学を身につけていた篠遠は、調査を進めるにつれ、こうした思いを強めていった。

2.　遺跡復元を始めた経緯

　タヒチでの調査実績を蓄積するうち、1967年にタヒチ政府観光局のA・アタからフアヒネ島の観光資源として遺跡を活用するため、篠遠にマラエ［marae］（祭祀場）を復元するよう依頼があった。最初の復元に選んだ遺跡は、礁湖に半分突き出した海浜型のマラエ、ファレ・ミロであった。派手さはないが、こぢんまりとした美しい石造遺構である（図1）。サンゴ石の板を立てて築いた祭壇［ahu］部分は崩れ落ち、石敷は乱れていたが、原形を比較的良く保っていた。現地作業員を集めた篠遠は、丸太、ロープ、石塊と滑車のみを使い、「てこ」の原理で倒れた石を起こし、少し

図1　篠遠が初めて復元したマラエ・ファレ・ミロ
（Bishop博物館提供）

ずつ移動しながら正しい位置へと戻していった。重機を使えば手早く済むものを、わざわざ面倒な方法を採ったのは、できるだけ伝統的な手法を用いて復元することで、マラエの築造技術を解明するためである。また、伝統的な方法を追体験することで、島民は祖先の苦労や偉大さを実感することができる。その経験が民族の誇りを取り戻す契機となり、ひいては祖先の遺跡を大切にする気持ちを育み、遺跡の保存にも繋がっていく。篠遠が伝統技術にこだわったのは、こうした理由からであった。

3. タヒチでの復元・保存活動

　その後、篠遠はフアヒネの主要なマラエを片端から調査し、復元した。内陸にある古いタイプのマラエは生い茂る樹木の根によって崩れ落ち、海浜に築かれたものは高潮や台風によって倒壊していた。まず壊れた状態を測量して正確に記録し、発掘によって構造を解明した後、伝統工法に従ってできるかぎりオリジナルな状態に戻すことを心がけた。

　また、フアヒネにかぎらず、タヒチ、モーレア、ライアテア、ボラボラの各島でも多くの遺跡の調査と復元を行なった。ライアテア島のオポアにあるマラエ・タプタプアテアはその代表格である（図2）。1969年に復元が完成したこの祭祀場跡は幅44m、奥行き60mと太平洋でも最大規模で、祭壇部分に立てられた板石には高さ4mを超える巨大なものもあり、その復元には他の遺跡にも増して困難が伴ったようである。かつてはポリネシア全域の宗教センターとして機能した重要なマラエで、2017年には周辺の小マラエ群や弓儀壇［archery platform］などの遺構とともに世界文化遺産に一括登録され、広く周知された。

　篠遠が復元した遺構はマラエばかりではない。1972

図2　マラエ・タプタプアテアの
復元について説明する篠遠（筆者撮影）

図3　ファレ・ポテエの復元作業。1972 年
（ Bishop 博物館提供）

年にはフアヒネ島マエヴァ地区の集会所［fare pote'e］の復元を依頼され、瓦解していた大型の水上家屋を再建した。礁湖に突き出して建てられた楕円形の家で、天井が高く、床下の水面を風が渡り、涼しく快適な空間である。礁湖の中に多くの支柱を打ち込んで土台とするが、湖底は砂と石灰岩の岩盤であり、どうやって穴を穿つか悩んでいたところ、地元の高齢の大工が自分に任せろと言う。

　彼の指示で、まずマラという堅くて水に強い木で柱を作り、一端を尖らせた。これを砂に打ち込み、柱に結んだ横木に男を乗せて円を描くように揺らすと、柱は少しずつ湖底に沈んで行く（図3）。ある程度打ち込んだ柱を少しぐらつく状態で3日間放置すると、波の運ぶ砂が隙間を埋め、びくともしない支柱が完成したのである。手間ひまはかかるが、堅牢な土台を確実に築くことのできる伝統工法であった。このように、伝承を記憶している島民から古い技術を学ぶことも少なくなかった。

　タヒチ以外にクックやツアモツなどの島々も含めると、篠遠が生涯に復元した遺構は、大小を含めておそらく100は下らないであろう。こうして美しく再生された遺構を見て誰よりも喜んだのは島民自身である。ただの瓦礫がかつては立派な建造物であったことに初めて気付いただけではない。それが自分の祖先が苦労して構築したものであることを知り、祖先の費やした労力の大きさ、工夫の深さ、そして事業を達成した偉大さを実感するのである。ここに至って篠遠は、歴史を学ぶために必要なのは発掘調査ばかりではないことを痛感した。島民にとって大切なのは自らの歴史を自ら調べ、学び、実感し、そしてそれを共有することである。そのプロセスのために遺構の復元が重要であることを篠遠は確信したのである。

一方で、せっかく復元した石造遺跡を放置すると、生育速度の速い熱帯植物の餌食となり、あるいは台風や高潮によって瞬く間に瓦礫に戻る。それとともに島民の民族意識も再び薄れていく。これを維持・保存するためには定期的なメンテナンスが不可欠である。篠遠は予算をかき集め、あるいは現地政府や自治体に出資交渉をして島民に遺跡の手入れを依頼し、折に触れて来島しては自分の眼で保存状況を確認した。

　今日各地の復元遺跡が維持されているのはこうした篠遠の不断の努力の成果であるが、さらには現地での協力体制も忘れてはならない。政府や自治体は時として当てにならず、苦労して出資の約束を取り付けても実現されないことも多かった。孤軍奮闘する篠遠を助けたのは伝統文化にこだわりを持つ島民グループである。フアヒネのD・レヴィは長年にわたり篠遠の仕事を力強く支え続けた島民の代表であり、オプ・ヌイ［Opu Nui］（「太鼓腹」の意、長老たちの権威の象徴）と銘打ったボランティア組織を作り、遺跡の保存や文化の継承、周知活動などを進めてきた。ただ、こうしたグループは各島にあるわけではなく、予算や組織力の不足から活動内容にも限界があるという現実は否めない。フアヒネに頼もしい協力者たちがいるのは、篠遠が長年にわたって島民と真摯に向き合ってきた証である。

4.　生活遺構と伝統行事の復元

　フアヒネ島最大の礁湖、ファウナ・ヌイには浅い海中に弧を描く石垣群がある（図4）。潮の干満に従って移動する魚を捕らえるための石積み装置、「石干見（いしひみ）」である。これも崩壊して久しく放置されていたが、篠遠が1978年に復元すると50cmを超えるカスミアジがかかり、現代でも充分に機能することがわかった。何もせず待っているだけで大きな魚が手に入る便利な施設に島民は驚き、今日もこの石干見で漁をしている。先に述べた集会所も現在博物館として利用されており、単なる記念物を超えた利用価値を発揮している。忘れられた祖先の遺産は、篠遠の手によって子孫に無事受け継がれたのである。

　さらに篠遠は構築物ばかりでなく、伝統行事の復元も積極的に進めた。ポリネシアの文化伝統のひとつに凧揚げがある。これは太平洋に広く認められる習俗で、魚釣りから娯楽までさまざまな目的で行なわれた。フアヒネではかつ

図4　礁湖の中の石干見（捕魚装置）
（E. Komori 撮影）

て祭祀行事として凧揚げ競技が行なわれたという。タパ［tapa］（樹皮布）と竹で作ったウオ［u'o］と呼ばれる菱形や杏葉形の大型の凧を、できるだけ垂直に高く揚げて片手で長時間保持できたものが勝者となる。この行事は歴史時代以降絶えて久しく、今日の島民には知るものがほとんどなかったが、もともと凧揚げの好きな篠遠は1996年にこの競技の復元を試みた。島民はこの新たな娯楽に飛びつき、瞬く間に凧揚げは島内に広まった。翌97年には正式に競技会を開催し、篠遠は日本から大凧を持ち込んでデモンストレーションも行ない、大いに島民達を楽しませた。

　ここで大切なのは、篠遠は宗教儀礼としての凧揚げを復元したのではない、という点である。今日ポリネシアの多くの島はキリスト教に改宗されており、実態の忘れられたポリネシアの伝統宗教を復活させることは難しい。篠遠が目指したのは復古主義的な文化復元ではなく、マラエにしろ凧揚げにしろ、伝統文化の追体験を通じて島民が祖先を身近に感じ、将来にわたって自らの歴史を尊重する意識を育むことであった。

　篠遠はフランス領ポリネシアのどの島へ行っても島民から「タオテ・シノト（篠遠先生）！」と声をかけられた。それは考古学という物質文化研究の手法を通じてポリネシアの文化と歴史を探求しながらも、人間を第一に据え、島民たちの民族的アイデンティティの復興に心を砕いてきた篠遠に対し、島民たちが感謝と敬愛を込めて贈った尊称なのである。

5.　ラパヌイ（イースター島）略史

　篠遠の遺跡復元および保存に関する仕事はソサエティ諸島を中心とするが、その関心はラパヌイにも及んだ。もとより太平洋における人類の拡散を研究テーマとしてきた以上、ポリネシアン・トライアングルの南東端を占めるラパ

ヌイは常に篠遠の視野の隅にあった。しかしラパヌイはチリ政府とチリ大学の管轄下にあって距離も遠く、発掘調査や復元作業に踏み出すことは難しかったようで、篠遠は倒壊した遺跡の測量や水没したモアイの救出、保存薬の試験など、主に保存関連の仕事を行なっている。

　ここでラパヌイの環境と歴史を概観しておく。ラパヌイは太平洋南東部に位置し、タヒチから約4,000km、南米西岸より約3,600km離れた文字通りの絶海の孤島である。面積は約166k㎡で亜熱帯に属し、平均気温は22〜24℃であるが、常に強い貿易風が吹くため体感温度が低い。降雨量は年間1,000mm強と少なくないが、溶岩と粗粒の風化土壌に吸い込まれるため河川がなく、淡水は2箇所のカルデラ湖以外にほとんど見られない。海水温も低く、サンゴ礁が形成されないため、外洋の荒波が直接沿岸部を浸食している。酸化して赤茶けた粗粒の土壌は薄く貧しく、風の影響と相まって樹木が育ちにくい。見渡す限り黒い溶岩と黄金色の草に覆われた変化に乏しい景観を呈しており、天然資源も少なく、人間にとって暮らし易い島とは言えない。

　ラパヌイの最初の移民について、詳細は今なお不明であるが、マルケサス諸島などからポリネシア人の集団が遅くとも7〜8世紀までに来島したと見られる。花粉分析によれば、当時のラパヌイは樹木の多い緑豊かな環境であったとされるが、この解釈は単純に過ぎ、先に述べたような条件下で森林に覆われた島の姿を想像することは難しい。

　熱帯の豊かな島から到来した人びとの落胆は想像するに余りあるが、彼らは劣悪な環境に適応するため工夫を凝らし、雨風をやり過ごす「舟形住居［hare paenga］」や作物を風から守る石垣菜園［mana vai］、燃料材を節約するために板石で囲んだ小さな石蒸し炉［umu pae］など、他の島にまったく見られない生活遺構の数々を開発した。

　ラパヌイの先史社会はポリネシア伝統の厳格な階級制と、祖先崇拝を根幹とする宗教を受け継いでおり、村ごとに祭壇（アフ）を築き、モアイと呼ばれる石像を載せた。この石像は逝去した首長の身代わりに作られ、首長の生命とマナ［mana］（超自然の力・能力・知恵）が込められた存在であった。モアイは主にラノ・ララクという凝灰岩の山で作られ、人口と集落の増加に伴って増産され、次第に様式化・大型化する。同時に当初の宗教目的は薄れて競争原理が優

先し、像の大きさを競うようになった。これが先史ラパヌイの最盛期で人口は1万を超えたとも言われる。

15世紀を過ぎる頃、人口増加や気候変動などの影響で、食料を始めとする資源の不足に起因する社会不安が急速に増大し、内乱が勃発する。氏族闘争の末に王族の支配するモアイ文化は一気に崩壊し、戦士階級の台頭する実力社会となった。新たな支配者「鳥人」は、毎年過酷な競技によって選出された。

18世紀以降、西洋人との悲劇的な接触が繰り返され、ペルーによる奴隷狩りや天然痘の感染などによって人口は激減し、伝統文化はほぼ壊滅した。1888年にチリ領となって今日に至る。

6. W・マロイの「野外博物館構想」

1955年にノルウェーの冒険家T・ヘイエルダールは自ら唱えたポリネシア人の南米起源を証明するため、ラパヌイの現地調査を実施した。この調査に招聘された米国ワイオミング大学の考古学者W・マロイは、半年にわたる調査を経てラパヌイの先史文化に魅了され、その後も予算を見つけては島に足繁く通い、調査を継続した。その過程でマロイはラパヌイの島全体が遺跡であることに気付き、「野外博物館構想」を提唱した。これは、遺跡の調査に加えて復元・保存を行ない、この希有な文化をもつ島を広く世界に周知することを主張したものである（Mulloy and Figueroa 1966）。

マロイが1955年に初めて訪れたラパヌイで目にしたのは、海岸沿いに並ぶ多数の崩壊した遺跡群と、それを「オファイ（石）」と呼び捨てて敬意も払わず関心も寄せない島民の姿であった。そこで、世界に類を見ない先人の遺産の価値をまず島民に気付かせるため、マロイは1960年、アフ・アキヴィを調査した後、これを再建したのである（図5）。「モアイ倒し戦争」と呼ばれた内乱以来悲惨な歴史を辿って来た島民の子孫たちは、アフの上に並んでそびえ立つモアイの威容を目の当たりにして、自らが何者の子孫であるかを思い出したに違いない。またマロイは復元された遺跡が学術的価値をもつだけでなく、観光を通じた経済資産として島民の生活向上に寄与することも予測していた。

こうしてマロイは次々と島の西岸と北岸の遺跡を調査・復元していった。それにつれて、島民たちも徐々に民族としての誇りを取り戻し、世界から訪れ

始めた観光客に対し、胸を
張って祖先と伝統文化につ
いて語り始めたのである。
これこそ、マロイが島民か
ら深く慕われ、今も「ラパ
ヌイ考古学の父」と呼ばれ
る所以である。

　ここで気付くのは、マロ
イと篠遠の仕事に見る共通
点である。西洋化によって

図5　マロイが初めて復元したアフ・アキヴィ（筆者撮影）

廃れたポリネシア人の文化伝統と民族的矜持を、遺跡復元を通じて復活させ、
将来の発展に寄与するという目論みは両者に共通する考え方である。1960年
代は文化財修復の指針を定めた「ヴェニス憲章」が成立し、「国際記念物遺跡
会議（ICOMOS）」が設立された時期でもある。オセアニアにおける遺跡復元
と保存にいち早く乗り出し、成功させた先達としてマロイと篠遠は高く評価さ
れるべきであろう。

　篠遠とエモリーはマロイに誘われて1969年に初めてラパヌイを訪れた。三
人とも鬼籍に入った今となっては交わされた会話の内容は知る由もないが、遺
跡の調査や復元に関する情報と意見の交換が、モアイの足元でじっくりと行な
われたであろうことは想像に難くない。篠遠も、先輩格であるマロイの仕事か
ら大いに刺激を受けたことは確かであろう。

7. 水没モアイの回収と保存薬の試験

　その後、篠遠はあまり頻繁にはラパヌイを訪れなかったが、80年代半ば
に島出身の考古学者で当時の知事を勤めていたS・ラプ・ハオアの協力を得
て、遺跡の保存に関する仕事に着手した。最初の事業は島の南岸に位置するア
フ・アカハンガの背後の磯に落ちたまま放置されていた小型のモアイとプカオ
［pukao］（髷石）の引き揚げであった。モアイは内乱の時代に眼から発するマ
ナの力を奪うため、内陸に向かってうつ伏せに倒されたが、どうした拍子か祭
壇の背後の海に転がり落ちた石像もあったのである。ただでさえ風化し易いモ

アイが波に晒されてさらに破損が進んでおり、緊急を要する作業であった。この回収作業は1986年に実施されたが、さすがに人力のみでは難しく、丸太の枠で保護したモアイとプカオをクレーンで慎重にアフのそばまで引き揚げている（図6）。

図6　篠遠が1986年に海から引き揚げた小型のモアイ
（筆者撮影）

次に篠遠が計画した保存事業はモアイの風化防止であった。大半のモアイは凝灰岩を素材とするためもとより風化に弱いが、ラパヌイは風が強く寒暖湿乾の差が大きいという厳しい環境にある。またモアイは海岸沿いのアフに設置されるため、常に海から潮の飛沫を浴びて塩害が進んでいる。このため地上に露出したモアイはすべて表面が溶けたように風化が進んでいる。これを防ぐには、樹脂などの薬品を塗布して石像を保護する方法が有効である。ただし、表面だけ固めてしまうといずれ表皮だけが剥がれ落ちる恐れがあるため、石像の中まで深く浸透し、防水効果を保ちながらも「呼吸」のできる薬剤が望ましい。

　篠遠はかねてよりアメリカの「パラボンド2000」という防水剤に目をつけており、これを現地で試験する機会を窺っていたが、1987年にたまたま筆者と出会い、志願した筆者を翌88年にラパヌイに送り、1年かけて薬剤試験とモニターを行なった。この薬剤は屋根の防水を目的として開発されたもので、水溶性で扱い易く通気性もあり、比較的安価なため、887体に及ぶモアイの保護に適していると考えたのである。

　現地ではモアイと同じ凝灰岩のサンプルをラノ・ララクで採集し、またプカオの材料であるスコリアも産地のプナ・パウから集め、パラボンドの濃淡数種類の水溶液を塗布した。これらのサンプルを1年間屋外に放置し、最終的には切断して断面観察を行なった。その結果、優れた防水性は確認できたが、期待した程深く浸透していないことが判明した。これでは残念ながらモアイの長期保存剤としては採用できない。しかし、より高性能な保存剤が必要であり、浸

透性が課題であるとわかったことは収穫であった。その後、世界各国で保存剤を探しているが、まだ適当なものは見つかっていない。今も徐々にモアイの風化は進んでおり、対策が急務である。

おわりに

　海洋ジャーナリストの門田修が2011年に記録したインタビューの中で、篠遠は考古学の世界に入った理由として「自分は人と議論するのが嫌いなので、何も言わない土器を眺めながら一生暮らしたいと思った」と述べたが、その生涯の仕事を通じて行なってきたことは、これとはまったく逆であった。篠遠による数々の輝かしい考古学的業績も、ひいては人びととの強い繋がりの中から醸し出されたものであった。ことに遺跡の復元・保存実績は現地の人びとへの深い思いから発し、その文化遺産の相続人である彼らの未来を見据えて蓄積したものである。それは考古学の本来の目的である「（過去の）人間の、（現在の）人間による、（未来の）人間のための」研究を体現した仕事であったと言えよう。

　篠遠が世を去ってから2年が経つが、その間に篠遠の業績を讃え、その在りし日の姿を偲ぶ集会やシンポジウムがハワイ、日本、タヒチなど各地で催され、大勢の参加者を集めている。篠遠が目指してきた考古学を通じた人間研究はここに結実し、その思いは多くの関係者それぞれの心の中に遺産として染み込んでいる。遺された我々は、これを受け継ぎ、次世代へと伝える使命を負っているが、今後の遺跡復元や保存には予算や体制など課題が山積しており、先導者を失った今、その解決への道は未だ遠く険しいと言わざるをえない。

【参考・引用文献】

MULLOY, W. and G. FIGUEROA 1966 *The Archaeological Heritage of Rapa Nui (Easter Island)*. UNESCO.

SINOTO, Yosihiko H. 2001 A case study of marae restorations in the Society Islands. In Stevenson, C., G. Lee, and F. J. Morin（eds.）*Pacific 2000. Proceedings of the Fifth International Conference on Easter Island and the Pacific*, pp.253‑265. Easter Island Foundation.

第2節　ビショップ博物館にみるハワイの脱植民地主義
―博物館、考古学、先住民運動をめぐる一考察

大林純子

　博物館は政治的な存在である。被植民者の遺物を所蔵し、その文化や歴史を支配者の視点から表象することの本質的な政治性ゆえに、博物館は植民地主義のイデオロギーを支えた。だからこそ、ポストコロニアルの世界においては、博物館は植民地主義の解体を示す先住民の文化政治の舞台にもなり得る。

　ハワイのビショップ博物館［Princess Bernice Pauahi Bishop Museum］では20世紀終盤からいわゆる「ハワイ先住民運動」との交渉が始まった。まずそれは、遺跡発掘調査や遺物返還をめぐる博物館とハワイ先住民コミュニティの間の対立として顕在化し、この対立を経て、21世紀初頭に博物館の展示の大改変が達成された。4年近くを費やして改変を行なったその主展示室ハワイアン・ホールが2009年に再開館したとき、それはハワイアンが自らの歴史や文化を自らの言葉と解釈で語る舞台になっていた。ビショップ博物館はこの改変を「Restoration」（復元あるいは修復）と表現し、先住民コミュニティとの対立関係の「修復」の上に成立したこと、ビショップ博物館が本来あるべき姿、すなわち、ハワイアンによるハワイアンのための場所として「復元」したこと、そして「"Nation"＝国家の復元を意味する」ことを示唆し、博物館の脱植民地化を印象づけた（Kahanu 2009）。この「対立」と「修復」の過程と成果としての展示は、植民地主義に付随して発展した考古学を含む人類学がこのポストコロニアルの世界では先住民にとってどのような新しい意味と役割をもつだろうかという問いについても考えさせてくれる。（米国では伝統的に考古学は人類学の一分野と位置づけられ、ビショップ博物館では考古学は文化人類学部に長年所属していた。）

　本節では、博物館、考古学と先住民の視点に注目しながら、博物館における遺物の収集、調査、返還、展示をめぐるビショップ博物館の脱植民地化の一道程を観察してみたい。

なお、本稿では植民地主義の解体があらゆる意味で試みられる状態を「ポストコロニアル」のハワイと呼んでいるが、ハワイアンの政治的主権が回復されていない現状はハワイアンにとって未だ「ポストコロニアル」ではないという先住民の視座も付記しておく。

　また、先住ポリネシア人としてのハワイアンに対する呼称についてはハワイアン自身が好んで使用する「カナカ・マオリ Kanaka Maoli」、「オイヴィ 'Oiwi」のほか、「ネイティブ・ハワイアン」、「ハワイ人」などがある。本節では基本的に「ハワイアン」と呼び、文脈上「先住民」の概念を明確に表現する場合に「先住民」を使用する。いずれにせよ「ハワイ先住民」を一括りで論じることは現実的ではなく、実際に先住民活動に関わる、あるいは活動しないハワイアンの立場や見解は多様であることは言い添えておきたい。

1. ビショップ博物館にみる「植民地主義」

　19世紀末のハワイ王国（1810-1893）に誕生したビショップ博物館は、カメハメハ王家最後の直系パウアヒ王女の遺志にもとづいてその相続した文化的遺産を保存し、後世のハワイアンの教育に資する場として設立された。そうした博物館の来歴と所蔵される祖先の遺物の存在を根拠として、ポストコロニアルの先住民の文化復興運動においてビショップ博物館は、ハワイアンが自らのアイデンティティを再認するための歴史的アイコンになるのである

　しかしじつのところは、パウアヒ王女の名を冠するハワイ当地のビショップ博物館も、植民地主義の申し子として生まれた欧米の植民地宗主国の博物館と本質的におなじ植民地主義的構造の近代博物館として創られていった。考えてみると、ビショップ博物館が生まれた由縁こそ弱体化するハワイアンの存亡を予感させるものであり、実際、設立からわずか4年後の1893年にハワイ王国は終焉をむかえ、1898年にハワイはアメリカに併合され、米国の植民地となるのである。博物館の実質的構築を任された初代館長W・ブリガム（1898-1918年在任）はボストン出身の植物学の専門家で、ビショップ博物館を「単なる『遺品の祭壇』に終わらせるつもりはない」と公言し、設立の初期には人類学調査を立ち上げ、考古学の調査や発掘を開始した（Brigham 1916）。

　一方、ブリガムは研究の成果として自ら作成したハワイアンのジオラマ模

図1　ブリガムの作成したハワイアン、カフナの展示
"Kahuna Pule Anaana"（呪術をかけるカフナ）
（Brigham 1903 より）

型を使って展示を整えた。ハワイアンを「進化論における未開人」として表象したブリガムの眼差しに、博物館の植民地主義イデオロギーは悲しいほど端的に表われている（図1）。

　その後博物館の人類学、考古学、民族植物学は無類の業績と資料を積み上げ、ビショップ博物館を 20 世紀の近代的研究機関、太平洋の唯一無二の学術的殿堂として発展させた。1920 年から 30 年代に K・エモリーのもとで開花したハワイ・ポリネシアの考古学や民族学が、1930 年から 1951 年まで館長も務めた人類学者 P・バックや、その後 1950 年代に来布し 2017 年まで生涯をポリネシアの考古学に捧げた篠遠喜彦に引き継がれながら、ハワイアンのルーツを解き明かす貴重な研究成果を生み出すのである。

　第 2 次大戦を経て 1959 年にハワイは米国の海外植民地から州となり現在に至っている。戦後再開した展示ではブリガム作成のジオラマは姿を消したが、結局のところ 20 世紀を通じてハワイアンは他者の求めるイメージに沿って表象される被征服者であった。それは「植民地の先住民」から、「多種の移民が織りなす美しい虹のようなハワイ州の一少数民族」、マス化するツーリズムの中では「楽園を彩るフラダンサーら陽気なハワイアン」の姿となって 21 世紀を迎えた。展示ケースの中で声無きハワイアンはあらゆる意味での植民地主義に耐えていたと言えるかもしれない。

　ハワイの先史時代や文化を具体的に証明し、解明し、保存するという意味で、考古学や人類学を含む博物館の調査・研究活動はハワイアンの文化的運動に根源的には寄与すると言える。しかし、ハワイ先住民は収集、研究、展示の対象であっても自ら主体者ではなかったことが、博物館の植民地主義構造の根底にある。その意味で、博物館における植民地主義の解体は、ハワイ先住民自身が考古学、人類学、歴史学の研究者や文化の表現者として、また文化的活動

家（アクティヴィスト）として、20世紀末の博物館に対するネゴシエーションの過程に具体的に参加することにより実現していくことになる。

2. ハワイ先住民運動と考古学調査の背景

　ハワイ先住民運動の始点と位置づけられるのは1970年代後半のカホオラヴェ島［Kaho'olawe］奪回運動と古代カヌー、ホクレア号［Hokule'a］の復元航海である。そのどちらにもビショップ博物館の考古学は寄与している。

　カホオラヴェ島は1913年にビショップ博物館が初の考古学的発掘をした場所であり、後に1931年に行なった調査では50の文化的遺跡を報告した（Kawelu 2015）。しかし、島は太平洋戦争の開戦後ただちに米軍に接収され、戦後も実弾射撃を含む演習が続けられた。1976年に若き先住民活動家たちが島へ上陸するというドラマチックな抗議活動が強行されたのを機に、長年の抗議活動はより政治的な先住民活動の先鋒となっていった。この間、1976年から1980年にかけて（ビショップ博物館ではない）米軍の民間委託による考古学調査で544の遺跡が報告されると、1981年に島全体が米国歴史登録財に指定された。その後演習の停止は1991年に実現し、1993年に州政府に返還されている。

　おなじ頃1976年、復元されたホクレア号が、星や海風を読みながら航路を見つける古代航海術によって太平洋を縦断し、ハワイアンの祖先とされたタヒチへの大航海を成し遂げた。ハワイアンのルーツと伝統への自信を覚醒させたという意味で、所謂「ハワイアン・ルネサンス」の端緒と言われる。エモリーと篠遠はポリネシア人の移住ルートのエキスパートとしてホクレア号の航海の計画とその歴史的成功を支えた。続く1979年に篠遠がフアヒネ島の調査で古代カヌーを発掘したことは、伝承や西洋人から想像された古代カヌーの壮大さを具体的に証明し、ホクレア号の存在を裏打ちした。先住民文化の復興に考古学が果たせる大きな意味は、ハワイアンの「祖先は、どうやって遠い島からやってきたのか。その道具をドクター・シノトは地面から実物を発掘して示してくれ（まし）た。現物が出土したということは、想像をはるかに超え、祖先たちの生き様を現実にした（のです）。」（飯田 2019）というホクレア号のナビゲーター、N・トンプソンの言葉に表れている。

このように、考古学や博物館がハワイの先住民運動や文化的ルネサンスに関わり、支える役割を果たす一方で、先住民の文化的解釈や請求と対立する論争が生まれた。とくに、先住民運動がより政治的な性質を強めていく 1990 年代に考古学調査からみる遺跡や遺物の意味、1990 年に発効した「アメリカ先住民埋葬地の保護と遺品の返還法」［Native American Graves Protection and Repatriation Act（通称 NAGPRA）］の適用による遺物の返還を争う対立として鮮烈化していった。博物館が具体的にどのように先住民との脱植民地の交渉過程を辿ったか、ハイウエイ 3 号線（H-3）建設に係る遺跡調査問題、フォーブズ・コレクション返還問題を概観してみたい。

3. ハイウエイ 3 号線（H-3）建設と考古学調査

　オアフ島のハイウエイ建設のうち H-3 は、島の中央部を走るコオラウ山脈をはさんで位置するいくつかの米軍基地を結ぶ戦略的ハイウエイと言われる。その建設にあたって環境団体とハワイ先住民団体による抵抗運動が長年にわたって展開するが、その中で考古学調査（のアセスメント）は核になった。ハワイでは土地の開発に際してなされる考古学調査は開発側とハワイ先住民との利害に関与せざるを得ない。考古学調査はそのプロセスや結果によって、先住民の文化や歴史の保護者にも侵害者にもなり得るのである。ビショップ博物館はある時期「委託考古学部」を設けてそうした調査を積極的に請け負った結果、遺跡や遺物の解釈をめぐって先住民と対立することにより、その文化復興運動や、より政治的な先住民運動に対峙する立場を生んでいった。

　1970 年、1976 年に受託したビショップ博物館の委託考古学部は、ハラヴァ［Halawa］からハイク［Hai'ku］を調査した結果、ハラヴァ北部に残存する 7 つの遺跡のいずれにも「重要性は認めない」と報告した。これを皮切りに1980 年代を通じてビショップ博物館は総額 70 万ドルの遺跡調査を請け負うのだが、この過程で遺跡の意味や解釈について、博物館の委託考古学のアセスメントは先住民コミュニティの主張と対立し、H-3 建設を擁護する権威とみなされることとなった。最終的に 13 億ドルの総工費、37 年の歳月を費やして 1997 年に開通した巨大な H-3 をめぐる抗争のなかで、組織内の対立も露呈したビショップ博物館に対するハワイ先住民の不信は、考古学調査の在り方や博物館

の政治性を巻き込んで深い溝を双方の間に築いた（Kawelu 2015）。H-3 は科学、ポリティックス、ミリタリズム、権威の象徴、先住民の闘争など、政治、経済、文化を巻き込む植民地主義イデオロギーへの挑戦を象徴した。

　この発掘調査では、考古学は「蓄積された（考古学の）知識を基礎にして」発掘された遺構について「水田跡（生活遺構）」と考えた。先住民コミュニティは遺跡が「ヘイアウ［Heiau］（宗教的聖域）」であると主張した。篠遠は、この論争について、先住民が「ヘイアウ」と主張し始めることによって遺跡は「新たに宗教遺跡になってしまう」と言えるし、「そうなると考古学者には、勝ち目がない」と語っている。また、「ヘイアウが生きている」と考えれば、（新たに現代の）ハワイアンがヘイアウにするという考え方も可能であり、それを決めるのはハワイアンだ、と続けられている。（篠遠・荒俣 1994）この考えは、ポストコロニアルの考古学や歴史学は過去の鑑定ではなく、遺物や遺跡を生きている今日の連続性の中で捉える解釈の在り様が必要であることを示唆している。

4.　先住民から博物館への遺物返還請求

　H-3 の紛争が続く 1990 年代、NAGPRA の適用による博物館所蔵の遺骨や遺物の先住民への返還問題がビショップ博物館とハワイ先住民の間に始まっていた。

　2000 年、ビショップ博物館の収蔵する古代ハワイの遺物として最大規模の「フォーブズ・コレクション」の遺物が博物館の収蔵庫や展示から姿を消した。フォーブズ・コレクションは、1905 年にハワイ島の溶岩洞窟から発見された遺物群で 1907 年にビショップ博物館が発見者の 1 人である D・フォーブズから購入した 83 点の遺物を指す。木製の女性像、人の歯を埋め込んだ木製容器など古代ハワイの文化史を示す希少な遺物である。まもなく博物館（の一部の執行部）が特定の先住民団体、通称「フイ・マラマ」に対して遺物を事実上譲渡する取引が行われたことが公になると、この遺物の返還をめぐって博物館と複数の先住民グループの間で厳しい係争が繰り広げられた。

　この係争では、ハワイにおいて未だ前例のなかった先住民の遺物返還にあたって、特に 2 点が論点になった。1 点は、返還先とする「ハワイ先住民」をどのように特定するか。2000 年に博物館が行った取引では、返還請求を申し

立てていた3つの先住民団体のうちフイ・マラマを選ぶ経緯に公的根拠は認められなかった。2点目は、遺物を埋葬するのか、保管するのか、遺物の解釈の問題である。当該先住民グループが遺物をただちに「溶岩窟に元通りに埋葬した」ことは「文化遺産」の保全を阻害する扱いとして論争となった。

NAGPRA 委員会に対して他の先住民グループから異議と審査の申し立てがなされた結果、2003年に譲渡過程の不当性が認められ、返還のプロセスをやり直すために遺物はいったんビショップ博物館に返却するよう命じられた。ところが、フイ・マラマがその返却を拒否し続けたことにより、先住民への遺物の適正なる返還の在り方は、遺物の意味の解釈や、誰がそれを結論づけられるかという、まさにポストコロニアルの議論を巻き起こしながら大きな論争を生むこととなった。係争はその後、法廷に持ち込まれて争われた。この間2003年時にビショップ博物館自身を含める13団体の先住民団体が返還請求の申立に名乗り出た。長期化した紛争は2005年に結審し、返還プロセスのやり直しが改めて指示された。これに断固従わなかったフイ・マラマのリーダーが収監されるというドラマを経て、2006年に遺物は洞窟から差し戻され、その後、返還を求める複数の先住民グループによる合議の結果、今日、文化的に適切な管理方法によって某所に保存されるという決着をみているという。

5. 先住民と考古学と博物館の交渉

遺跡と考古学、遺物と博物館、その保存や返還をめぐる論争は、脱植民地化への不可欠の道程である。遺跡は生活遺構か聖地か。遺物は先住民の祖先の副葬品か文化的遺産か。保存か返還か。返還にさいして、返還後にどのように遺物が保存されることが文化的に適切なのか。今日のハワイにおいて先住民の信仰や伝統はプロトコルとしても価値観としても一般的に尊重されているし、そうした文化的価値観を保全することを前提として NAGPRA も成立している。しかし、フォーブズ・コレクションの係争で見られたように、埋葬か保存かという現実的問題を前にして先住民価値観の尊重が本質的にどこまで可能なのかも問われている。また、誰が、遺跡や遺物や祖先の埋葬品や伝統や文化に対する正当な解釈や権利を有するハワイアンなのか。そして誰が、どのようにそれを決定し、正当とみなすのか。これらの問いは、部族社会を形成するアメリ

カ・インディアンのケースとは異なり、博物館と先住民のネゴシエーションが
ハワイでは一つの解釈や申し立てに纏められない複雑さを表している。

　この係争のなかでビショップ博物館も自らを先住民団体であると主張した。
NAGPRA の諮問委員会は「返還の被請求者が同時に請求者となることは不可
能である」としてビショップ博物館の申立てを認めなかった。ビショップ博物
館にとって先住民団体としての自認は「博物館の脱植民地化」の一段階を示す
プロセスと言えるかもしれないが、ハワイアンにとっては納得できないもので
あったにちがいない。

　H-3 紛争や遺物返還問題は、ポストコロニアルのハワイ先住民とビショッ
プ博物館の対立を鮮明にしたが、ハワイにおいて先住民が博物館に対して初
めて、文化の所有、解釈、扱いにまつわる議論を明確に投げかけ、対峙したこ
とになる。収蔵・保存・展示という博物館の活動の在り方が問い直される時が
来ていることも明らかになった。厳しいネゴシエーションは博物館に先住民と
の対話の場を生み出し、博物館と先住民の和解と調和から始まる博物館の「修
復・復元」＝脱植民地主義への道筋を作ったと言えるだろう。ハワイアンに
とって、聖地の保全、遺物の返還、展示を通じた自文化の表象はハワイ先住民
文化の復元を象徴するのだ。

5.　ポストコロニアルのハワイアン・ホールにみる先史の
表象と脱植民地化への一考察—おわりにかえて

　2009 年の報告書 *Restoring Bishop Museum's Hawaiian Hall* の冒頭で、ビショッ
プ博物館は「ハワイアンの視点と多角的な意見を採用することによりハワイア
ン・ホールの解釈を近代化すること」が修復の目的であったと述べているが、
この「近代化」とは植民地主義を終わらせると同義だろう。本節の終わりに、
その新しいハワイアン・ホールからハワイアンの視点による先史ハワイの表象
を眺めつつ、博物館の脱植民地主義の試みを考察したいと思う。

　青空のまぶしい陽光から逃れて歴史香る重厚な博物館の建物に入り、玄関
ホールを抜けると、うす暗く巨大な洞窟のようにハワイアン・ホールが待って
いる。一足を踏み入れて最初に目にするのは壁面を大きく飾る明るい色彩の現
代的絵画である。添えられた解説板からクムリポ [Kumulipo] を表現した現代

図2 「クムリポ」の展示 （筆者撮影）

アーティストによる絵画であることがわかる。クムリポは宇宙と生命の起源から神世、これに連なるハワイの王族、アリイの血統までを語り継いだ16部2,102行にわたるハワイ創生神話である。

　G・カナヘレは、クムリポは18世紀初頭のハワイ島の首長を称えるチャントに始まり、古代ハワイでストーリーの創作と口承を担う特殊な能力を備えたカフナ [kahuna] により伝承されてきたもので、「古代ハワイの識者によって創られた神話のひとつであった」と述べている。また、ハワイ王国の末期1889年にカラーカウア王がこの口承神話を英語で記録し、妹リリウオカラニ女王が王国消滅後の1897年に出版したことにより、クムリポはハワイアンにとって公式の創世記として位置づけられたとも述べている（Kanahele 1986）。後藤は「神話は構造を維持しつつも（長い間に要素間の関係が）変化していくもの」であり、「ハワイ先住民が最初からカラカウアによって公表されたクムリポを語っていたとは思えない」としている。（後藤2004）すなわち「クムリポ」は創生史がそうであるように、ハワイアンが今日も含めて紡ぎ続ける歴史の中で創られた歴史であると言えよう。

　こうしたクムリポについての歴史的位置付けや解釈はハワイアン・ホールの解説版には無論、付されていない。壁一面を占めるクムリポは、ハワイアン・ホールで語られるハワイのルーツであり先史の表象である（図2）。なぜなら、「クムリポはハワイアンの伝統の栄光と生命を象徴すると同時に、ハワイアンと外来者との違いを決定的にするものであり、カラーカウア王が牽引したハワイ伝統文化の再認以来、ハワイアンの民族的アイデンティティを象徴する意味を持ってきた」（Osorio 2002）ものであり、修復された新しいハワイアン・ホールのこの場所に無くてはならないということだろう。従来の展示であれ

ば、ハワイ史の起源はポリ
ネシア人の航海とハワイへ
の渡来であり、それを紐解
くビショップ博物館の考古
学研究に基づく説明や展示
がこの場所にあって然るべ
きと考える。ポストコロニ
アルなハワイの歴史表象に
は、考古学や自然科学が証
明する歴史ではなく、口述
史という先住民独自の歴史
の語りが先行するのだとい

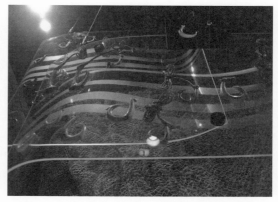

図3　ハワイアン・ホール2階に展示される釣り針
古代ハワイの人びとの暮らしをテーマに（筆者撮影）

う一つの決意のようなものをクムリポは体現しているようにみえる。

　筆者が1990年代終わりのビショップ博物館で館内説明に携った当時、導入
部である玄関ホール横の壁一面には、篠遠の釣り針の研究を元にポリネシア人
の移動ルートを描いた太平洋のミュローが掲げられており、館内説明ではこの
絵図を使って冒頭でポリネシア人の起源を説明することができた。新しくなっ
た展示の中で「暮らしの用具」として美しく配列された釣り針（図3）やポイ・
パウンダーを見た後、篠遠に「新しい展示はずいぶんと美的に工夫されている
ようですが」と尋ねると、考古学の検証に基づいた適正な配列や区分や説明が
それらの展示に反映されていないことに対して納得していなかった。「修復」
されたハワイアン・ホールでは、先住民の記憶と語りが尊重され、科学や学術
的説明はときに排除されているようにすらみえる。

　海を渡ったポリネシア人としてのハワイアンのルーツがビショップ博物館の
ハワイアン・ホールでは考古学研究成果をもとにした展示で語られていないこ
とに、科学と先住民の記憶が未だ和解していないことを考えさせられる。現代
のハワイアンの記憶とストーリーが、考古学が発掘するストーリーとともに、
互いを尊重しながらハワイの歴史という生きたストーリーを語り出すことがで
きるとき、新しい真の意味でのポストコロニアルの博物館の姿がみえるような
気がする。

【参考・引用文献】

飯田裕子 2019「幸福の星と真珠星:古代カヌーを蘇らせたふたりの偉人」『季刊民族学』169: 52-59 頁。

後藤明 2004「カヌー、神殿、神話」『ハワイ研究への招待』関西学院大学出版会、29-42 頁。

篠遠喜彦・荒俣宏 1994『楽園考古学』平凡社。

BRIGHAM, William 1903 *A Handbook for Visitors to the Bishop Museum*. Bishop Museum Press.

BRIGHAM, William1916 *Director's Report*. Bishop Museum Press.

KANAHELE, George 1986 *Kū Kanaka: Stand Tall: A Search for Hawaiian Values*. University of Hawai'i Press.

KAWELU, Katheleen 2015 *Kuleana and Commitment: Working toward a Collaborative Hawaiian Archaeology*. University of Hawai'i Press.

OSORIO, Jonathan 2002 *Dismembering Lāhui: A History of the Hawaiian Nation to 1887*. University of Hawai'i Press.

KAHANU, Noelle 2009 "E Kū Ana Ka Paia: Finding Contemporary Relevance in an Ancient Prophecy" *Restoring Bishop Museum's Hawaiian Hall: Ho'i Hou Ka Wena I Kaiwi'ula*. Bishop Museum Press.

第3節　オセアニアの世界文化遺産

石村智

　2019年7月現在、ユネスコ世界遺産に登録された遺産の数は1,121件ある。このうち自然遺産が213件、文化遺産が869件、自然遺産と文化遺産の両方の要素を持った複合遺産は39件存在する。

　このうち、ユネスコの地域区分によるところのアジア太平洋地域には190件の文化遺産がある。しかしそのなかにあって、オーストラリアを除いたオセアニアに所在する文化遺産（複合遺産を含む）の数はわずか7件が存在するに過ぎない。これに、ユネスコの締約国の地域区分としては他地域に含まれるものの、地理的にはオセアニアに所在する3つの遺産（チリのラパ・ヌイ国立公園、アメリカ合衆国のパパハナウモクアケア、フランスのタプタプアテア）を加えてようやく10件となる（表1）。

　本節では、まずオセアニアに所在するこれらの文化遺産について概観してみたい。それに続いて、オセアニアにおけるユネスコ世界遺産条約の履行の現状や、その課題について述べることとしたい。

表1　オセアニアに所在する世界文化遺産（オーストラリアを除く）

国名	遺産の名称	種別	登録年
ニュージーランド	トンガリロ国立公園	複合遺産	1990, 93
パプアニューギニア	クックの初期農耕遺跡	文化遺産	2008
ヴァヌアツ	首長ロイ・マタの地	文化遺産	2008
マーシャル諸島	ビキニ環礁核実験場	文化遺産	2010
パラオ	南ラグーンの ロックアイランド群	複合遺産	2012
フィジー	レブカ歴史的港町	文化遺産	2013
ミクロネシア連邦	ナン・マドール：東ミクロネ シアの儀式の中心地	文化遺産（危機遺産）	2016
チリ	ラパ・ヌイ国立公園	文化遺産	1995
アメリカ合衆国	パパハナウモクアケア	複合遺産	2010
フランス	タプタプアテア	文化遺産	2017

＊遺産の名称は日本ユネスコ協会連盟による。

1. オセアニアにおける世界文化遺産の概要

（1）トンガリロ国立公園（複合遺産、ニュージーランド）

トンガリロ国立公園［Tongariro National Park］は、ニュージーランドの北島にある、山岳地帯を保護する目的で設定された国立公園である。ルアペフ山（標高 2,797m）や、富士山に似た稜線を持つナウルホエ山（標高 2,291m）などの火山が点在し、トンガリロ山（標高 1,967m）には、エメラルド色に輝く火山湖がある。1894 年にニュージーランド初の国立公園となり、1990 年には自然遺産としてユネスコ世界遺産に登録された。

またルアペフ山、ナウルホエ山、トンガリロ山の三峰は、先住民マオリの古来の聖地であり、1887 年に当時この地域のマオリの首長であったホロヌク・テ・ヘウヘウ・トゥキノが、ニュージーランド政府に土地を寄付したことが、トンガリロ国立公園の成立の始まりである。こうしたマオリの文化との結びつきが考慮され、1993 年に改めて自然遺産と文化遺産の両方の価値を持った複合遺産として登録された。あわせて、1992 年に世界遺産条約履行のための作業指針［Operational Guidelines］に新たに付け加えた文化的景観のカテゴリーの適用も受けることとなった。その結果、この遺産は文化的景観として登録された遺産の第一号となったのである。

（2）クックの初期農耕遺跡（文化遺産、パプアニューギニア）

クックの初期農耕遺跡［Kuk Early Agricultural Site］は、パプアニューギニア南部にある 7,000 年以上前にまで遡る農耕の遺跡である。1970 年以降に発掘調査が行なわれ、さまざまな時期の農耕の痕跡が確認されるようになった。遺跡は大きく 3 期に分けることができる。最も古い段階は 10,000 年から 7,000 年ほど前までさかのぼる。この段階では、植物を植えていた穴や掘った穴の跡の遺構が検出されている。またタロイモやヤムイモの加工に用いられたと考えられる石器類も発見されている。その次の段階は 7,000 年から 6,400 年ほど前の時期であり、バナナやヤムイモの栽培に関係する盛土の跡などの遺構が見つかっている。最も新しい段階は 4,350 年から 3,980 年ほど前の時期で、バナナ栽培に関わる灌漑用の水路跡などが発見されている。

なおこの遺産には文化的景観のカテゴリーが適用されている。また、2008

年の世界遺産委員会においてヴァヌアツのロイ・マタ首長の領地とともに大洋州島しょ国として初めて登録された遺産となった。

（3）首長ロイ・マタの地（文化遺産、ヴァヌアツ）

首長ロイ・マタの地［Chief Roi Mata's Domain］は、ヴァヌアツの口頭伝承で語り継がれてきた伝説的な首長であるロイ・マタの支配地のうち、特にその生涯にゆかりのある象徴的な場所であるところの、住居の跡、死亡した場所、墓の3箇所が対象となっている。これらは首都ポートヴィラのあるエファテ島と、その北東に浮かぶ2つの小島（レレパ島、エレトカ島）に散在している。ロイ・マタはヴァヌアツのエファテ島周辺の島々を支配していた最高位の首長の称号であるが、この遺産に関連するロイ・マタは、AD1600年頃に活動していたと推測されている最後の称号保持者を指している。彼は長らく続いてきた諸部族間の抗争を終息させ、エファテ周辺の島々に平和をもたらしたが、弟の放った毒矢に倒れたとされる。1967年にフランス人考古学者J・ガランジェが行なった発掘調査によって、ロイ・マタと推定される人物の人骨と、それを取り巻くように数多くの殉死者と推定される人びとの人骨があわせて出土し、墓に関する伝承の正確さは証明された。なおこの遺産についても文化的景観のカテゴリーが適用されている。

（4）ビキニ環礁核実験場（文化遺産、マーシャル諸島）

ビキニ環礁核実験場［Bikini Atoll Nuclear Test Site］は、1946年7月にアメリカ合衆国による第二次世界大戦後の最初の核実験（クロスロード作戦）が行なわれた場所である。これは大小71隻の艦艇を標的とする原子爆弾の実験であり、主要標的艦はアメリカ海軍の戦艦「ネバダ」、「アーカンソー」、「ニューヨーク」、「ペンシルヴェニア」、空母「サラトガ」などのほか、第二次世界大戦で接収した大日本帝国海軍の戦艦「長門」、ドイツ海軍の重巡洋艦「プリンツ・オイゲン」なども標的となった。また1954年3月1日のキャッスル作戦（ブラボー実験）では水素爆弾の実験が行なわれ、海底に直径約2km、深さ73mのクレーターが形成された。このとき、日本のマグロ漁船・第五福竜丸をはじめ数多くの漁船が死の灰を浴びて被曝し、日本人船長らが犠牲となった。

ビキニ環礁の島民は、実験にともなって強制的にロンゲリック環礁へ、さらにキリ島へと移住させられ、今なお原島民は島に戻ることができていない。

ビキニ環礁核実験場はしばしば、日本にある原爆ドーム［Hiroshima Peace Memorial（Genbaku Dome）］や、ポーランドにあるアウシュヴィッツ＝ビルケナウ強制収容所［Auschwitz Birkenau German Nazi Concentration and Extermination Camp（1940-1945）］などとともに「負の世界遺産」と呼ばれることがあるが、世界遺産条約のなかでこうしたカテゴリーが明記されているわけではない。

（5）南ラグーンのロックアイランド群（複合遺産、パラオ）

南ラグーンのロックアイランド群［Rock Islands Southern Lagoon］は、パラオのコロール州に点在する 445 の島々で構成されるロックアイランドの島々、およびそれらが位置するパラオ諸島を囲むラグーンの南部海域により構成されている。マッシュルーム状の緑の島々や紺碧の海が織りなす自然美、マリンレイクと呼ばれる特徴的な汽水湖の存在、さらには固有種や絶滅危惧種を含む生態系の生物多様性などが評価され、自然遺産としての価値が認められた。また考古学遺跡の存在などの文化的な価値も認められ、複合遺産として登録されることとなった。

ロックアイランドの島々にはかつて定住者がいた頃の遺跡が残されている。このうちウーロン島の北西岸には、およそ 3,000 年から 2,000 年前に遡る岩絵が残されている。また南西岸にも 950 年前に遡り、AD1600 年頃に放棄されたと考えられる石造りの村落の遺跡など、長期間にわたる定住の痕跡が残っている。ガムリス島にも石造りの村落の遺跡や岩陰遺跡などが残っている。ウルクタープル島には石造りの集落のほか、石貨の切り出し場や作りかけの石貨、岩絵を含む多様な遺跡が残されている。また近隣の別の島には、BC200 年から AD900 年まで 1,000 年以上にわたって埋葬場所に使われていた洞窟があり、葬制文化と結びつくさまざまな遺物なども出土している。

現在のロックアイランドの多くは無人島だが、かつての村落が放棄された理由としては、人口の増加に伴う乱獲によって水産資源がなくなり、それが近隣の島々への移住を促したと考えられている。また、AD1450〜1650 年ごろに起こった降水量の減少も関わっていた可能性も指摘されている。またこれ以外にも、戦争の影響もあったといわれている。バベルダオブ島などに移住した人びととの間では、ロックアイランドからの移住の歴史が口頭伝承で残されている。

（6）レブカ歴史的港町（文化遺産、フィジー）

　レブカ歴史的港町［Levuka Historical Port Town］は、フィジー・オバラ
ウ島の港町レブカの沿岸部に残る歴史地区により構成された遺産である。コロ
ニアル建築が見られる街並みは、オセアニアとヨーロッパの文化交流や植民都
市の歴史を伝えている。

　レブカは 1820 年代からナマコ交易の拠点として発展し始め、1850 年には、
当時フィジーにあった王国のうちのひとつの王となったザコンバウがここを
拠点とした。この時期にはヨーロッパ人の入植者も増え、メソジストの教会な
ど、キリスト教関連の建造物も建てられた。1871 年にイギリスからフィジー
王に認められたザコンバウは、1874 年にフィジーをイギリスの保護領とする
ことに同意した。実質的な植民地となったフィジーで最初の首都となったのが
レブカであった。しかしレブカは沿岸部に細長く展開する一方、後背地がすぐ
山になっている地形的制約のために、1882 年にはヴィチ・レヴ島のスヴァに
遷都された。しかし短期間だけ首都となった後にゆるやかに衰退したレブカに
は、当時の様相を伝える建造物群が良好に残る結果となったのである。

（7）ナン・マドール：東ミクロネシアの儀式の中心地
　（文化遺産、ミクロネシア連邦）

　ナン・マドール：東ミクロネシアの儀式の中心地［Nan Madol: Ceremonial
Centre of Eastern Micronesia］は、ミクロネシア連邦のポーンペイ州に残る
人工島群の総称であり、その考古学遺跡の規模はオセアニア最大ともいわれて
いる（なおナン・マドールは、現地の発音では「ナンマトル」と表記する方が近い）。
人工島が築かれ始めたのは AD500 年頃からだが、ポーンペイ島全土を支配す
る王朝（シャウテレウル王朝）が成立した 1000 年頃から建設が本格化し、盛期
を迎えた 1200 年頃から 1500〜1600 年頃までに多数の巨石記念物が作り上げら
れていった。人工島は玄武岩の枠の内側をサンゴや砂で埋めて造ったもので、
その数は 100 近くにもおよぶ。人工島はたがいに水路で隔てられており、その
景観は「太平洋のヴェニス」とも呼ばれる（図 1）。

　人工島の上に築かれた巨石記念物群は王や祭司者の住居のほか、墓所、儀式
の場、工房など様々な役割をもっており、その大きさもさまざまである。巨石
記念物群は数トンから数十トンにもなる玄武岩柱を積み上げたもので、どのよ

**図1　ミクロネシア連邦ポーンペイ州の
ナン・マドール（ナンマトル）遺跡の人工島**（筆者撮影）

うな技術を使ったのかは解明されていない。

遺跡の調査や保存などについて日本を含む国際的な協力を受けることによって、2016年にはユネスコ世界遺産に登録されたが、マングローブの繁茂などといった遺跡保存への脅威から、同時に危機遺産リストにも登録された。

(8) ラパ・ヌイ国立公園（文化遺産、チリ）

ラパ・ヌイ国立公園［Rapa Nui National Park］は、ラパヌイ（イースター島）にあるチリの国立公園であり、モアイと呼ばれる887の石像の存在が有名である。ラパヌイの大部分はラパ・ヌイ国立公園として指定されており、そのなかにはアフと呼ばれるプラットフォーム状の石造りの祭壇の遺構をはじめとする数多くの考古学遺跡が点在している。考古学的研究によると、7～8世紀頃にアフの建造が始まり、遅くとも10世紀頃にはアフの上にモアイが立てられるようになったと考えられる。モアイの多くはラノ・ララクと呼ばれる直径約550mの噴火口跡にある石切り場から切り出された凝灰岩で作られており、現在でも完成前の石像が周辺に残されている。モアイの多くは18世紀頃に起こった村落間の戦争のために引き倒されたといわれている。

ラパ・ヌイ国立公園は現在ではマウ・ヘヌア・ポリネシア先住民コミュニティの管理下にあり、彼らは先祖の土地に対する権利を取り戻し、遺跡の保護に携わっている。2017年には当時のチリ大統領であったミチェル・バチェレが、ラパ・ヌイ国立公園を先住民に返還した。

(9) パパハナウモクアケア（複合遺産、アメリカ合衆国）

パパハナウモクアケア［Papahānaumokuākea］は、ハワイ諸島のうちの北西ハワイ諸島、すなわち東端のニホア島から西端のクレ環礁までの約2,000kmにわたって線上に連なる群島すべてを含む。この範囲には、ハワイモンクアザ

ラシをはじめとする希少な生物の生息域があることに加え、沈んだ島を含む多彩な海洋地形を擁しており、海洋保護区として指定されていた。またハワイ人の宇宙論においては、母なる大地の神「パパハーナウモク」と、父なる天空の神「ワーケア」が合体することによってハワイ諸島とハワイ人が生まれた場所であるとされている。現在はミッドウェー環礁を除くほとんどの島は無人島であるが、ニホア島とマクマナマナ島には、ヨーロッパ人が到来する以前にハワイ人が残したと考えられる考古学遺跡が存在する。こうした文化遺産的な要素もあわせて、パパハナウモクアケアは複合遺産として登録された。

（10）タプタプアテア（文化遺産、フランス）

タプタプアテア［Taputapuātea］は、フランス領ポリネシアのライアテア島にある祭祀遺跡である。東部ポリネシアに数多く残る祭祀遺跡マラエの中でも、タプタプアテアのマラエはかつて最も重要なものと位置づけられていたものであり、周辺の自然景観も神話や宗教と結びついてきた。ライアテア島の古称「ハヴァイイ」は、ポリネシア人の伝説的な発祥の地であるとともに、死後に魂が帰る場所を意味していた。

世界遺産としてのタプタプアテアは、オポア地区にあるタプタプアテアのマラエをはじめとする4つのマラエの他、テ・アバ・モア（「聖なる水路」の意）と呼ばれたラグーン、内陸のマラエが残る渓谷、聖なる山とされたテアエタプ、さらには周辺の小島、泉、丘陵などの景観によって構成されており、文化的景観のカテゴリーの適用を受けている。

なおオポア地区の4つのマラエは、1960年代にビショップ博物館の篠遠喜彦が率いるチームが修復を行ない（第5章第1節）、その後もフランス領ポリネシア政府の考古局によって断続的に修復が行なわれている（篠遠2000、石村2019）。

2. オセアニアにおける世界文化遺産の登録状況

オセアニアにおいて世界文化遺産の登録数が少ないことが国際的な課題と認識されるようになったのは、1990年代半ば以降のことである。この時期、世界文化遺産の分布において地理的に不均衡があることへの懸念が表明されるようになった。具体的にはユーラシア大陸、特にヨーロッパ地域において遺産

の分布が集中するのに対し、サハラ以南のアフリカ、カリブ海諸国、中央アジア、そしてオセアニアの４つの地域において遺産の存在が過小評価されていることが指摘されるようになった。

　その原因としては、それまでの世界文化遺産の登録が、歴史的な建造物や古代文明の遺跡などに偏重する優品主義に陥り、しかもそれがヨーロッパ的な価値観のバイアスを受けていたことが指摘される。しかし世界の各地域には、その文化を建造物などの恒久的な材料で表現しない民族が数多くあり、農耕や狩猟、漁業といった自然の利用形態や、口頭伝承などで歴史が語り継がれる文化も数多くある。しかしこうした文化はそれまで積極的に評価されていなかったのである。こうした反省は、2003 年にユネスコの無形文化遺産の保護に関する条約が生まれる背景にもなっている。

　オセアニアも、それまでの世界文化遺産の価値観のバイアスにおいて過小評価されてきた地域であることは間違いない。ラパヌイのラパ・ヌイ国立公園のモアイや、ミクロネシア連邦のナン・マドールの巨石遺構のように、外観においても他地域の古代文明の遺跡とくらべても遜色がないものもたしかに存在するが、それはむしろ例外的な存在である。たとえばヴァヌアツの首長ロイ・マタの地は、構成要素である住居の跡、死んだ場所、墓の３箇所のいずれも、壮麗どころかむしろ何の変哲もない土地であったり洞窟であったりする。もしロイ・マタに関する口頭伝承がなく、また発掘調査によってその伝承が証明されていなかったなら、その遺産の価値を理解することは難しかっただろう。

　オセアニアの文化遺産の価値が評価されるようになっていく過程において、1992 年に世界遺産条約の作業指針に文化的景観のカテゴリーが加えられたことは特筆すべきである。文化的景観は「人間を取り巻く自然環境からの制約や恩恵または継続する内外の社会的・経済的・文化的な営みの影響の下に、時間を超えて築かれた人間の社会と居住の進化の例証である」と定義され、その対象としては、①意匠された景観（庭園など）、②有機的に発展する景観（田園や牧場など）、③精神性（信仰や芸術）に関する景観（宗教的な聖地など）の３つが挙げられている。先述の通り、文化的景観の第一号として世界に先駆けて登録されたのがニュージーランドのトンガリロ国立公園であり、他にもオセアニアからはパプアニューギニアのクックの初期農業遺跡とヴァヌアツの首長ロイ・

表2　オセアニアにおける世界遺産暫定一覧表に記載された遺産（オーストラリアを除く）

国名	遺産の名称	種別
フィジー	シンガトカ砂丘	文化遺産
	ソヴィ盆地	文化遺産
マーシャル諸島	リキエブ村歴史地区	文化遺産
	北マーシャル諸島のアトール	複合遺産
ミクロネシア連邦	ヤップの石貨	文化遺産
ニュージーランド	オークランドの火山地帯	複合遺産
	ケリケリ盆地歴史地区	文化遺産
	ネイピアのアール・デコの歴史地区	文化遺産
	ワイタンギ条約締結地の歴史地区	文化遺産
パラオ	イメオング保護地区	複合遺産
	ゲベデクのテラス遺跡	文化遺産
	テト・エル・バドの石棺	文化遺産
	ヤップの石貨の石切場	文化遺産
パプアニューギニア	フォンの棚田―天国への階段	複合遺産
	キコリ川盆地と大パプア高原	複合遺産
	ココダ・トラックとオーウェン・スタンリー山脈	複合遺産
	ミルン湾の海洋景観（太平洋の宝石としての 海洋生物多様性）	複合遺産
	パプアニューギニアの壮大なカルスト地形	複合遺産
	トランス・フライ・コンプレックス	複合遺産
	セピック川上流の盆地	複合遺産
サモア	ファガロア湾―ウアファト・ティアヴェア保護区	複合遺産
	マノノ・アポリマ・ヌウロパの文化的景観	文化遺産
ソロモン諸島	マロヴォ・テテパレ・コンプレックス	複合遺産
トンガ	ラピタ土器の考古学遺跡（「国境を越える資産」として 多国籍での提案を目指している）	文化遺産
	トンガ王国の古代王都	文化遺産
ヴァヌアツ	ウレパラパラのノウォンとヴォトゥオス	文化遺産
	プレジデント・クーリッジの沈船	文化遺産
	ヤロ、アピアロおよび北西マラクラの聖地	文化遺産
フランス	マルケサス諸島	複合遺産

※遺産の名称は仮訳

マタの地も文化的景観のカテゴリーの適用を受けて登録がなされている。文化的景観のカテゴリーは、それまでの世界文化遺産の地域的な偏りを是正する動きの中で追加されたものであるが、オセアニアにおいてはこのカテゴリーに適合しうる遺産が多いのはたしかである。今後も、オセアニアにおいて文化的景観の適用を受けた遺産の登録が進むことが期待される（Smith and Jones 2007）。

　なお2019年7月現在、オセアニアの国ぐに（締約国）が世界文化遺産への

図2　ミクロネシア連邦ヤップ州の
マンギョル遺跡における石貨（筆者撮影）

登録を目指し、暫定一覧表に記載している物件は表2のとおりである。このうち、ミクロネシア連邦とパラオが共同申請している「ヤップの石貨」（図2）は、2011年の第35回世界遺産委員会で審査されたものの、「登録延期」という判断が下されたものである。これについてはオーストラリアや日本などの専門家の技術的な助言を受けながら申請書の修正を行なった上での再申請を目指している。もし登録がなされたなら、オセアニアにおいては初めての、複数国による「国境を越える資産［transboundary properties］」となるだろう。

3.　今後の課題と展望

　しかし依然として、オセアニアにおける世界文化遺産の登録数が少ないことも事実である。その原因のひとつとして、世界遺産への申請には膨大な分量の申請書の作成が求められていることが挙げられる。世界遺産の登録にあたっては、その遺産が「顕著な普遍的価値［Outstanding Universal Value］を有していることを科学的に証明せねばならず、そのために多くの技術的な記述を申請書に盛り込むことが必要である。しかしオセアニアの多くの国々はマイクロステートと呼ばれる小規模なものが多く、専門家の数も、遺産の調査研究を行なうための資金も余裕がないのが現実である。

　ミクロネシア連邦のナン・マドールの登録にさいしては、国際社会の協力を得ることができたことが大きな力となったといわれている。2010年にミクロネシア連邦は、サモアに所在するユネスコ大洋州事務所を通じて日本にナン・マドール遺跡の調査研究にかかる支援を要請した。それを受けて文化遺産国際協力コンソーシアムが、専門家チームを組織して技術的な支援に乗り出すこと

となった（長岡・石村・片岡 2017）。その過程でオーストラリアやアメリカ合衆国の専門家の参加も得て、ミクロネシア政府が申請書を作成する上で必要な技術的支援を行なうことができた。その結果、2016 年に世界文化遺産として登録に至ったのである。

　ナン・マドールの国際協力の事例は、オセアニアにおける世界遺産条約の履行を推進し、世界文化遺産の登録数を増やすための方策のひとつとしてショーケースとなりうるだろう。もちろん、国や遺産の種類によって状況は異なるので、その場に応じて必要な支援の形は異なることは予想される。それでも国際社会が現地の国々と協力し、遺産を守っていくということは世界遺産条約の趣旨にも合致することだろう。なぜなら、世界遺産とは地域の人々の遺産であるとともに、世界人類が共有して残していくべき遺産であるからだ。

【参考・引用文献】

石村智 2019「世界文化遺産と考古学」『季刊民族学』169: 76-83 頁。

篠遠喜彦 2000「フアヒネ島に半生をかける」『季刊民族学』93: 5-49 頁。

東京文化財研究所編 2017『世界遺産用語集　改訂版』東京文化財研究所。

長岡拓也・石村智・片岡修 2017「ミクロネシアの巨石遺跡ナンマトルの研究の現状と世界遺産への登録について」『古代文化』68(4): 120-126 頁。

ISHIMURA, T. 2018 Status of UNESCO Conventions related to cultural heritage protection in Oceania. *People and Culture in Oceania* 33: 73-86.

SMITH, A. and K. JONES 2007 *Cultural Landscapes of the Pacific Islands*. ICOMOS.

コラム⑥

ラロトンガ島の祭祀遺跡タプタプアテア
― クック諸島にも届いていたオロ信仰

山口徹

　ハワイとニュージーランド、そしてラパヌイ（イースター島）を結ぶと太平洋に大きな三角形が描ける。ポリネシアの海域である。そのなかほどに、クック諸島というひとつの国を構成する 15 の島々が散らばる。ラロトンガはその首府がおかれる島である。周囲 32 kmほど、クルマで回るとゆっくり走っても小一時間で 1 周できるから、タヒチとくらべると小さな島だ。それでも、中央にそびえる標高 600 m 級の急峻な峰々が雲をとらえ、豊かな雨をもたらす。深い緑が山の斜面を覆う火山島である。

　島の北側では、タクバイネとアヴァチウの両河川が深い谷を刻む。280 万年前に噴火したカルデラの外輪を侵食し、海岸低地を潤しながら外洋に流れ出る。河口の先はサンゴ礁が切れて深い水路になっており、いまでは大型の船舶も停泊できるアヴァルア港として整備されている。先史期のカヌーにとっても入りやすい地形だったにちがいない。

　タクバイネ川東岸の海岸低地には、マケア・ヌイ・アリキという高位首長（アリキ）の邸宅がある。ラロトンガに 3 つある主要な首長タイトルの 1 つで、

図1　クック諸島ラロトンガの
タプタプアテア・マラエ（筆者撮影）

島の北側の地区（ヴァカ）を治める家系によって継承されてきた。二階建ての瀟洒な邸宅の東側には小径を挟んで、ロンドン伝道協会（LMS）の流れをくむアヴァルア教会堂が建ち、その白壁が山の緑に映える。ほんの少し内陸へ歩くと、そこにはタカモア神学校の敷地

が広がる。そして、マケア・ヌイ・アリキの邸宅と神学校のあいだに、高さ2mほどの石積み基壇をもつ祭祀遺跡がみえる。本コラムの主役、タプタプアテア・マラエである（図1）。

うち捨てられたタプタプアテア・マラエ

　マラエとは、ソサエティ諸島やクック諸島、オーストラル諸島など、東ポリネシア中央部の島々に残る祭祀場の総称である。ハワイのヘイアウやラパヌイのアフとも共通点が多い。もちろん形態にはさまざまなバリエーションがあるが、その多くは基壇と長方形の前庭部から構成され、立石や石柱が配される事例も多い。ラロトンガのタプタプアテアはそうしたマラエの一つである。東ポリネシアの島々ではかつて、タネやツゥ、ロンゴ、タンガロアといったポリネシアの主要神をはじめとする多くの神がみがマラエで祀られていた。なかには人身供犠が行なわれたマラエもあり、それを実見した西洋の航海者や宣教師の記録には、異教への畏怖や嫌悪の表現とともに、人骨がマラエに散乱する挿絵が描かれていたりする[1]。

　キリスト教への改宗がラロトンガで始まったのは1823年で、当時タヒチを拠点としていたロンドン伝道協会のJ・ウィリアムス牧師らが島の北部アヴァルアの沖合にやって来てからのことである。ラロトンガでの布教活動を任されたのはヨーロッパ人ではなく、タヒチで宣教師として育成されたパペイハというポリネシア人だった。機知に富む精力的な人物としてウィリアムスの信任を得ていたパペイハは、マケア・ヌイ・アリキの庇護を受けるとともに他の首長たちとの関係を戦略的に築き、マラエを破壊し神像を焼き捨てることを説きながら、ウィリアムス牧師が再来島するまでのたった4年の間に多くの島民の改宗に成功した[2]。見栄えのする神像や祭具などが布教活動の成果を示す「トロフィー」としてロンドン伝道協会の本部に届けられた。宣教師らが本部に送った報告には、マラエを破壊しその跡地に教会堂を建てたことが誇らしげに記されることもあった。異教を圧伏した布教活動の勝利を喧伝するためである。

　もちろん、こうした記載をそのまま鵜呑みにしてはならない。オセアニアの島々に留まった宣教師はわずかな人数で布教を担わねばならず、彼らの立場は決して強いものではなかった。裏を返せば、島に割拠する首長たちの力関係の

なかで、宣教師もしたたかに利用されたと考えるべきだ。たとえば、1827年にラロトンガに戻ったウィリアムス牧師は、3人の高位首長それぞれから「自分の白人説教師」を手元におきたいと要請されている。島民の改宗が急速に進んだのは、宣教師と首長の両者のせめぎ合いをとおしてのことだった。マケア・ヌイ・アリキのマラエであったタプタプアテアもその過程でうち捨てられ、雑木のなかに埋もれることとなった。

それからずいぶん時が経った1986年、国際環境NGOアース・ウォッチのプロジェクトのなかで、ラロトンガのタプタプアテア・マラエが修復された[3]。プロジェクトを率いたのはグアム大学のR・A・スティーブンソンとH・クラシナであったが、そのきっかけには篠遠喜彦がかかわっていた。当時、クック諸島首相府付きの文化保全担当顧問を務めていた篠遠は、ユネスコの援助で1984年にラロトンガを訪れ、高位首長らの邸宅やいくつかのマラエの優先的な修復とそのための調査を提言していた。タプタプアテア・マラエのプロジェクトもこの提言に基づいて実施された。サンゴブロックを積上げた基壇の一部や区画を取り囲む石組み壁の上部がところどころ崩れ、区画内の石柱が破損していたものの、状態はそれほど悪くなかったとのことで、キリスト教への改宗にともなう大規模な破壊は免れていたことになる。残念ながら失われた信仰や儀礼の記憶は戻ってこないが、ラロトンガ東方のソサエティ諸島にそのヒントを求めることができる。

タヒチのオロ祭祀

修復されたタプタプアテア・マラエの基壇は18×7m、高さは2m弱を測る。18×10mの前庭部が基壇に付属する。前庭部の中央には高さ2.5m、重さ10トンほどあった玄武岩製石柱の下半分がいまも立っている。基壇と前庭部を合わせたマラエ全体の平面プランが正方形に近いことを除くと、その形態はタヒチの海岸線に点在するマラエによく似る。

そもそも、タプタプアテアの本家はソサエティ諸島のライアテア島にある。タヒチの西北西220kmに位置する島で、その島の南東側に位置するオポアの岬にオロ神を祀ったタプタプアテアの遺跡群がある。2017年に世界遺産に登録され、日本でもテレビ番組で取り上げられたことがあるから、ご存知の方も多

いだろう（第5章第1節・第3節参照）。オロはタアロア（ラロトンガではタンガロア）の息子である。ポリネシアの主神たちとくらべると格下だが、伝承によれば、虹を伝ってソサエティ諸島の島々に降臨した戦の神であり、その降臨を見た人びとは、オロ生誕の地といわれるオポアで盛大な祝祭を開いたという。タヒチの最高首長、ポマレ王の家系はオロ信仰と結びつきながら、その勢力をソサエティ諸島全域に拡大していったことで知られる。かの有名なJ・クック船長がタヒチを最後に訪れた1777年にはすでに、オロが最高神となっていたようである。

　ところで、クックの最後の航海に同行した部下のなかに、W・ブライがいた。何度か映画にもなった『バウンティ号の反乱』で、無慈悲で高圧的な船長として描かれた人物である。タヒチで積み込んだパンノキの苗木を西インド諸島へ運ぶ途上、ブライと18名の部下は、反乱者たちによってトンガ沖で大型ボートに置き去りにされてしまう。ところが彼らは、47日もの過酷な旅を乗り切り、7,000km離れたティモール経由でオランダ領バタヴィア（現在のジャカルタ）にたどり着き、そこから英国船に拾われて本国に戻っている。ブライが卓越した航海者だったことは間違いないが、この船長の話にはじつは続きがある。バウンティ号の事件から5年後の1792年に、タヒチを再訪してオロ祭祀を実見し、オセアニアの考古学や歴史人類学にとってきわめて重要な記録を残したのである[4]。

　ブライが観察したオロの祭祀は、クックがマラエポイントと名付けたタヒチ北岸の岬で行なわれた。マラエは跡形もなく、いまとなっては正確な場所はわからないが、現在のパペーテの街と金星岬のあいだにあったという。付近のサンゴ礁にはやはり水路が開いていて、タヒチを訪れた西欧の帆船の主要な停泊地となっていた。マラエポイントには少なくとも二基のマラエがあり、近くには九本柱で支えられた高床式の神殿（ファレ・アツア）が建っていた。そこには、神像や祭具とともにクックの肖像画も収められていた。最後の航海の同行絵師、J・ウェバーの描いたものだろう。ポマレ王は西欧の帆船が入るたびに、キャンバスの裏地に船長たちのサインを求めたという。

　マラエの基壇（アフ）には木彫の板（ウヌ）がならび、石組みで囲われた前庭部には、司祭の背もたれとして石柱（ポウ）が立っていた。足を組んでそこ

に座ったトゥタハという名の司祭の右側には、ココヤシの葉で編んだ籠で包まれた男の遺骸が置かれていた。こうした人身供犠の犠牲者は多くの場合、戦に敗れた捕虜であった。18mほど後方には木製の祭壇（ファタ）が設けられ、合わせて21頭のブタとウミガメが供えられていた。祭祀が始まると司祭トゥタハの前に、マロウラ帯とオロ神像が置かれた。

　包みから取り出されたマロウラ帯は長さ3m強と細長く、肩から斜め掛けに纏う肩帯だったと思われる。その半分は神聖な色とされる黄と赤の鳥の羽毛で飾られていたが、残りの半分には大英帝国の赤色旗（レッド・エンサイン）が縫い付けられていた。それは、1767年にタヒチを発見した英国海軍船長S・ウォリスが残した旗だったとブライは報告している。奇しくもバウンティ号の反乱者の一人、水夫で散髪係だったR・スキナーの赤い毛髪も鳥の羽毛のあいだに縫い込まれていた。マロウラ帯は、人身供犠の犠牲となった男の眼球がオロに捧げられる際に最高首長ポマレによって纏われた。オロの力で裏打ちされたポマレの権威を示す威信財であり、島外からもたらされた赤色英国旗やスキナーの赤毛も神聖さを増すアイテムとして帯に取り込まれたのであろう。

ポリネシア — 大海原を渡る人びと、外を内に取り込む島社会

　ロンドン伝道協会の収集品の多くは大英博物館に所蔵されており、タヒチのオロ神像もそのなかに含まれる。ココヤシの繊維を編んだ網籠に納められているため、丸太状の神像そのものを目にすることはできない。驚くことに、文字どおり神秘のベールに包まれたオロ神像が大型ダブル・カヌーに乗り、18世紀に西欧の帆船が来島する前に、大船団を組んで島々を巡っていたというのである。神像を納める長櫃が据えられたダブル・カヌーは、それ自体がタプタプアテアと呼ばれた。まさに大海原を渡る「移動マラエ」といってよい。

　カヌーにはオロに仕える神官のほかに、アリオリと呼ばれる美男美女の芸能集団が乗船していた[5]。顔を赤く塗ったアリオリたちが派手に着飾り、その肌は香油できらめいていた。島に近づくとサメ皮の太鼓が打ち鳴らされ、鼻笛の甲高い音色が響き渡り、アリオリたちが唸るように歌い舞い踊った。その様子を一目みようと村から駆け出た人びとで浜はひしめき合い、あたりは熱気と興奮で満たされた。

カヌーから降りたオロ神像は、島のタプタプアテア・マラエに一時的に鎮座した。村にはすぐさま掘立柱の大会場ファレ・アリオリが設えられ、アリオリたちによって割れ目太鼓が演奏された[6]。風刺の効いた喜劇や艶かしいダンスもそこで披露された。しばらくしてオロの布教団が立ち去ったあと、非日常の興奮から醒めた村は多少なりとも食料不足に陥った。それでも、オロの一行を手厚くもてなすほどに島の首長は高い名声をえることができた。

　武力を背景とする人身供犠とアリオリの芸能という硬軟合わせた布教戦略によって、オロ信仰はソサエティ諸島を越えて広がっていった。その範囲はタヒチの南600kmのオーストラル諸島に達し、そして南東に1,000km以上離れたラロトンガにも届いていた可能性が高い。ポリネシアの人びとが広大な海洋を渡り、人やモノや情報を運ぶ航海者であったことは間違いない。

　しかしそれは、迎え入れる島側の視点に立てば、外から寄り来る人やモノやコトを巧みに取り込みながら、既存の秩序を組み替え、新たな秩序を作り出す機会だったとみなせる。19世紀のラロトンガの高位首長たちはロンドン伝道協会の宣教師を受け入れ、既存の神々を捨て去った代わりに、白亜の教会堂と二階建ての邸宅を手にし、教会を中心に回り始めた島社会のなかでも盤石の地位と確固たる権威を築いた。タヒチのポマレ王は英国旗やクックの肖像画をオロ祭祀に取り込み、その神聖性を高めた。同様に、それより数世代前にタヒチからのオロ信仰を巧みに取り入れ、島内の停滞した力関係に風穴を開けようとしたラロトンガの首長がいたとしても不思議ではない。

　マケア・ヌイ・アリキの邸宅とアヴァルア教会堂、そしてタカモア神学校に囲まれた中央にタプタプアテア・マラエは静かに佇んでいる。外を内に取り込む島社会のあり様を考える上で、そのめぐり合わせの景観はとても示唆的である[7]。

〈註〉

(1) たとえばクックの最後の同行絵師だったJ・ウェバーの作品《A Human Sacrifice, in a Morai, in Otaheite.》には、基壇上に並ぶ無数の頭蓋骨が描かれている。

(2) ロンドン伝道協会の布教活動については棚橋（1998）とKings（2015）を参照。

(3) タプタプアテア・マラエの修復については Stephenson and Kurashina（1991）を参照。

(4) ブライが見たオロ祭祀については Green and Green（1968）、Denning（1986）、Tobin（2007）を参照。

(5) アリオリについては Henry（1928）を参照。

(6) ラロトンガ語ではアレ・カリエイで、タプタプアテア・マラエと同じ地区（ヴァカ）に同名の遺跡がある（Wilkes 1974: 48-50）。

(7) サーリンズ（1993）が論じた外来王の議論が参考となる。

【参考・引用文献】

サーリンズ，M.（山本真鳥 訳）1993『歴史の島々』法政大学出版局。

棚橋訓 1998「ポリネシア・クック諸島におけるロンドン伝道協会の初期布教活動に関する覚書」『村武精一教授古希記念論文集：社会と象徴―人類学的アプローチ』岩田書院、367-380 頁。

DENNING. G. 1986 Possessing Tahiti. *Archaeology in Oceanic* 21（1）: 103-118.

GREEN. R. and K. Green. 1968 Religious structures（marae）of the Windward Society Islands: the significance of certain historical records. *New Zealand Journal of History* 2: 66-89.

KINGS, D.S. 2015 *Missionaries and Idols in Polynesia*. Beak Press, San Francisco.

HENRY, T. 1928 *Ancient Tahiti*. Bishop Museum Bulletin 48.

STEPHENSON, R.A. and H. KURASHINA 1991 *Collected Papers of the Earthwatch Cook Islands Project 1985-1988*. Department of Anthropology, University of Guam.

TOBIN, G.（ed. by R. SCHREIBER）2007 *Captain Bligh's Second Chance: An Eyewitness Account of his Return to the South Seas*. Chatham Publishing.

WILKES, O.R. 1974 Summary of Tupapap Projects. In M.M. Trotter ed., *Prehistory of the Southern Cook Islands*, Cunterbury Museum Bulletin, 6. pp. 47-51.

コラム⑦

タヒチのマラエ復元に参加して

飯田裕子

　2019年9月3日。篠遠先生がもしご存命であったなら95歳を迎えた誕生日、私はフアヒネ島、マエバ集落に復元されたファヌア湖の水上の家、ファレ・ポテエで行なわれた篠遠喜彦を偲ぶ祭典に列席していた。参列者にはフランス領ポリネシアの元行政長官O・テマル氏や、フアヒネ島市長、ハワイからも州議が参列し、先生と縁のあるものがハワイ、タヒチ、日本から久しぶりに集った。

　先生が半生をかけたフアヒネ島のマエバ地区で、活動を支え続けた人物、D・レビ氏（NPOオポ・ヌイのリーダー）を筆頭に、村のマタヒアポ（＝高齢の賢者）の称号を受けた面々で、赤の衣装に身を包み式典を執り行なった。白いティアレの花が香り、果実やココナツや料理が振舞われ、博物館として生まれ変わったファレ・ポテエで、ポリネシア流の心のこもった式典であった。

　その翌日には、先生にとって最後の発掘復元調査の場となったマエバ村のマタイ・ア・レア遺跡が点在する丘のトレイルを歩いた。マタイ・ア・レアは、ポリネシア語で「風が遊ぶ場所」という意味で、その日もラグーンを渡る風が吹き抜けていた。

アース・ウォッチのボランティア

　私は1995年から3年間、マタイ・ア・レア発掘調査のボランティアに参加した。ハワイのビショップ博物館の研究室を取材で訪れたさい、「フアヒネ島にはアース・ウオッチのボランティア達によって発掘が進んでいるので、参加してみるといいですよ」と勧めていただいた。その一言がきっかけだった。

　アメリカでは考古学調査にかかる費用は、学者自身でスポンサーを探すのが通常だという。篠遠先生の発掘を支えたアース・ウォッチは1971年マサチューセッツ州ボストンで国際教育機関として発足した非営利団体である。

　アース・ウォッチは、自然保護や環境問題、考古学、文化などの実証的リサーチを支援し、市民と研究者の橋渡しをすることを目的に活動している。

アース・ウオッチから太平洋地域でプログラムを作って欲しいと篠遠先生に打診があり、フアヒネ島マエバ地区から続く丘陵地、マタイ・ア・レアの調査を 1979 年よりプログラムとしてスタートさせたということだった。

マタイ・ア・レア遺跡への篠遠先生の想い

マタイ・ア・レア遺跡はフアヒネ島の複数のチーフが一緒に暮らしていた場所で、ポリネシアでもここだけのユニークな遺跡だという。いままでの歴史をみても、いや現代であっても複数のリーダーがサミットなどの特別な会議の時以外には集うことはない。ましておなじ敷地内に隣同士で暮らすことなど考えられない。

篠遠先生は、マタイ・ア・レア遺跡を復元することで、自国の主張を優先し、牽制しあうようなリーダー像にはない、新しい価値観を提示できる可能性を感じていたのだろうか?

遺跡復元活動のノウハウ

アース・ウオッチの遺跡復元活動プログラムに参加する方法には、寄付だけをする人もいれば、現地へ赴く人もいる。プロジェクト研究チームには、資金から、発掘調査費とボランティアによる労働力が提供される。

ボランティア参加者は、現地集合で、渡航費は各自が負担する。現地での宿や食費、調査にかかる交通費はプログラム費用に含まれている。現地で、専門家の指示を受け、調査ボランティア活動に従事する仕組みだ。アメリカでは慈善活動への寄付は税金控除の対策となるので、多くの裕福な人や市民が参加したり、利用したりしているという。

地球上のあらゆるところの調査に市民が参加し、その成果は科学論文や情報誌、あるいは学会や書籍で発表される。データは、環境アセスメントや保全の計画立案などに利用されている。アース・ウオッチという組織の存在が一般の人びとと学者とのあいだに、良い循環を生んでいるのがわかる。日本支部も 1996 年に設立され、現在は多くのプログラムが稼働している。

発掘現場での日課

　私が発掘に参加した1995年もアース・ウォッチメンバーたちとフアヒネ島の空港で集合となった。

　フランス領ポリネシアの玄関口であるタヒチ島、首都パペエテへ日本から直行便で11時間のフライトで飛び、さらに離島用の小型飛行機に乗り換え40分、フアヒネ島に降り立った。

　空港では篠遠先生自らがタヒチ・スタイルで花のレイを首にかけ歓迎してくれたことを思い出す。

　今回の発掘参加は、私にとって2回目のタヒチ訪問であった。初めての訪問は観光PRの記事撮影のためだった。ボラボラ島やライアテア島のリゾートに滞在し、チャーター・ヨットでクルーズした。多くの旅人の例にもれず、私も南太平洋の島々の美しさに息を呑み、ティアレの官能的な香りの中でその魅力を堪能した。

　しかし、フアヒネ島の雰囲気は、観光客の多い島々とは違ったものだった。海の明るさよりも山の緑の深さ、アジアの片田舎を思わせるような人びとの暮らしがあった。

　まさに、原郷と呼ぶにふさわしく、初めての訪問なのに、どこか懐かしさを覚えたのだった。

　フアヒネ島での撮影で、私は光や花の華やかなタヒチというイメージより、闇も濃く、それと相対するように光も濃い、濃密なポリネシアのシーンに惹かれ、シャッターを切っていた。ゴーギャンが描いたようなティアレの甘い香りというより、木々を燻す煙のような匂いがフアヒネの匂いだった。

　私とポリネシアとの最初の邂逅は、遡ると1980年、20歳のハワイ旅行だった。サーフィンがブームで、ファッションでもハワイ的な感覚が流行っていた時代が学生時代でもあった。当時の私は文化や歴史に関しては無知だった。恥ずかしい話だが、ハワイがポリネシアという海洋文化圏の島という認識すら薄かった。そして、その滞在中の記憶の中には、労働力としてハワイで暮らしていたサモアなどのポリネシア人を、日系人やアメリカ本土の人が差別していたという悲しいものもあった。しかし、ワイキキの浜で偶然見つけた「タヒチか

ら運ばれた石」と題された、囲いの中の場所が妙に気になっていた。

　その後、10年以上の時を経て、自らの希望でクック諸島で開催された太平洋芸術祭で復元されたカヌーの復元遠洋航海の帰還に立ち会い、涙にむせぶクック諸島の群衆の中で撮影、一気にポリネシアに傾倒し、人びとの暮らしや祭祀にレンズを向けてきた。篠遠先生からも、ポリネシアの懐へ入って撮影するスタンスが評価され、発掘参加の2年目には研究チームの一員として写真撮影をしてみないか、とありがたい依頼を受けた。

　フランスによるムルロア環礁での最後の核実験もまた、クック諸島からハワイまでのカヌーの復元航海の成功直後でもあり、発掘ボランティアをきっかけに、さらに深くポリネシアへコミットした時期に篠遠先生との出会いがあったのだった。

　北米からのボランティアのなかには、10年連続で参加している人など、顔なじみも数名いた。毎年ほぼ10名前後が参加し、誰もが篠遠先生の仕事に理解と敬意を示しつつ、アメリカ式にファーストネームで「ヨシ」と気軽に呼んでいた。

　宿はマタイ・ア・レア遺跡から車で5分ほどのリゾートホテルで、私はエルサという女性と同室になった。彼女も、何年も続けて参加している人だった。

　発掘のスケジュールは、朝食をホテルで終え、8時には迎えの車が来て5分ほどでマタイレア遺跡に到着する。先生と助手のチームは、メンバーの1人の広い家に投宿されていた。そこでは、毎日朝6時に起床し、7時には調査用具を準備した。考古学発掘現場の朝は早いことがわかる。

　1日の調査場所や作業工程は、先生とビショップ博物館の篠遠研究室所属のエリック・コモリさんが決め、現場ではビショップ博物館のチームや日本から来た考古学者が指示をした。

　亜熱帯のジャングルでは、一年も経つと植物が繁茂し、遺跡を覆ってしまう。発掘の初日は、現地の作業員が鉈で植物を切り開いた。また、土をふるいにかける時、立って作業できるよう工夫したポールを作るなど、身近な植物で器用に道具を作った。篠遠先生は、発掘現場で指示を終えると、島民や客人と

の面会に忙しく、年に一度のフアヒネ島滞在中はほとんど休むことなく行動していた。

　面会相手は島の知事や役人、長老達や以前発掘の作業員をしていた人たち、学校の先生や遺跡の保全・復元のために活動してくれる人などで、非常に多くの人びとを訪ね歩いていたという。

　午前の作業は11時まで。太陽はぐんぐん天空へ昇り、気温は摂氏28度を超える。グリッドのなかの土を刷毛やピンセット、ナイフを使い、地道に剥がしてゆく作業は、思いのほか体力を消耗する。私は、午前だけでも体力的に辛かったことを思い出すが、高齢のボランティアの人びとは、作業自体は早く進めることはできなくとも、誰も倒れることともなく仕事をこなしていた。先生もそんなボランティアの方々へ配慮をしていた。

　昼食には、フランス領ポリネシアらしく、フランスパンのサンドウイッチや、週に一度は現地の助手らによって焚き火が起こされ、パンノキの実（ウル）を焼き芋のようにして、熱いうちにコンビーフとマッシュしたものが振る舞われ、その美味しさに舌鼓を打った。先生もこれが大好物であった。

　夜には篠遠先生は主にボランティアの方たちとホテルで夕食をとり、コミュニケーションを図っていた。また、ボランティア滞在期間中に一度は、マタイレアの遺跡をトレッキングし、先生自ら解説をするツアーも開催した。

　マタイレアの丘のジャングルの木陰では、バニラがひっそりと栽培され、青白いバニラの花の受粉に精を出す現地の人がいた。先生は「イヨラナ」とあいさつし、「フアヒネ島のバニラは香りの良い高級品で、かつては特産品でした。だんだんと栽培する人は減っているようでね」と話した。

　2019年に歩いたマタイ・ア・レアには置き去りにされたバニラの花だけがジャングルの中、ひっそり咲いていた。

現地に溶け込む篠遠先生

　夕暮れになると、島の道に面したベンチに家族が腰掛け、ウクレレのメロディーで歌を歌っていた。先生は車のなかで時々、上機嫌にタヒチ語の鼻歌を歌っていた。晩年、ハワイでも車のなかでの先生の鼻歌はタヒチのものだったと、ビショップ博物館で最後のアシスタントを務めた久山さんが思い返し

ていた。

　発掘の日々でも週末には、リゾートでタヒチアン・ダンスショーがあった。
すると、ショーの最後に先生もかならず踊りに参加していた。若い男女ダン
サーの、親や祖父母まで知ってる先生にとって、フアヒネ島の人びとはあた
かも家族のような存在だったのかもしれない。また、時には、金曜の夜に街の
バーにボランティアの人と出かけ、アメリカ式のパーティーを楽しんだ。

　数年後、アース・ウオッチのプログラムが終わると、篠遠先生自らおなじよ
うな仕組みをビショップ博物館で作り、ボランティアを募り、発掘の予算を捻
出したと聞いた。

　日曜日は発掘調査のデスクワークを助手たちと進め、その合間には趣味だっ
た釣りへよく出かけていた。私もフライ・フィッシングを教えてもらい、助手
の林徹さんとフアヒネ・イチ島とフアヒネ・ヌイ島をつなぐ、流れの早い水路
に釣り糸を投げたことがあった。私の場合はまったく話にならない結果だった
が、釣りあげたカマスを調理した美味しい記憶がある。

　1997年、ハワイのマウイ島から発掘作業員として数名が参加していたことも
あった。彼らはマウイ島で大きな石積みのヘイアウを復元工事した経験があり、
マタイ・ア・レアでも石積みを担当した。先生は彼らがまるでラグビーボール
をパスするようにどんどん石を運び積んでゆく仕事の早さに驚いていた。

　「ポリネシアの人たちは一見のんびりしているようだけど、実は筋肉隆々、
体力も気力も相当なもの」と、話していた。

タオテ・シノトの名声

　2017年6月、世界遺産に登録されたポリネシア最大の宗教祭祀遺跡タプタ
プ・アテアでの発掘のさいに篠遠先生が引率してくださり、ライアテア島へも
行った。その時、先生は遺跡の境にある丘の反対側に広がる何もない草地にま
ず初めに行き、「遺跡がある場所がテ・ポと呼ばれる、夜＝闇を表す場所。い
まいる場所が昼＝光＝アウの場所、対になって初めて祭祀場全てです」と解
説してくださった。遺跡の復元をするだけではなく、自ら解説をすることに労
を惜しまず、ライアテア島でも知人に会うなど休む間もなく活動されていた。

　タヒチのみならず、ポリネシアでは「タオテ・シノト」を知らない人はいな

いと言っていいほど篠遠先生は有名人だった。タオテは現地語で「先生」を意味する。先生の功績が評価され、1996年にはマタ・ヒア・ポというフアヒネ島で知恵をもった賢者の長老に贈られる称号が授与された。「暗闇でも見通せる人」という意味で、知恵あるものとして敬われる存在である。

　当時72才であった先生は、「私はまだ老人ではありません！」とおっしゃりつつ、称号の象徴となる赤い柄シャツを着て式典に出られた。翌朝のタヒチ新聞の一面は、もちろん「タオテ・シノトがマタ・ヒア・ポを授与」という記事がトップを飾り、タオテ・シノトの名前はあらためてタヒチの老若男女に再認識されることとなった。

篠遠先生は人生の宝物

　私は篠遠先生に同行し、色々な方とお目にかかる機会を得た。そんな時、先生は流暢なタヒチ語で話され、フランス語は一切使っておられなかった。そこで、「フランス語はお使いにならないのでしょうか？」という愚問をしたことがあった。すると、先生は「フランスによる核実験が始まり、男はムルロア環礁に仕事に行くことになり、急に貨幣が暮らしに入りました。初めて知ったお金の味に男は家族に送金せず、島に残された女性と子どもが埠頭で夫を待って泣いていましてね。その姿が忘れられません。私はフランス語は話しません」と、きっぱりとおっしゃったのだった。

　私がフアヒネ島の発掘へ参加した2年目の1996年1月に、核実験がムルロア環礁で決行された。現在、それが最後の核実験となっている。

　それから長い時を経て、2018年10月、篠遠先生とも交友関係にあったフランス領ポリネシアの元行政長官オスカー・テマル氏は、国際刑事裁判所に「南太平洋で繰り返し行なった核実験は人道に反する行為」と提訴した。

　歴史や文化を自らの手に取り戻し、次世代の子ども達の笑顔を奪わないためにも、いまその歪みを正す時期が来ているのかもしれない。

　2019年の式典では、ファレ・ポテエの入り口に、篠遠先生を記念するアフ（ポリネシア的には石碑＝偉大な首長のアフがマラエに建てられる）が創られた。石には「敬愛を込め、ありがとうタオテ・シノト。私たちはあなたのことを

ずっと忘れない」と刻まれていた。

　篠遠先生の発掘現場へ参加させていただき、その偉業に触れ、また人間としての精神性も含めた多くを学ばせていただけたことは、私にとって人生最大の宝物であることは間違いない。

　そしてこれからも、太平洋の島々の人達は篠遠先生を決して忘れることはないだろうと確信している。

おわりに――「海」研究の新時代に向けて

秋道智彌

　本書の最後に、オセアニアの海研究の未来について考えたい。「海の道」に焦点を当てた本書の核心は、考古学の研究と諸分野との協業がどのような問題をあぶりだしたかに尽きるといえよう。K・エモリーと篠遠喜彦による層序モデル（第1章第3節）と移動年代に関する新モデルの提示（第2章第3節）を踏まえた自然人類学、民族学・文化人類学、民族植物学、歴史言語学、文化遺産学などの成果との突合せが重要な課題となる。以下では、1. 渡海と漁撈、2. 船と航海術、3. 言語と海辺の語彙、4. 形質人類学と食に分けて議論したい。

1.　渡海と漁撈

船と渡海の新基軸

　オセアニアへの人類拡散は、すべてがおなじ動機と技術、文化的な背景をもとに達成されたわけではない。いったん到達した島からもとの島へと戻り、ふたたび島を出る往復航海の場合もあった。以前、P・ベルウッドと話をした折、インドネシアのマルク州ミソール島で、明らかにもと来た方向へと航海が行なわれたことが考古遺物からわかったとの話を聞いたことがある。

　ある地域で、大きさや用途の異なる複数タイプの船があるのがふつうだ。東南アジアのスールー海に暮らすバジャウは、大型の漁船に小型の割り船をつないで移動する（門田 私信 2019年3月8日）。パラオから石貨を竹筏に積んでヤップまで曳航した帆走カヌーの例や、積載人員を増やすため、あるいは嵐で転覆しないよう、数隻のサバニを横に連結して航海した沖縄・八重山諸島での例もある。航海に大きさの異なる船や複数の船が並走した可能性があり、今後ともに事例を集めることが必要であり、先史時代への洞察を深めたい。

漁撈から探る地域の海域史

　ヒトは旧石器時代から舟を用いて漁撈を行なった。考古遺物として残りやすい漁撈具は釣り針、網の沈子、猟（ヤス）、銛先などである。民族誌の報告で

も、オセアニアにおける釣り針の分布研究がある（Anell 1955）。篠遠は大量に出土した釣り針の形式編年の成果をポリネシア史の有力な指標とした（第1章第2節、第3節を参照）。

S・オコンナーらはティモール島東部のジェリマライ遺跡から旧石器時代の釣り針を見つけた。高瀬貝（サラサバテイラ）製の単式釣り針で、同遺跡からはマグロ・カツオなどの外洋性魚類の魚骨が出土している（O'conner et al. 2016; 本書コラム2参照）。ティモール島の旧石器時代人は外洋性資源を釣りで漁獲したことになるが、現代とおなじような漁法が行なわれた確証はない点に注意が必要だ。高瀬貝は、サンゴ礁の礁縁部に生息する大型巻貝である。西はスリランカから、北は奄美諸島、南はグレートバリアリーフ南端のスワイン礁、東はヴァヌアツ、フィジー、ウォリス諸島までに生息する。

ただし、この貝は戦前から移植により分布域が拡大した。ミクロネシアではパラオからマリアナ（1930s）やチューク・ポーンペイ（1927-30）へ、メラネシアではヴァヌアツからポリネシアのソサエティ（1957）へ、フィジーからサモア、クック（1958）、ツバル（1985）、トケラウ（1986）、トンガ（1992,1994）へと移植された（Gillet 2002）。

高瀬貝は戦前から貝ボタンの材料とされたが、それ以前、肉は食用に、貝殻は釣り針、腕輪などに利用された（秋道 2006）。今後、旧石器時代から現代までを視野におき、資源の分布と利用面での変容を研究する必要がある。

オーストラリアの北320km、インドネシアのロティ島の南144kmにアシュモア礁がある。1980～90年代、インドネシア漁民が高瀬貝やナマコの採集目的に違法入漁したことで多くの拿捕者が出た（Fox 1992; 秋道 2013）。アシュモア礁は渡り鳥の営巣地としても国際的に保護海域とされている。低平な無人のサンゴ礁島でも、生息する魚介類や海鳥は食料資源として重要である。

16～17世紀、インドネシアからティモール海を越えてアーネムランドにナマコ採取・加工のために遠征したマカサーンの人びとがいた（McCarthy 1939; Martínez 2015）。漁撈による食料獲得は、人びとが海を越える要因となったことは間違いない。ティモール海はオセアニアへの人類拡散を考える重要な海域である。この例にあるように、時代によって持続ないし中断された「海の道」と中継地となった（無人）島を特定する試みはきわめて重要となる。

黒曜石の交易ネットワーク

　遺跡から出土する黒曜石は、PIGME（プロトン励起ガンマ線放射）、PIXE（プロトン励起 X 線放射）、水和法（人為加工により、黒曜石の表層から水和 [水分子をもつこと] されるのでその厚さから使用年代を測定する方法）や成分分析（Al_2O_3 と CaO の比率）などにより産地同定がなされてきた。

　旧石器時代の 18,000〜20,000 年前、ニューブリテン島の黒曜石はニューアイルランド島へと輸送されている。サンタクルーズ諸島・リーフ諸島ネヌンボ遺跡（BC1200-900 年）から出土した黒曜石は 2,000 km 離れたニューブリテン島中部のタラセア産のものである（Green 1976: Kirch 1997）。黒曜石はさらに、タラセアから 4,400 km 東方にあるサモア（タファヒ、トゥトゥリア遺跡）まで運ばれた。

　マレーシア・サバ州のセンポルナにあるブキット・テンコラック遺跡出土の黒曜石の産地同定で、タラセア産（17 例）、アドミラルティー諸島のロウ島産（1 例）、インドネシア・タラウド諸島産（12 例）の混在が認められた（Tykot

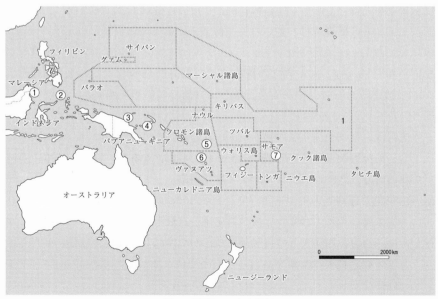

図 1　黒曜石の出土地域
①ブキット・テンコラック遺跡、②タラウド諸島、③ロウ島、④タラセア、⑤ネヌンボ、
⑥バンクス諸島、⑦サモア（タファヒ、トゥトゥリア）

and Chia 1997）。タラセアを起点とすると、ブキット・テンコラックは3,300km、タラウドは2,700km、ロウ島は500kmの距離にある（図1）。タラセア産の黒曜石は民族誌例を援用すれば、周辺のウラウエメッツ半島の諸集団間での交易や西方のヴィチアス海峡方面まで運ばれており、先史・民族誌例を含めて黒曜石の交易は長い歴史をもつことがわかる（Specht 1981）。

　以上の例から、考古遺物（黒曜石、チャート、土器、石斧、貝斧、貝製品、骨など）の分布と使用例、理学的な年代測定、産地同定などを組み合わせた融合的研究の一層の進展が望まれる。また、産地と出土地の関係は直接的な輸送による場合のほか、加工・製作センターの存在、交易の経由地、船や人員の交代など、交易のネットワークについての精査も今後の課題である。

2. 船と航海術

船建造と斧

　船の素材には、木の幹、竹、樹皮、葦（アシ・ヒメガマ・フトイ・パピルス）、皮革などがある。これらは保存状態がよくないと腐食する。内水面や止水域は別として、外洋航海では、船の材質、構造、積載可能な重量、帆走・手漕ぎ・漂流などの条件が大きく関与する。A・アンダーソンはウォーレシアを渡海した旧石器時代人は、太い竹材の筏を使った可能性を示唆している（Anderson 2018）。カヌーと推進具の語彙を比較した言語学の事例も航海ルート解明の一助となる（コラム4参照）。

　先史時代、竹筏や刳り船の製作には、石斧ないし貝斧が使われた。旧石器時代でも、局部磨製石器が舟の製作に使われた可能性がある。宮古・八重山の南琉球新石器時代遺跡からシャコガイ製貝斧が出土しており、その由来について南方由来説と琉球起源説がある（岸本 2002）。第4章3節では貝斧と石斧の分布について論じられており、今後の新発見と実験考古学的手法による研究に期待したい。なお、西洋人との接触後、鉄器が交換品として現地社会にもたらされ。カヌー建造技術に革新をもたらした歴史にも注目しておきたい（ダイアモンド 2010）。

星座と方位

　カロリン諸島のスター・コンパスは32方位からなり、星座の出現・没入方

位は南北軸をはさんで対称である。ハワイのものでは、方位区分はカロリン諸島とおなじ 32 であるが、用いられる星座には共通のものと異なるものがある。ハワイは北緯 20～23 度にあり、カロリン諸島（北緯 7～10 度）よりも太陽の出没方位は季節で大きくちがう。太陽は夏至（うしかい座 a の出没方位の北側）、冬至（シリウスの出没方位の南）、春分・秋分（東と西）に出没するので、方位を知る目安となる。天頂星（ゼニス・スター）により緯度を知る航法と、第 3 章第 3 節でふれたエタック航法とヨー（線）を使う航法などとともに太陽と星座による推測航法の可能性を探る課題が期待される。

さらに、ウインド・コンパスについて、緯度・経度の異なる島々の事例を集積し、過去の航海術を復元する手立てとする研究が残されている。

3. 言語と海辺の語彙

オセアニアに広く拡散したオーストロネシア語族の人びとの諸言語を語彙（レキシコン）から比較し、過去における人類の拡散を検討する分野がある（Kirch 1997; Ross et al. 2007）。ここでは「海辺の語彙」として海岸植生のナッツ類と海洋生物を例示する。

海岸のナッツ類と食料源

オセアニアの海岸植生から 5 種類のナッツ類を選定し、その語彙の分布を検討した（表 1）。その結果、東南アジアからオセアニアにかけて広域で語彙が共通するのがカンラン、モモタマナ、サガリバナで、東南アジアとオセアニアで語彙が異なるのがタイヘイヨウグルミとククイであることが判明した。さらに、ミクロネシアではモモタマナとサガリバナが、ソロモン諸島内でタ

表 1　ナッツを利用する海岸植物の祖語
(Blust and Trussel 2013)

植物名（学名）	PMP	PWMP	PEMP	POC
カンラン (*Canarium* spp.)	*kanari			*kaŋaRi
モモタマナ (*Terminalia* spp.)	*talisay			*talise
タイヘイヨウグルミ (*Inocarpus* spp.)	*gayam			*ipi
ククイ (*Aleurites moluccana*)	*kamiri		*tuRi	
サガリバナ (*Barringtonia racemosa*)	*butun	*butuŋ		*putun
ゴバンノアシ (*Barringtonia asiatica*)	*putat			

PMP：原マラヨ・ポリネシア語、PWMP：原西マラヨ・ポリネシア語、PEMP：原東マラヨ・ポリネシア語、POC：原オセアニア語

イヘイヨウグルミの語彙が地域ごとに多様であることがわかった。ナッツ類のの語彙にみられる広域性と多様性の要因を、タロイモ、バナナ、ヤムイモ、ミズズイキ、パンノキ、タコノキなど主食となる植物語彙との比較を重ねあわせて検討する課題が浮上する（Brench 2012）。ナッツ類はタンパク質・脂肪に富み、保存も効く。ナッツの成熟には季節性もあるが、海から上陸した人びとにとり海岸部での暮らしに手軽な食料源となったにちがいない。ナッツには毒性のないことを併記しておきたい。

海洋生物と民俗語彙

オセアニアにおける海洋生物のなかから、貝類（シャコガイ、サラサバテイラ）、魚類（ハタ、メガネモチノウオ、ボラ、サメ、エイ、カツオ、カマス、チョウチョウウオ）、頭足類（タコ）、爬虫類（アオウミガメ）、十脚目（ヤドカリ、エビ）を抽出した。これらの語彙の祖語をPAN（オーストロネシア祖語）、PMP（マラヨ・ポリネシア祖語）、POC（オセアニア祖語）にわけて表2に示した。

共通語彙が台湾から東南アジア、オセアニアに広く分布するのがアオウミガメ、ヤドカリ、エビ、エイ、ボラである。タコは台湾から東南アジア、フィジーまで*guRiCa（PAN）、*kuRita（PMP）であるが、ポリネシアではfeke、fe'e、heke、he'eなどに代わる。

台湾、東南アジアからソロモン諸島までと、それ以東で語彙が明瞭に異なるのがサメ（*qiSuと*pakewak）、カマス（*qaluと

表2　オーストロネシア語の魚介類語彙の祖語
(Blust and Trussel 2013)

魚介類	PAN	PMP	POC
ヤドカリ	*qumaŋ	*qumaŋ qumaŋ/*kumaŋ	*qumwaŋ
エビ	*qudaŋ		*quraŋ
アオウメガメ	*peñu	*peñu	*poñu
エイ	*paRiS	*paRih	*paRi
タコ	*guRiCa	*kuRita	(1)
サメ	*qiSu		*pakewak
ボラ	*kaNasay		
カマス		*qalu	*qono
ハタ		*kuRapu	(2)
メガネモチノウオ		*mamin	*taŋapa (3)
サラサバテイラ		*lalak	
シャコガイ		*kima	
カツオ			*qatun
チョウチョウウオ			*bebe

(1)：feke (Tonga), fe'e (Samoa, Tahiti),
　　 heke (New Zealand, Rapa Nui), he'e (Hawaii)
(2)：hāpu'u (Hawaii)
(3)：POC：aŋava (Vera'a-Banks), ʔaŋava (Rennell),
　　 taŋapa (Samoa, Tonga)

*qono）である。ハタの祖語 *kuRapu の共通語彙は蘭嶼から東南アジア、ギルバート諸島、フィジー西部（Wayan 語）まで分布する。メガネモチノウオはバタン諸島から東南アジア、カロリン諸島、ロツマ島までと（PMP: *mamin）、バンクス諸島、ポリネシア（POC: *taŋapa）とで語彙が異なる。シャコガイの祖語（PMP）は *kima であるが、6 種類あるので種ごとに語彙が異なることがある（Govan 1989）。

　表には示していないが、*kalia と *kalika はハタの仲間の原アドミラルティー語である。ただし、フィジー（alia）ではカンムリブダイ、トンガ（alia）、サモア（ʔalia）ではダブル・カヌー、ロツマ（karia）は大型のアウトリガー・カヌーを指す（Blust and Trussell 2017）。魚名とカヌーで語彙の意味が重なる点も面白い傾向である。

　海洋生物の語彙の分布だけでなく、漁法・調理法や文化的な価値づけ（禁忌・トーテム・神話）を含めた議論を通文化的に比較する研究が残されている（秋道 1981; 後藤 1999）。

　台湾からポリネシアまで共通する語彙、東南アジアとオセアニアで異なる語彙の存在から、オセアニアの民族移動を探るモデルに言語学が果たす役割に今後とも注目しておきたい。

4. 形質人類学と食

　オセアニアに拡散した人びとがアジアを故地としたことは諸分野の研究から明らかにされてきた。文化面だけでなく人間自体に注目した起源論は自然人類学的研究が担ってきた。本書では、第 4 章第 1 節で自然人類学の最新の成果が提示されている。なかでも、オセアニアの人びとが長身で筋肉質の特徴をもつことと、イモ食中心の食生活との関係が議論されている。イモ食だけで大きな体躯と筋肉質の身体が生まれるのか。まだ不明点がおおいものの、生理学的に腸内細菌がでんぷんからアミノ酸を作り、筋肉質の体躯を生む働きをした可能性が示唆されている。もちろん、イモ類だけでなく魚も日常的に消費されたわけで、オセアニア島しょ部における食は大きな謎を提供することとなった。今後、オセアニアへの人類拡散の問題を、形質・生理面の研究を含む自然人類学と考古学・文化人類学研究の融合が望まれる。

以上述べた諸項目の研究を今後進めることで、オセアニアにおける人類史を探る有力な発見が期待できる。新しい海の研究は、ヒトの移動にどのような人間集団がかかわったかを深めることにほかならない。この点で、物々交換におけるように、モノが二者間で行なわれた場合は別として、航海を促した集団ないし個人、航海に従事した個人、運ばれるモノや情報を受け取った集団や個人について精査する研究、海（＝魚）と島（＝イモ）で展開した食生活の分析などがなされるべきであろう。海の研究の新しい時代は、すぐそばにある。人間を踏まえた海研究の原点に立ち戻れば、研究の未来はおのずと見えてくる。

　オセアニア考古学の巨星、篠遠喜彦先生への追悼の意味をこめて本書を企画した。オセアニア考古学を中心とした海の人類史の研究のさらなる進展を祈念したい。篠遠先生のご冥福をお祈りするとともに、本書にご執筆いただいた諸氏に心からお礼申し上げたい。オセアニア考古学の印東道子さんとは、編者として内容構成について徹頭徹尾、議論を重ねた。印東さんの慧眼にふれた想いである。最後に、出版をお引き受けいただき、編集実務にご尽力いただいた雄山閣出版編集部の八木崇氏に衷心より厚く感謝する次第である。

【参考・引用文献】

秋道智彌 1981「"悪い魚"と"良い魚"─Satawal 島における民族魚類学」『国立民族学博物館研究報告』6(1): 66-131 頁。

秋道智彌 2006「トロカス・コネクション─西部太平洋におけるサンゴ礁資源管理の生態史」印東道子編『環境と資源利用の人類学─西太平洋諸島の生活と文化』明石書店、15-35 頁。

秋道智彌 2013『漁撈の民族誌─東南アジアからオセアニアへ』昭和堂。

海部陽介 2016『日本人はどこから来たのか』文藝春秋。

岸本義彦 2002「シャコガイ製貝斧について」『史料編集室紀要』27: 23-34 頁。

後藤明 1999「ポリネシア語の魚名とその文化史的位置づけ」中尾佐助・秋道智彌編『オーストロネシアの民族生物学─東南アジアから海の世界へ』平凡社、267-294 頁。

ダイアモンド・ジャレット 2010『銃・病原菌・鉄』（上・下）草思社。

門田修 私信 2019 年 3 月 8 日。

ANDERSON, Atholl 2018 Ecological contingency accounts for earliest seagoing in the Western Pacific Ocean. *The Journal of Island and Coastal Archaeology* 13(2): 1-11.

ANELL, Bengt 1955 Contribution to the history of fishing in the southern seas. *Studia Ethnographica Upsaliensia* 9.

BLENCH, Roger M. 2012 Vernacular names for taro in the Indo-Pacific region: Implications for centres of diversification and spread. *Senri Ethnological Studies* 78: 21-43.

BLUST, Robert and Stephen TRUSSEL 2017 *The Austronesian Comparative Dictionary* (Web edition, work in progress, 2017 Sep. 17).

CHIA, Stephen 2008 Prehistoric sites and research in Semporna, Sabah, Malaysia. *Bulletin of the Society for East Asian Archaeology* 2: 1-5.

FOX J.J. 1992 A report on eastern Indonesian fishermen in Darwin, In: Fox, J.J. and A. Reid eds., *Illegal Entry*. Centre for Southeast Asian Studies, Northern Territory University, Occasional Paper Series 1: 13-24.

GILLET, Robert 2002 Pacific Islands *trochus* introductions 1927–1998. *SPC Trochus Information Bulletin* 9: 9-13.

GOVAN, H. 1989 Vernacular names of *tridacnid* clams in the Pacific region. *Aquabyte – ICLARM Newsletter of the Network of Tropical Aquaculture Scientists*, 2(1): 5-7.

HADDON, A. C. and J. HORNELL 1975 *Canoes of Oceania*. Bernice P. Bishop Museum Press.

HORNELL, James 1946 *Water Transport: Origins and Early Evolution*. David & Charles.

MARTINEZ, Julia 2015 *The Pearl Frontier: Indonesian Labor and Indigenous Encounters in Australia's Northern Trading Network*. University of Hawaii Press.

McCARTHY, Frederick D. 1939 "Trade" in Aboriginal Australia, and "Trade" Relationships with Torres Strait, New Guinea and Malaya. *Oceania* 9(1): 405–438.

O'CONNOR, Sue, Rintaro ONO and Chris CLARKSON 2011 Pelagic fishing at 42,000 years before the present and the maritime skills of modern humans . *Science* 334(6059): 1117-1121.

ROSS, Malcom, Andrew PAWLY, and Osmond MEREDITH eds., 2007 The Lexicon of Proto Oceanic. 5 Volumes. ANU Press.

SHEPPARD, Peter J. 2011 Lapita colonization across the near/remote Oceania boundary. *Current Anthropology* 52(6): p. 802.

SPECHT, Jim 1981 Obsidian sources at Talasea, West New Britain, Papua New Guinea, *Journal of the Polynesian Society* 90(3): 337-356.

TYKOT, Robert H. and S. CHIA 1997 Long-distance obsidian trade in Indonesia. *Materials Research Society Symposium Proceeding* 462: 175-180.

索 引

■編著者紹介

秋道智彌（あきみち　ともや）

1946 年京都府生まれ。
専門は生態人類学。東京大学理学系大学院人類学博士課程単位修得。理学博士。
現　　　在　山梨県立富士山世界遺産センター・所長。
　　　　　　総合地球環境学研究所・国立民族学博物館・名誉教授。
主な著書　『たたきの人類史』（玉川大学出版部、2019 年）
　　　　　　『食の冒険　フィールドから探る』（昭和堂、2018 年）
　　　　　　『魚と人の文明論』（臨川書店、2017 年）
　　　　　　『越境するコモンズ　資源共有の思想をまなぶ』（臨川書店、2016 年）
　　　　　　『サンゴ礁に生きる海人
　　　　　　琉球の海の生態民族学』（榕樹書林、2016 年）
　　　　　　『海に生きる　海人の民族学』（東京大学出版会、2013 年）
　　　　　　『漁撈の民族誌　東南アジアからオセアニアへ』（昭和堂、2013 年）
　　　　　　『コモンズの地球史
　　　　　　グローバル化時代の共有論に向けて』（岩波書店、2010 年）
　　　　　　『クジラは誰のものか』（ちくま新書、2009 年）
　　　　　　『海洋民族学　海のナチュラリストたち』（東京大学出版会、1995 年）
　　　　　　『クジラとヒトの民族誌』（東京大学出版会、1994 年）
　　　　　　ほか多数

印東道子（いんとう　みちこ）

東京都生まれ。
専門はオセアニア考古学・人類学。ニュージーランド・オタゴ大学大学院修士・
博士課程修了。Ph.D.（人類学）。
現　　　在　国立民族学博物館・総合研究大学院大学・名誉教授。
主な著書　『島に住む人類：オセアニアの楽園創世記』（臨川書店、2017 年）
　　　　　　『南太平洋のサンゴ島を掘る』（臨川書店、2014 年）
　　　　　　『オセアニア　暮らしの考古学』（朝日選書、2002 年）
　　　　　　Archaeological Investigations in the Yap Islands, Micronesia.
　　　　　　B.A.R. International Series 277（共著、Oxford BAR,1985）
　　　　　　『人類の移動誌』（編著、臨川書店、2013 年）
　　　　　　『オセアニア学』（共編著、京都大学学術出版会、2009 年）
　　　　　　『生態資源と象徴化』資源人類学　第 7 巻（編著、弘文堂、2007 年）
　　　　　　『環境と資源利用の人類学：
　　　　　　西太平洋諸島の人と文化』（編著、明石書店、2006）
　　　　　　『イモとヒト人類の生存を支えた根栽農耕』（共編著、平凡社、2003 年）
　　　　　　ほか多数

執筆者一覧 （五十音順）

藍野裕之（あいの ひろゆき）	作家
飯田裕子（いいだ ゆうこ）	写真家
石村　智（いしむら とも）	東京文化財研究所 無形文化遺産部
	音声映像記録研究室・室長
内田正洋（うちだ まさひろ）	有限会社サンドウォーカーズ・代表取締役、
	海洋ジャーナリスト
大林純子（おおばやし じゅんこ）	岡山大学グローバル人材育成院・准教授
小野林太郎（おの りんたろう）	国立民族学博物館・准教授
風間計博（かざま かずひろ）	京都大学大学院人間・環境学研究科・教授
片山一道（かたやま かずみち）	京都大学・名誉教授
菊澤律子（きくさわ りつこ）	国立民族学博物館・准教授
後藤　明（ごとう あきら）	南山大学人文学部人類文化学科・教授
須藤健一（すどう けんいち）	堺市博物館・館長
野嶋洋子（のじま ようこ）	国立民族学博物館・外来研究員
林　　徹（はやし とおる）	国際基督教大学 考古学研究室・講師
丸山清志（まるやま きよし）	株式会社パスコ 文化財技術部・研究員
山極海嗣（やまぎわ かいし）	琉球大学 研究推進機構 戦略的研究
	プロジェクトセンター・特命助教
山口　徹（やまぐち とおる）	慶應義塾大学文学部・教授

2020年 3 月 25 日　初版発行　　　　　　　　　《検印省略》

ヒトはなぜ海を越えたのか
―オセアニア考古学の挑戦―

編著者　秋道智彌・印東道子
発行者　宮田哲男
発行所　株式会社 雄山閣
　　　　〒102-0071　東京都千代田区富士見 2-6-9
　　　　ＴＥＬ　03-3262-3231 ／ ＦＡＸ　03-3262-6938
　　　　ＵＲＬ　http://www.yuzankaku.co.jp
　　　　e-mail　info@yuzankaku.co.jp
　　　　振 替：00130-5-1685
印刷・製本　株式会社ティーケー出版印刷

©Tomoya Akimichi & Michiko Intoh 2020　　ISBN978-4-639-02703-4 C0022
Printed in Japan　　　　　　　　　　　　　　N.D.C.270　264p　21cm